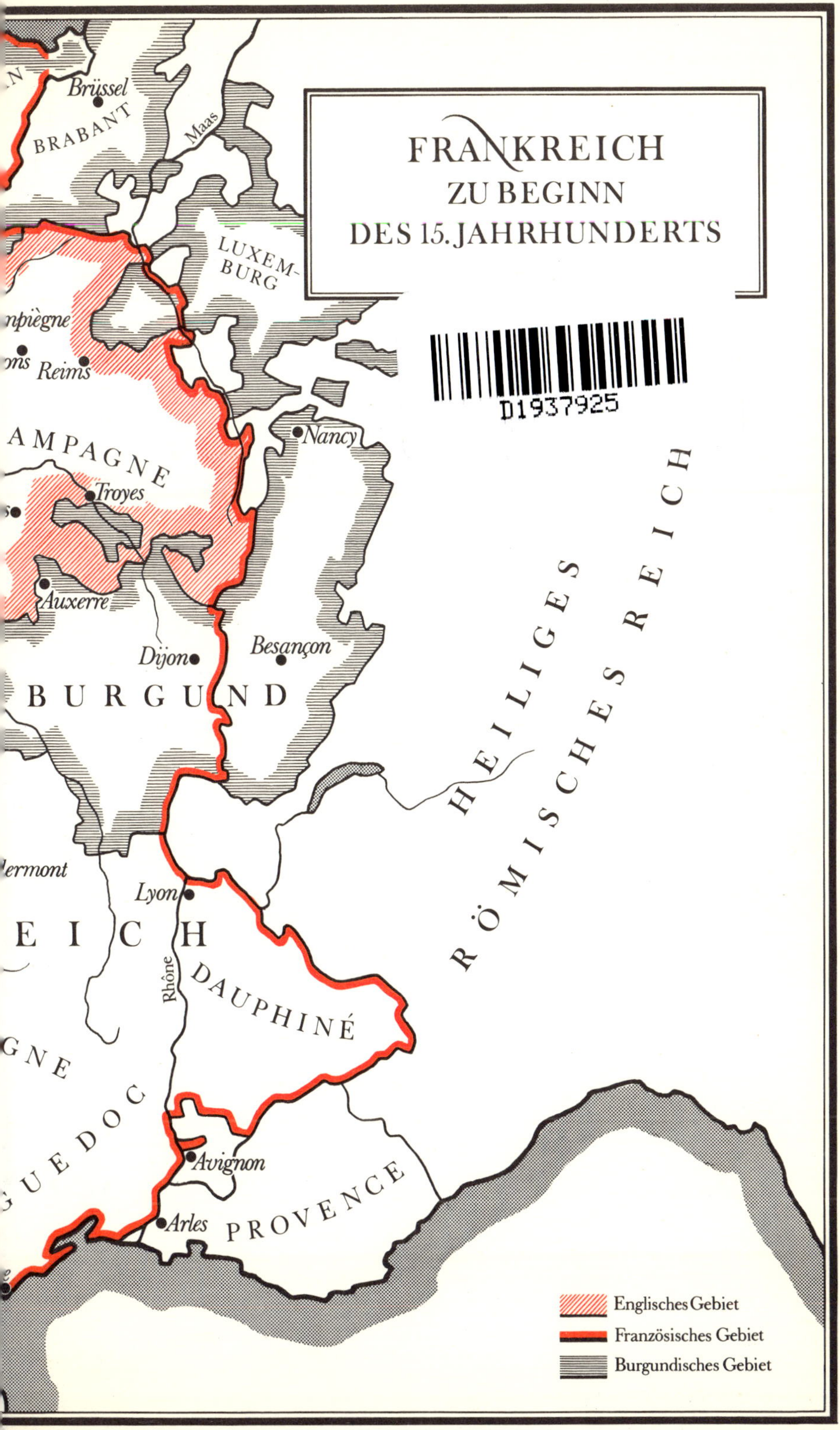

FRANKREICH
ZU BEGINN
DES 15. JAHRHUNDERTS
Brüssel
BRABANT
Maas
LUXEMBURG
Reims
Nancy
Troyes
Auxerre
Dijon
Besançon
BURGUND
Lyon
Rhône
DAUPHINÉ
Avignon
Arles
PROVENCE
HEILIGES RÖMISCHES REICH
Englisches Gebiet
Französisches Gebiet
Burgundisches Gebiet

AUF DEN SPUREN . . .

Begegnungen mit lebendiger Geschichte
Eine Buchreihe im Paul List Verlag
Herausgegeben von Prof. Dr. Hermann Schreiber

Bereits erschienen:

Hermann Schreiber
AUF DEN SPUREN DER GOTEN

Fernand Niel
AUF DEN SPUREN DER GROSSEN STEINE

Peter Lahnstein
AUF DEN SPUREN VON KARL V.

In Vorbereitung:

Georg Schreiber
AUF DEN SPUREN DER TÜRKEN

Hermann Schreiber
AUF DEN SPUREN DES FRÜHEN MENSCHEN

Fernand Salentiny
AUF DEN SPUREN DER MEROWINGER

Celine Debayle
AUF DEN SPUREN VON T. E. LAWRENCE

Humbert Fink
AUF DEN SPUREN DER ARCHÄOLOGEN

Anke Kröning

AUF DEN SPUREN DER JEANNE D'ARC

List Verlag München

Umschlagentwurf: Franz Wöllzenmüller
Umschlagbild: Jeanne d'Arc. Buchillustration,
französisch-flämische Schule.
15. Jahrhundert.
Paris, Archives Nationales (Foto Giraudon).

ISBN 3-471-77944-2

© 1979 Paul List Verlag GmbH & Co. KG, München
Alle Rechte vorbehalten. Printed in Germany
Satz: Karl Wenschow GmbH, München
Druck + Bindung: May + Co., Darmstadt

Inhalt

»Wir müssen, glaube ich, eine Johanna herausstellen, über die die Kritik noch soviel Macht behält, daß ihr nur jene Züge bleiben, die großzügige und kluge Denker befriedigen. Wenn Kritik und Wissenschaft bei Johanna auf ewig unerklärliche Punkte stießen, wäre nach meiner Überzeugung das Unglück letztlich nicht groß. Wenn wir die Texte aufmerksam lesen, halte ich es nicht für unmöglich, daß wir aus der Gesamtheit der sorgfältig gelesenen und geprüften Urkunden, ohne sie zu entstellen, ein Bild Johannas gewinnen können, das sie in ihrer Echtheit, ihrem feinen Empfinden und ihrer Natürlichkeit zeigt . . .«

C. A. SAINTE – BEUVE
(Montag, den 19. August 1850)

Geleitwort

Zwischen den großen Frauengestalten der Antike und jenen der Renaissance steht die Frau des Mittelalters frommschweigend vor uns wie die steinernen Figuren der gotischen Dome. Wir ahnen vieles aus ihren Bildnissen, aber es ist kaum irgendwo ausgesprochen; wir vernehmen aus großen Fernen den irren Schrei einer Hildegard von Bingen, einer Mechthild von Magdeburg, aber selbst die Kraft der Hrotswitha von Gandersheim reicht kaum zu, uns eine artikulierte Botschaft zu vermitteln. Weder Sappho noch Vittoria Colonna, weder Galla Placidia noch Caterina Cornaro sind mit dem Begriff des christlichen Mittelalters vereinbar, in dem die Frau noch ein Gefäß der Sünde ist, ja von manchen Kirchenvätern eben darum sogar ihrer unsterblichen Seele beraubt wird.
Wie ein Fels lastet dieses Vorurteil, lastet diese gemeinsame Abkehr einer neuen Religion vom hohen antiken Frauenideal auf allen weiblichen Individuen, die für uns greifbar werden, die sich – im guten wie im bösen – in der mittelalterlichen Männerwelt mühsam konturieren, ehe sie, oft wie Schemen, wieder verschwinden, nicht selten mit Abscheu ausgestoßen wie jene Brunehaut, die im frühmittelalterlichen Frankreich zu Tode geschleift wird, oder wie Romild, Fürstin von Cividale, die auf dem Pfahl stirbt.
Beinahe ungehört verhallen im großen Schrecken der Männerwelt die zarten Stimmen einer Louise Labé, einer Marie de France; im Minnesang, zur ganzen Kreuzzugszeit noch Objekt der Dichtung, kehrt die Frau den Spieß erst um, als die erstaunliche Christine de Pisan Fürstengunst ausschlägt und ihre Kinder mit Hilfe ihrer flinken Feder vor Not bewahrt. Sie ist es auch, die als erste das Phänomen der Jungfrau von Orléans bedichtet in ihrer *Ditié de Jeanne d'Arc* vom Jahr 1429, das letzte Wort der Christine de Pisan, die bald darauf stirbt, das erste Wort zugunsten der Geltung der Frau, zugunsten eines Umdenkens, für welchen Prozeß freilich Jeanne d'Arc selbst unendlich mehr tun wird als Chri-

stine de Pisan, die französisch schreibende Dichterin aus Venedig.
Dennoch ist es wohl kein Zufall, daß sie Zeitgenossen sind und daß sich ihnen als dritte noch Agnes Sorel zugesellt, die reinste Erscheinung in der langen Reihe französischer Mätressen, ein Kind von vierzehn Jahren, als Johanna den Scheiterhaufen besteigt. Mit ihnen – Christine, Johanna und Agnes – umgreifen wir das Jahrhundert zwischen 1350 und 1450, das letzte des Mittelalters, das erste einer Morgenröte für das weibliche Geschlecht im christlichen Abendland. Aber während Christine und Agnes heute so gut wie vergessen sind, während viele auf den Spuren der Jungfrau von Orléans pilgern, aber nur wenige die Umwege nach Loches oder Jumièges oder Poissy auf sich nehmen, wo man Erinnerungen an Agnes und Christine begegnen könnte, ist das Mädchen aus Domrémy unvergessen. Erstaunlicher noch: sie ist uns ganz nahe, so daß man gar keinen Weg zu ihr zurücklegen, sich gar nicht erst zu ihr aufmachen muß. Über Orléans führt die große Autobahn von Paris an die Loire. Es ist eine moderne Szenerie, in der wenig Geschichte mitschwingt, bis uns der Name Orléans unentrinnbar zu Johanna führt, bis wir in Beaugency auf die Burg des Bastards stoßen, der sich später nach seiner Grafschaft Dunois nannte, bis wir in Chinon zwischen den Mauern hingehen und weder an Heinrich II. von England noch an die kluge Alienor von Aquitanien denken, sondern nur immer wieder an Jeanne d'Arc.
Warum das so ist und so bleiben wird, haben sie alle, die sich im letzten Halbjahrtausend mit der heiligen Johanna beschäftigten, nicht ergründen können. Alles, was uns an der Erscheinung des Mädchens von Domrémy anzieht, wirkt auf den ersten Blick schlicht, rein, klar und offen; es erweist sich aber doch als unergründlich und unausschöpfbar, je ernsthafter wir versuchen, das Mysterium dieses Menschen und dieses Schicksals zu ergründen. Ganze Bücher wurden geschrieben – nicht etwa nur über die Jungfrau von Orléans selbst, was noch anginge, sondern über ihre Wirkungsgeschichte, ihr Bild in der französischen Literatur,

in der englischen, spanischen, im zeitgenössischen Theater, im modernen deutschen Drama, in der Dichtung schlechthin usf. Das Bauernkind aus Domrémy, das seinen Stimmen folgend nach Chinon zog, sich zwischen all den großen Herren und harten Haudegen Gehör zu verschaffen wußte und – nachdem es Frankreich gerettet hatte – seltsam plötzlich wieder ins mittelalterliche Elend zwischen Schwert und Scheiterhaufen zurückfiel, dieses Mädchen ist weit mehr als ein Stoff der Weltliteratur: Es ist die Herausforderung, wie sie die Summe aller weiblichen Gaben, wie sie Schönheit, Reinheit, Glaube und Unbeirrbarkeit gesammelt bedeuten im Angesicht einer Männerwelt, die von Resignation beherrscht wird, die längst die Beutegier an die Stelle höherer Ziele gesetzt und den göttlichen Auftrag an den gesalbten Herrscher vergessen hat.
In einem Augenblick, da der maskulin-prometheische Forschertrieb die Welt an den Rand des Abgrunds gebracht hat, ist die Jungfrau aus Domrémy ein Paradigma unserer Sehnsüchte nach der Befreiung vom technischen Alptraum, nach der Rettung der Welt durch die ahnungsvolle Reinheit eines Kindweibs, unbeirrbar, nicht zu korrumpieren, nicht einmal im Fleisch. Ich will nicht sagen, daß die Autorin dieses Buches ihren Stoff und ihre Heldin so sieht; sie kennt diese Zeilen nicht, die sich mir nach der Durcharbeitung ihres Manuskripts aufdrängten, sie hat diese Überlegungen und Assoziationen eher unbewußt begünstigt, indem sie sich ihrem Gegenstand mit Grundsätzen nähert, die ihm besonders angemessen sind. Denn Anke Kröning, der wir dieses Buch verdanken, ist keine Schriftstellerin. Wenn sie über Jeanne d'Arc schreibt, so ist das für sie nicht eine Arbeit unter vielen, gestern Katharina II. und die Droste, morgen Christine von Schweden und Lucrezia Borgia. Anke Kröning war Schauspielerin und kam von der Bühnenfigur her zu Jeanne d'Arc, lernte sie kennen und lieben, vertiefte sich in Leben und Schicksal des Mädchens aus Lothringen und – stand schließlich mit ihr und durch sie dann noch einmal auf der Bühne, in einem jener modernen Verhöre, die man Quiz nennt und denen Millionen mit wohligem Gruseln beiwoh-

nen, weil sie wissen, daß man sie nicht fragen wird. Nun, Anke wurde gefragt; ich sah sie an vier oder fünf Abenden sich all den Fragen und Spitzfindigkeiten stellen, an denen sich jene Pseudoschlachten entzünden, und ich erkannte schließlich, daß es diesem Mädchen keineswegs um die von Mal zu Mal höhere Prämie ging, sondern in erster Linie um ihre Heldin. Für sie, für das ferne Lichtgeschöpf der Legenden, kämpfte die Kandidatin von heute, vertiefte sich in Thesen und Theorien, in Annahmen und Widerlegungen und brachte uns all dieses Wissen schließlich in einem Manuskript, das als wertvollste Gabe jene unbeirrbare Begeisterung für den Erdenweg der spröden Heiligen aus Domrémy enthielt. Anke Krönings Buch über Jeanne d'Arc ist jegliche Spekulation fremd, dazu ist ihr dies alles zu ernst und zu schwer; sie versucht auch nirgends, sich selbst in den Vordergrund zu spielen: dazu ist sie zu wenig Autorin. Aber sie ist gnadenlos in den Fakten, sie schafft alles heran, sie breitet es aus, sie rollt einen kunstvoll-bunten Teppich der Dokumente und Bilder durch das Land zwischen Lothringen, der Loire und der Seinestadt Rouen.

München, im Sommer 1979 Hermann Schreiber

Vorwort

»Es war in der Epiphaniasnacht, als sie zum erstenmal das Licht der Welt erblickte, und wunderbar zu berichten! – die armen Einwohner des Ortes waren von einer unbegreiflichen Freude befallen. Noch ohne von der Geburt der Jungfrau zu wissen, liefen sie einer zum anderen und fragten, was Neues geschehen sei. Für einige war es ein Anlaß, wieder neuen Lebensmut zu fassen. Was läßt sich dem hinzufügen. Die Hähne, wie Herolde dieser glückhaften Neuigkeit, krähten auf eine nie zuvor gehörte Weise und schlugen mit den Flügeln; zwei Stunden lang fuhren sie fort, dieses Ereignis zu verkünden.«

Am 21. Juni 1429 schrieb Perceval de Boulainvilliers, Rat Karls VII., einen langen Brief an den Herzog von Mailand, in dem er die hier zitierte wunderbare Geschichte von der Geburt Jeanne d'Arcs erzählt. Sein Bericht läßt Vergleiche mit der Geburt Jesu zu, und eben das war die Absicht des Schreibers. Die Tochter Gottes war laut Boulainvilliers geboren, und es dürfte kein Zufall sein, daß auch der Geburtstag der gleiche ist, nämlich der 6. Januar. (Bis heute nehmen viele Historiker an, daß Jeanne d'Arc am 6. Januar 1412 geboren wurde; aber außer dem hier zitierten Schreiben gibt es dafür keinen einzigen Anhaltspunkt.)

Kometenhaft war der Stern der Jungfrau am Hofe Karls VII. aufgegangen. Die Königsstadt Orléans war befreit, wie sie es prophezeit hatte, der Feind bei Patay nahezu vernichtend geschlagen. Und die siegreiche Jungfrau, der man alle diese Wunder verdankte, rüstete sich gerade in dem Augenblick, als Perceval de Boulainvilliers an den Herzog von Mailand schrieb, um ihren »gentil Dauphin« nach Reims zur Krönung zu geleiten, auf daß er mit dem heiligen Öle Chlodwigs gesalbt würde. Kein Wunder, daß sich bereits zu diesem Zeitpunkt Legenden über Jeanne d'Arc bildeten. War sie nicht direkt vom Himmel gesandt, um dem armen Volk der Franzosen zu helfen, und stritten nicht die Heiligen an ihrer Seite?

Es ist eine fast unlösbare Aufgabe, Legenden und Wirklichkeit zu unterscheiden, wenn man sich der Gestalt Jeanne d'Arcs nähert, denn über keine Persönlichkeit des Mittelalters ist so viel geschrieben worden wie über sie. Dichter, Historiker, Theologen und Ärzte haben sich in den vergangenen fünf Jahrhunderten immer wieder mit dem wunderbaren Geschick des Mädchens aus Domrémy befaßt. Wer war sie wirklich und welche Rolle spielte sie? Abwechselnd wurde sie als Heilige oder als Hexe, als Erleuchtete oder als Psychopathin bezeichnet. War sie ein einfaches Hirtenmädchen oder gar die Bastardtochter der Königin Isabella und des Herzogs von Orléans?

Jede Zeit sah die Jungfrau von Orléans anders; aber zu allen Zeiten hat ihr Schicksal fasziniert, vor allem wohl, weil ihm etwas von der Tragik der klassischen Tragödie anhaftet. Niemals hat die Weltgeschichte einen größeren Aufstieg gekannt als den des Mädchens aus Lothringen, aber ihr Aufstieg wird überschattet durch die Tragödie. Erst als sie, allein gelassen von Freunden und ihrem König, in Rouen einem Gericht gegenübersteht, das sie von vornherein verurteilt hat, zeigt sich ihre wahre Größe im Kampf um ihr Leben und ihre Mission. Als sie zusammenbricht und verzweifelt widerruft, kommt sie uns menschlich näher, denn erst die unglücklich Widerrufende schlägt die Brücke über die Jahrhunderte. In der grenzenlosen Einsamkeit und in der Trauer nach dem Verrat an ihrer Sendung ist Johanna ergreifend, und die Kraft der erneut Bekennenden erfüllt uns, die Menschen einer anderen, nüchterneren Zeit, mit Liebe und mit Verehrung. Erst im Martyrium von Rouen wird Johanna wirklich groß.

Längst haben sich die Spuren der Jungfrau verwischt, nur in den Städten Orléans und Rouen und natürlich hin und wieder im Tal der Loire findet man auch heute noch Erinnerungsstätten an sie. Im Bewußtsein der Menschen aber lebt Jeanne d'Arc fort: In Orléans, wo heute noch der Tag der wunderbaren Befreiung gefeiert wird, aber auch in Rouen, wenn die jungen Mädchen der Stadt alljährlich am 30. Mai, dem Tag der Hinrichtung, weiße Rosen in die Seine streuen.

Der Hundertjährige Krieg

»Von 1300–1450 breitete sich allmählich ein Schatten über das Mittelalter.«

(L. Génicot)

Niemals hat Europa und vor allem Frankreich eine grausamere und schlimmere Zeit durchlitten als in der Epoche des sogenannten Hundertjährigen Krieges. Krisen und Unruhen erschütterten damals das ganze Abendland. Die alten Ordnungen zerbrachen. Der Einfluß der weltlichen Mächte erstarkte. Adel und Königstum beanspruchten immer mehr Rechte gegenüber der Kirche, die von inneren Streitereien zerrissen war. Die Päpste lebten in der »babylonischen Gefangenschaft der Kirche« in Avignon. Machtlosigkeit der Päpste war die Folge, und das christliche Abendland verlor sein festes Fundament. Aus diesem Grund wurde die Bindung an das Christentum lockerer, und Wissenschaft und Kunst lösten sich immer mehr von der Religion. Die Kultur des Mittelalters, die ihre wesentlichen und kennzeichnenden Züge bereits gegen Ende des 13. Jahrhunderts angenommen hatte, zerfiel. So bezeichnet man die beiden folgenden Jahrhunderte, in denen der Hundertjährige Krieg stattfand, als den Herbst des Mittelalters.
Es war eine Ära des Übergangs. Die große Zeit des Rittertums war beendet, die reichen Bürger drängten an die Macht. Als im Jahre 1328 der erste Valois König wurde, war Frankreich noch das reichste und blühendste Land Europas. Doch durch den langen Krieg wurde es bald zugrunde gerichtet. Auf dem Lande stockte die Bewirtschaftung des Bodens, weil die Bauern stets auf plündernde Truppen gefaßt sein mußten. Das Land wurde durch schwere innere Kämpfe erschüttert, Bauern- und Bürgeraufstände wurden blutig niedergeschlagen. Die Bevölkerung wurde durch immer drückendere Steuern belastet. Infolge der dauernden Münzverschlechterung setzte schließlich ein wirtschaftlicher Ver-

fall ein. Hinzu kam die Geißel des Mittelalters, die Pest, welche die Bevölkerung ganzer Landstriche hinwegraffte.
König und Adel aber umgaben sich mit Prunk, veranstalteten Turniere, aufwendige Feste, Maskenbälle, kurz, man unterließ nichts, um sich zu zerstreuen und zu amüsieren. Es war durchaus keine Seltenheit, daß die Freßgelage der Oberschicht mehr als sechzig Gänge aufwiesen. Die höfische Mode war pompös und ist an Extravaganz nie mehr überboten worden. So trugen die Herren Schnabelschuhe, deren Spitzen bis zu drei Meter lang waren. Dazu kamen enganliegende Hosen und Röcke mit golddurchwirkten Ärmeln. Auch die Damen gaben sich prunkvoll und wetteiferten um den höchsten und ausgefallensten Kopfputz.
Adel und König kümmerte nicht die Not der Bevölkerung. Es war ein Tanz auf dem Vulkan, und man sah nicht die Verzweiflung, die Unzufriedenheit und die Angst der Menschen. »Die unaufhörliche Abfolge von Krieg und Räuberei, Mißwirtschaft und Ausbeutung, Teuerung, Not und Pestilenz gestaltete das Leben höchst unsicher, und die Stimmungen schwankten zwischen dauernder Lebensangst und ausgelassener Lebensfreude. Trauer und Pessimismus war die Lebensauffassung. Wo ist die schöne Welt, nach der jede Zeit sich sehnt?« (Huizinga). So flüchteten sich die verängstigten Menschen in die Welt der Religion, und nicht wenige glaubten, daß ihnen Gott und seine Heiligen persönlich erschienen. Mit den Reliquien wurde ein wahrer Fetischismus getrieben. Ob König, Ritter, Kaufmann oder Bauer, hierin unterschieden sie sich nicht voneinander. Man schrieb diesen Reliquien Heilkräfte zu und versäumte es nicht, Knochenteile, die angeblich von Heiligen stammten, um den Hals zu tragen oder sie in einer Tasche mit sich zu führen. Es war die Epoche der Prozessionen, der Wanderprediger und der Mysterienspiele – und vor allem die der Wallfahrten. Man kann durchaus davon sprechen, daß das ganze Mittelalter nach Santiago de Compostela im spanischen Galicien unterwegs war, um am Grabe des heiligen Jakobus Vergebung der Sünden und Heilung von Krankheiten zu erlangen. Kam aber einer der berühmten Wanderpre-

diger, wurde das ganze Volk von einer heftigen Bewegung erfaßt. Diese Predigten, die oft zehn Stunden und länger dauerten, lösten eine gewaltige Wirkung aus. So zog der berühmte Dominikaner Vincent Ferrer mit seinen Flagellantenbrüdern durch die Lande und predigte vom nahenden Jüngsten Gericht und von den Leiden des Herrn. Die Zuhörer weinten bei seinen endlosen Ergüssen, Büßende zerrissen ihre Kleider und wälzten sich schluchzend im Staub. Der Schüler Ferrers, der Bruder Richard, der später zeitweilig der Beichtvater Jeanne d'Arcs war, predigte das Nahen des Antichrists. Schon das Wort genügte, um eine Massenhysterie auszulösen.

Wir sehen, daß die Menschen in dieser Zeit des ausgehenden Mittelalters in ständigen Spannungen und Ängsten lebten, die ihre Tage verdunkelten.

Sie waren übersensibel und versuchten ständig, der grausamen Wirklichkeit zu entfliehen.

In diese Epoche fällt der Erbschaftsstreit zwischen den Königen Englands und Frankreichs, den wir auch als Hundertjährigen Krieg bezeichnen, da die Kampfhandlungen, die genaugenommen schon seit dem elften Jahrhundert andauerten, durch den Thronfolgezwist die Ausmaße eines Krieges annahmen.

Der Keim des langen Krieges wurde gelegt, als der Normannenkönig Wilhelm der Eroberer am 14. Oktober 1066 bei Hastings über den englischen König Harald siegte und sich kurze Zeit darauf in Westminster zum König von England krönen ließ. Obwohl König von England, blieb Wilhelm aber Vasall von Frankreich und vererbte sein Stammland, die Normandie, an seinen jüngsten Sohn Robert. Später vereinigte dessen jüngster Bruder Heinrich I. die französische Normandie mit England.

Mathilde, Enkelin Wilhelms des Eroberers, heiratete den französischen Grafen Gottfried von Anjou, dessen Angewohnheit, stets einen Ginsterzweig am Hut zu tragen, ihm den Beinamen »Plantagenet« einbrachte (der Name Plantagenet bedeutet »Ginsterstock«). Als der alte englische König starb, ohne einen männlichen Nachfolger zu hinterlassen,

wurde Gottfried Plantagenet-Anjou sein Nachfolger und damit König von England. Auch die Grafen von Anjou blieben immer Vasallen Frankreichs, obwohl sie Könige von England waren.
Schwierig wurde die Situation, als die geschiedene Gattin des französischen Königs Ludwig VII., Eleonore von Aquitanien, in zweiter Ehe Heinrich Plantagenet, den Sohn Gottfrieds und Mathildes und Erben von Anjou, Maine und der Touraine heiratete und als Mitgift die alten aquitanischen Besitzungen Poitou, Périgord, Limousin, Angoumois, Saintonge, Gascogne sowie die Lehnsherrschaft über die Auvergne und die Grafschaft Toulouse mit in die Ehe brachte: Bereits zwei Jahre nach der Eheschließung mit Eleonore wird Heinrich II. König von England (1154). Er beherrscht nun das größte Reich in Westeuropa, das von Schottland bis zu den Pyrenäen reicht – unter Einschluß der westlichen Hälfte Frankreichs! Damit besaßen die Könige Englands in Frankreich eine größere Bodenfläche als der französische König. Es war Frankreichs Glück, daß mit Philipp II. Augustus in der Folgezeit ein bedeutender König auftrat, der diesen englischen Ansprüchen zähen Widerstand entgegensetzte. Die Söhne des englischen Königs Heinrich II, der berühmte Richard Löwenherz und der jüngere Johann Ohneland, waren dagegen ständig zerstritten. Nachdem Richard, aus kaiserlicher Gefangenschaft entlassen, wieder versuchte, sich der französischen Besitztümer zu bemächtigen, lebten die Kämpfe wieder auf. Nach Richards Tod verbündete sich Johann Ohneland mit Otto IV., dem Sohn Heinrichs des Löwen, und Philipp II. Augustus suchte den Bund mit den Hohenstaufen. 1214 kommt es zur Entscheidungsschlacht bei Bouvines. Die mit England verbündeten welfischen Truppen unterliegen, die Franzosen können einen glänzenden Sieg erringen. Nun konnte Frankreich das Angevinische Reich als Vormacht im Westen ablösen. Im Frieden von Paris (1259) erklärte Ludwig IX. (der Heilige) die Normandie, Maine, Anjou und Poitou wieder zu französischen Lehen, während Guienne, Limousin, Périgord, Quercy, Angoumois und ein Teil der Saintonge dem König von England als Her-

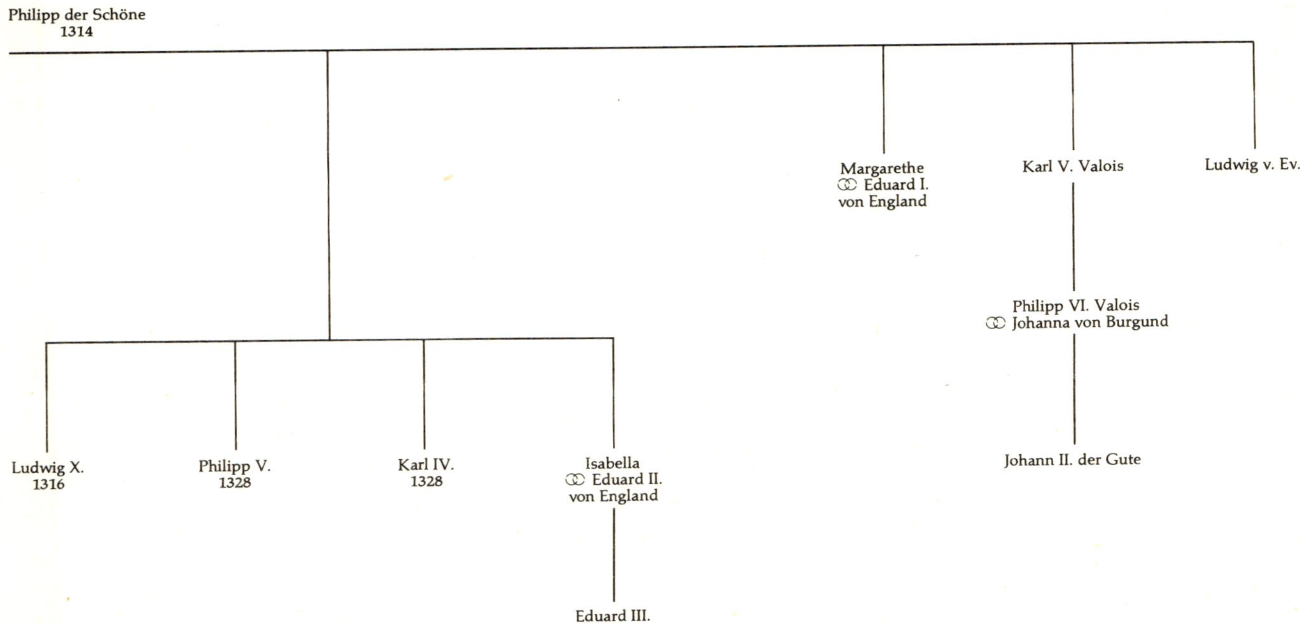

DIE KAPETINGER UND DIE VALOIS

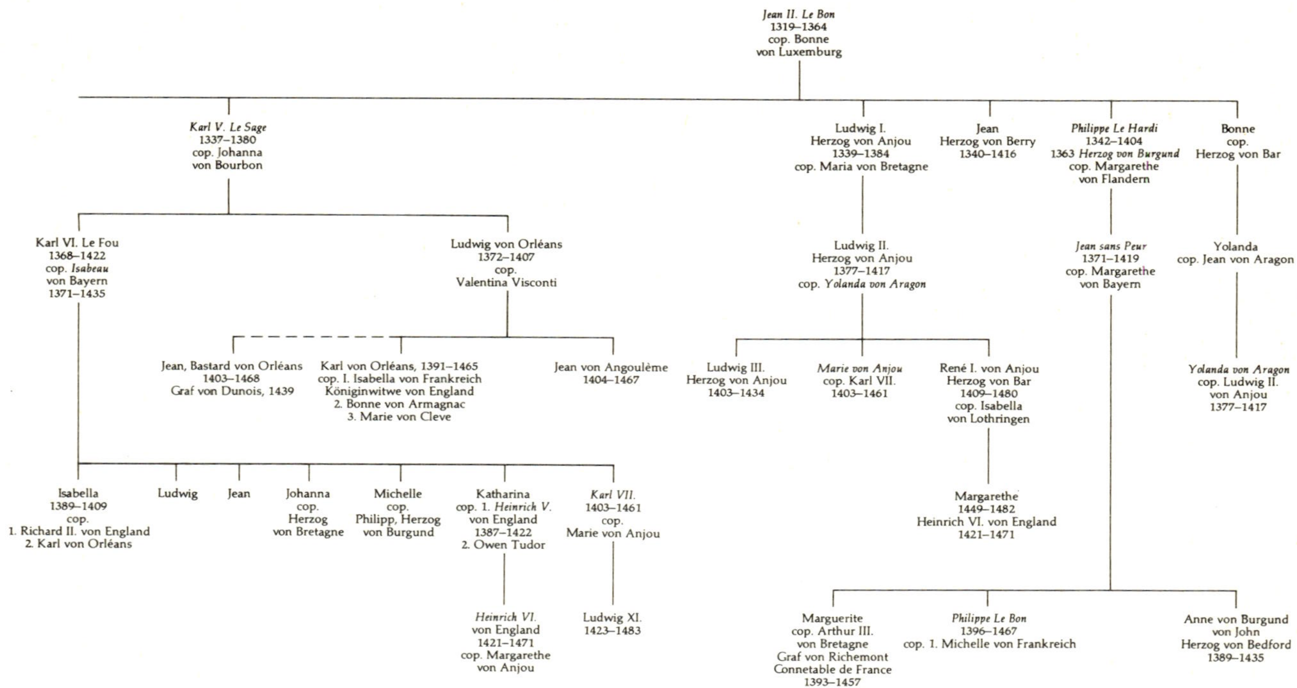

DAS HAUS VALOIS WÄHREND DES HUNDERTJÄHRIGEN KRIEGES

zogtum unter französischer Oberhoheit zurückgegeben wurden.
Unter Philipp dem Schönen flammte der Krieg für kurze Zeit wieder auf, aber im Jahre 1303 besiegelten König Eduard I. von England und Philipp in Montreuil einen Vertrag durch die Heirat Isabellas, der Tochter Philipps, mit dem Sohn Eduards. Isabella wurde die Guienne als Mitgift versprochen und *ihr Recht auf die französische Krone bestätigt.* Diese Verbindung erwies sich als verhängnisvoll und führte schließlich mit anderen Ursachen zum Hundertjährigen Krieg.
Im Jahr 1328 starb Karl IV., der letzte Sohn Philipps IV., ohne einen männlichen Nachkommen zu hinterlassen. Mit ihm erlosch der direkte Stamm der Kapetinger. Damit ergab sich die Frage, wer in Frankreich regieren sollte. Aufgrund des Vertrages von Montreuil erhob Eduard III. von England, der Sohn Isabellas und Eduards II., Anspruch auf den Thron von Frankreich. In Frankreich aber gab es bereits Widerstände gegen das Fremdkönigtum der Engländer. Man berief Philipp von Valois, den nächsten männlichen Verwandten des verstorbenen Königs, auf den Thron. Hierbei bediente man sich des salischen Gesetzes, welches die weibliche Nachfolge ausschloß und so die Selbständigkeit Frankreichs garantierte – weil danach auch die *Söhne von Prinzessinnen* das Erbe nicht antreten konnten. Auf diese Weise konnte man verhindern, daß das Land durch Heirat ausländischen Fürsten zufiel.
Frankreichs Krone kam an die Nebenlinie der Valois, in England aber kannte man das salische Gesetz nicht und war der Meinung, daß der Enkel des Königs immer Vorrang vor dem Neffen habe. Für diese Ansicht war man bereit zu kämpfen. Zunächst verlief die Entwicklung zugunsten der Valois, ja Eduard III. erkannte den König von Frankreich sogar dadurch an, daß er für Guyenne als Lehnsmann huldigte.
Die Ursachen des langen Krieges waren freilich auch wirtschaftlicher Natur: In England, das über große Schafherden verfügte, blühte gerade der Wollhandel auf und sicherte dem Land einen bescheidenen Wohlstand. Die großen Ab-

satzmärkte für die Wolle aber lagen in Flandern, denn die Wollweberei hatte sich hier zu einem sehr einträglichen Geschäft entwickelt. Aus diesem Grunde waren die flandrischen Weber natürlich daran interessiert, gute Beziehungen zu England zu unterhalten. Doch der Graf von Flandern und mit ihm der Adel orientierten sich nach Frankreich, schon weil man hoffte, die Vorrechte der dort herrschenden privilegierten Klasse auf Flandern übertragen zu können.
Im Jahr 1302 kommt es zu einer ersten größeren Schlacht bei Courtrai. Es gelang hier einem Heer flandrischer Handwerker, das Heer des Grafen von Artois in die Flucht zu schlagen. Den prächtig gekleideten Rittern blieb nichts anderes übrig, als ihren Pferden die Sporen zu geben und zu fliehen. Diese Schlacht ist daher unter dem Namen »Sporenschlacht« in die Geschichte eingegangen. Aber trotz dieses Sieges wurde der französische König für Flandern zu einer immer größeren Gefahr und damit auch für die wirtschaftlichen Interessen Englands.
Als Philipp von Valois in Schottland eingreift, um den dortigen König gegen Eduard III. zu unterstützen, beschließt England endlich zu handeln. Mit Unterstützung der flandrischen Stände nimmt Eduard III. mit großem Pomp in Gent 1340 den französischen Königstitel an, läßt in sein Wappen zu den heraldischen Löwen Englands die französische Lilie aufnehmen und nennt sich fortan König von England *und* Frankreich!
Die Herausforderung war perfekt. Es lag auf der Hand, daß Philipp von Valois das nicht zulassen konnte, wollte er seine Krone nicht verlieren. Er zog seinerseits alle verfügbaren Truppen zusammen, um – wie er glaubte – Eduard gleich endgültig zu schlagen. Dieser aber kehrte in sein Inselreich zurück, um Gelder für den Angriff auf Frankreich zu beschaffen. Das Florentiner Bankhaus Bardi e Peruzzi gewährte eine Kriegsanleihe über eineinhalb Millionen Florin, da man in Florenz an der Ausweitung des wirtschaftlichen Einflusses in Frankreich interessiert war. Mit genügend Geldmitteln ausgerüstet, konnte Eduard nun den Krieg gegen Frankreich beginnen.

1346 kam es bei Crécy zur entscheidenden Schlacht, in der das Ritterheer Frankreichs gegen die englischen Bogenschützen unterlag. Bereits ein Jahr später konnte Eduard sich der strategisch wichtigen Stadt Calais bemächtigen. Über ein Jahr hatte sich die Hafenstadt, die für die französische Flotte von großer Wichtigkeit war, den Angriffen des englischen Königs widersetzt. Doch dieser ließ die Stadt erbarmungslos aushungern, indem er jede Zufuhr von Lebensmitteln von Meer und Land verhinderte. Erst als fast die gesamte Bevölkerung den Hungertod gestorben war, übergaben fünf angesehene Bürger der Stadt, den Strick um den Hals, Eduard die Schlüssel von Calais und lieferten sich ihm aus.
1350 starb Philipp von Valois. Sein Sohn Johann, zu Unrecht der Gute genannt, war einer der unfähigsten Könige, die je in Frankreich regierten, und hatte nun gar nichts Eiligeres zu tun, als die Fehde wiederaufleben zu lassen. Er wollte die Schmach von Crécy tilgen. Dazugelernt hatten aber weder er noch seine Ritter. Prächtig aufgeputzt wie zu einem Turnier stellten sie sich 1356 in Maupertuis bei Poitiers den englischen Bogenschützen und wurden erbarmungslos zusammengeschossen. König Johann der Gute geriet zusammen mit seinem jüngsten Sohn Philipp in englische Gefangenschaft. Als Gefangener im Tower von London durfte er nun auf das hohe Lösegeld warten, das das ausgeplünderte und verarmte französische Volk für ihn aufbringen sollte.
Der eigentliche Sieger von Maupertuis aber war Eduard III., der sogenannte »schwarze Prinz« (er trug eine schwarze Rüstung), der heute noch in England als Held gefeiert wird. In Nordfrankreich kam es zu einem großen Bauernaufstand, der blutig niedergeschlagen wurde; aber auch die Pariser unter ihrem Anführer Etienne Marcel verlangten mehr Recht. Hungersnot und Seuchen regierten. Der Dauphin Karl, ein kluger und besonnener Mann, hatte einen schweren Stand, denn er, dem man später den Beinamen »der Weise« gab, war nicht der Mann der Härte; aber er war verpflichtet, das Lösegeld für seinen gefangenen Vater aufzutreiben. Darauf brachen in Städten und im Land Tumulte

los, die nahezu die Form eines Bürgerkrieges annahmen. Wie Jahrhunderte später Ludwig XVI., so mußte auch Karl V. einmal die blau-weiß-rote Mütze der Pariser aufsetzen und wurde dem Volk als Gefangener vorgeführt, ohne allerdings hingerichtet zu werden.

1359 landete Eduard abermals in der Normandie. Als er aber sah, wie verarmt und verödet Frankreich war, verzichtete er auf einen weiteren Angriff und bot dem Dauphin einen Friedensvertrag an. So kam es 1360 zum Frieden von Brétigny. Eduard III. verzichtete zwar auf die französische Königskrone, er erhielt aber die Provinzen Poitou, Guyenne, Calais und die Gascogne als unabhängigen Besitz. An den Lösegeldforderungen für den gefangenen König Johann wurde dagegen festgehalten. Da es in Anbetracht der Lage ziemlich sicher war, daß diese hohe Summe nicht aufgebracht werden konnte, wurde König Johann vorübergehend aus der englischen Gefangenschaft entlassen mit der Auflage, nach England zurückzukehren, falls er das Lösegeld nicht beschaffen könne. Als Johann sah, in welchem Zustand sich Frankreich befand, ging er leichten Herzens und freiwillig nach England zurück, allerdings nicht, ohne vorher noch einen verhängnisvollen politischen Fehler zu begehen: er schenkte Burgund, die reichste Provinz, die Frankreich noch besaß, seinem Lieblingssohn Philipp. Damit wurde das fruchtbare Burgund praktisch vom eigentlichen Stammland Frankreich abgetrennt und empfand sich fortan als eigenständige Macht: Beginn einer inneren Zersplitterung des Landes, die sich als verhängnisvoll erweisen sollte. In Karl V. dem Weisen besaß Frankreich einen Regenten, der sich bemühte, Ordnung in das Chaos zu bringen. Zusammen mit seinen Konnetabel Bertrand Duguesclin gelang es ihm, die Wunden des Krieges zu heilen. Durch Einführung der Salzsteuer konnte das Land wirtschaftlich saniert und das Lösegeld für den verstorbenen König Johann aufgebracht werden, ja Duguesclin gelang es sogar, die Engländer aus den eroberten Gebieten Schritt für Schritt hinauszudrängen.

Der englische König Richard II. besaß schließlich in Frankreich nur noch Calais, Bordeaux und Bayonne. Unglücklicherweise starb der weise König Karl bereits 1380 im Alter von nur 43 Jahren; Bertrand Duguesclin folgte seinem Herrn noch im gleichen Jahr in den Tod. Der spätere König Karl VI. war damals erst zwölf Jahre alt. Für ihn übernahmen die Brüder des verstorbenen Königs, die Herzöge von Anjou, Berry und Burgund die Vormundschaft, wobei der mächtige Philipp von Burgund versuchte, besonders starken Einfluß geltend zu machen. 1369 war es ihm gelungen, nach fast siebenjähriger Werbung die Erbin des Grafen von Flandern, Margarethe von Meale, zu heiraten. Die Heirat legte den Grundstein zur Herrschaft des burgundischen Hauses in den Niederlanden und bedeutete gleichzeitig die Vormachtstellung über den internationalen Wollhandel. Es ging also auch bei der Regentschaft für Karl VI. nicht zuletzt um Wirtschaftsfragen.

Philipp war darauf angewiesen, seinen Einfluß in Flandern zu stärken, während sein Neffe Ludwig von Orléans, der inzwischen für den verstorbenen Ludwig von Anjou die Regentschaft mit übernommen hatte, versuchte, die Außenpolitik in Richtung Italien zu lenken. Ludwig von Orléans war mit einer Tochter Barnabo Viscontis verheiratet und wollte seinen Einfluß in Italien festigen. Auch in der Papstfrage schieden sich die Parteien und Geister. Burgund hielt weiterhin zum römischen Papst, während die Orléans das avignonesische Papsttum unterstützten.

Als die Geisteskrankheit Karls VI. offenbar wurde, mußte er entmündigt werden. Dadurch nahmen die Auseinandersetzungen innerhalb Frankreichs bald furchtbare Ausmaße an. 1304 starb Philipp der Kühne von Burgund. In seinem Sohn und Nachfolger Johann Ohnefurcht und dessen Vetter Ludwig von Orléans standen sich bald erbitterte Feinde gegenüber. Johann versuchte den Wiederausbruch des englischen Krieges zu verhindern, da er seine Machtstellung im Kampf gegen die Orléans einsetzen wollte. Dabei gelang es ihm, das Volk von Paris, die Gelehrten der Universität und sogar den Pöbel für sich zu gewinnen, indem er schamlos gegen die Gegenpartei hetzte. Am 23. November 1407 ließ Johann seinen Vetter Ludwig von Orléans durch gedungene Attentäter ermorden. Ein Pariser Magister namens Jean Petit legitimierte diesen Mord öffentlich durch ein langes Plädoyer, und der Urheber Johann brüstete sich vor der Welt (Justification du Duc de Bourgogne = Tyrannenmord zum Staatswohl).

Angeblich war der Herzog von Orléans, bevor er ermordet wurde, auf dem Heimweg von seiner Geliebten, der Königin Isabeau, die gerade einen Knaben namens Philipp geboren hatte. Man munkelte, daß gar nicht Karl VI., sondern vielmehr sein schöner Vetter Ludwig von Orléans der Vater des Knaben sei. Überhaupt hat es um Philipp, der offiziell kurz nach seiner Geburt starb, viele Spekulationen gegeben, auf die wir später noch zurückkommen werden.

An der Königin Isabeau läßt die Geschichtsschreibung kein gutes Haar, ein Umstand, der es angezeigt erscheinen läßt, sich mit ihr zu befassen. Sie war väterlicherseits eine Wittelsbacherin, mütterlicherseits stammte sie von den Visconti ab. Fünfzehnjährig wurde sie 1384 mit dem geisteskranken Karl VI. vermählt, dem sie im Laufe der Jahre insgesamt zwölf Kinder gebar. Damit hielt sie ihre Pflicht dem König von Frankreich gegenüber für erfüllt und stürzte sich bald in das ausschweifendste Leben am Hofe. Es gab wohl kein Laster, das ihr fremd war. Sie war intrigant, nymphoman und korrupt, verfügte also so ziemlich über alle schlechten Eigenschaften, die man sich vorstellen kann. Ihre Leibesfülle nahm derart zu, daß sie sich nur noch in einem Rollstuhl fortbewegen konnte. Sie litt unter furchtbarer Angst vor Gewitter und unter Platzangst, einem Leiden, das sie an ihren Sohn Karl vererbte. Dabei trank sie ständig Goldwasser in großen Mengen, um ihre nervösen Leiden und ihre ständigen Menstruationsbeschwerden zu beheben. Alle diese Dinge hinderten Isabeau aber keineswegs, dauernd den Interessen der Regierung entgegenzuarbeiten. Sie war so etwas wie der böse Geist der Zeit und bildete darum einen Gegenpol zu Jeanne d'Arc. Niemals verziehen die Franzosen ihr dieses Verhalten und den Verrat an dem eigenen Sohn, den sie öffentlich zum Bastard erklärte. Sie gaben ihr in St. Denis eine

Grabinschrift, die Schmach und Verrat der Königin Isabeau deutlich macht. Die Übersetzung lautet:
»Königin, schuldige Gattin und noch schuldigere Mutter. Nachdem sie das Königreich den Engländern ausgeliefert hat, Gegenstand der Verachtung und der Abscheu der Franzosen, ruht hier Isabella von Bayern.«
Der Tod des Herzogs von Orléans rief bei seinen Freunden große Erschütterung hervor, da ja der eigentliche Mörder sich dieser Tat ganz öffentlich rühmte. Der Krieg zwischen Bourgignons und Orléans ging weiter, besonders nachdem Bernhard VII. von Armagnac, der Schwiegervater des jungen Charles von Orléans, sozusagen die Blutrache übernahm und in das Geschehen mit unvorstellbarer Grausamkeit eingriff. Auf der Seite Bernhards stehen die Herzöge von Bretagne, Bourbon und Alençon, während Johann das Bürgertum und die Mitglieder der Universität für sich gewinnen konnte. Das Zeichen der Parteigänger Burgunds war die blaue Armbinde, das der Armagnacs die weiße. Beide Parteien wüteten derart, daß sich im Italienischen der Begriff »Bandit« nach diesen Armbinden gebildet und bis heute erhalten hat.
Unerträglich wurde die Situation vor allem in Paris, als sich der radikalisierte Pöbel unter dem Schinder Simon Caboche in der *Révolution Cabochienne* der Stadt bemächtigte und alles, was Armagnac war oder mit diesem sympathisierte, regelrecht abschlachtete. Johann, dem die Ereignisse über den Kopf wuchsen, mußte Paris verlassen.
Inzwischen war in England mit Heinrich IV. (1399–1413) das Haus Lancaster an die Macht gekommen. Die ausbrechenden Parteikämpfe in Frankreich erleichterten in der Folgezeit das erneute Vordringen der Engländer: Nach der Ermordung Heinrichs IV. ließ sein Nachfolger Heinrich V. den englisch-französischen Krieg wiederaufleben, um von den innenpolitischen Schwierigkeiten im eigenen Land abzulenken. Die innere Zerrissenheit in Frankreich schien einen schnellen militärischen Erfolg zu versprechen. Am 12. August 1415 landet Heinrich am Kap de la Héve in der Normandie. Die französische Ritterschaft hatte die Lehren der

Vergangenheit wieder einmal vergessen. Prunkvoll ausgestattet ritt man den englischen Bogenschützen entgegen. Am 25. Oktober 1415 kam es bei Azincourt in der Normandie zur Entscheidungsschlacht, zur größten Niederlage der französischen Geschichte. Der Herzog von Alençon fiel, ebenso der Konnetabel d'Albret, während der junge Herzog von Orléans und der spätere Konnetabel Arthur de Richemont in englische Gefangenschaft gerieten. Nach dem Sieg von Azincourt besetzte Heinrich V. die Normandie. Johann von Burgund aber setzte seine anglophile Politik fort. Im Jahre 1417 entführte er die Königin Isabeau nach Troyes und bildete gegen den Widerstand des Dauphin Karl (die älteren Brüder Karls VII., Ludwig und Johann, waren inzwischen gestorben) eine eigene Regierung. 1417 schloß Johann mit Heinrich V. einen Geheimpakt, in dem er dessen Thronrechte anerkannte.

Durch Verrat kann sich Johann wieder der Stadt Paris bemächtigen, die inzwischen von den Armagnacs beherrscht wurde. Es kommt im Jahre 1418 zu einem furchtbaren Massaker, dem auch der Konnetabel Bernard von Armagnac zum Opfer fällt. Der Dauphin flieht aus Paris und zieht sich nach Méhun-sur-Yèvre und Bourges zurück. Im gleichen Jahr fällt Rouen nach einem erbitterten Kampf an die Engländer.

Die hoffnungslose Lage läßt 1419 eine Annäherung zwischen Johann von Burgund und dem Dauphin Karl geboten erscheinen: Der Herzog trifft sich am 10. September mit dem Dauphin Karl und dessen Ratgebern auf der Yonne-Brücke zu Montereau, fällt dort jedoch einem Mordanschlag zum Opfer.

Jetzt laufen die Burgunder ganz in das englische Lager über, denn der Sohn Johanns, Philipp der Gute, wird bald zum erbittertsten Gegner des Dauphin, den er mit Recht für den Mord an seinem Vater verantwortlich macht. Im Einverständnis mit der Exilregierung der Königin in Troyes kommt es 1420 zu jenem Vertrag, der oft als das schändlichste Dokument französischer Geschichte bezeichnet wird: Karl wird hier durch seine Eltern (den geisteskranken Karl VI.

konnte man leicht für eine Unterschrift gewinnen) von der Thronfolge ausgeschlossen und seine Legitimität durch die Königin in Frage gestellt. Dagegen wird die Heirat Heinrichs V. von England mit Katharina von Frankreich beschlossen. Heinrich sollte nach dem Tode des kranken Königs Karl die Krone Frankreichs erben. Damit war der Traum der Doppelmonarchie für die Lancaster in greifbare Nähe gerückt. Zusammen mit Philipp von Burgund und dem Königspaar Karl VI. und Isabeau hielt Heinrich V. mit seiner Braut Einzug in Paris. Aber auch um den enterbten Dauphin scharten sich Anhänger, vor allem die Partei der Armagnacs und der größte Teil Süd- und Mittelfrankreichs.
Wieder einmal machte der Tod alle Pläne zunichte: Ganz überraschend starb Heinrich V. im August 1422. Der wahnsinnige Karl VI. überlebte ihn nur um zwei Monate: Am 22. Oktober 1422 starb auch er in der großen, für ihn gekauften Residenz von Saint Paul.
Beide Monarchien ruhten nun auf regierungsunfähigen Königen: einerseits auf dem Kind Katharinas und Heinrichs, für das der Herzog von Bedford die Regierung übernahm, andererseits erklärte sich der vertriebene Dauphin zum König gegen den bereits designierten Heinrich VI. (Méhun-sur-Yèvre am 30. Oktober 1422). Die Entscheidung über die Zukunft Frankreichs war nur eine Frage der Zeit; auch im Ausland wollte man den Vertrag von Troyes anerkennen, da die Kirche auf die Einhaltung drängte. (Man erinnere sich: Burgund und England unterstützten den Papst in Rom. Martin V. hat Orléans und den Valois niemals verziehen, den Gegenpapst anerkannt zu haben.)
Die kurze Zeit, in der Jeanne d'Arc lebte und durch ihre Gegenwart in das Geschehen eingriff, leitete den Umschwung zugunsten der Valois ein. Das nationale Gewissen konnte durch Jeanne d'Arc aufgerüttelt werden, da sie, die aus dem Volke kam, genau wie dieses dachte und seine Gefühle teilte. Schließlich erlitten die Engländer die erste größere Niederlage bei Orléans, mußten die Belagerung dort aufgeben und schon einen Monat später die Loire-Festungen räumen. Und: – endlich konnte der zaudernde Dauphin Karl davon

überzeugt werden, nach Reims zur Krönung zu gehen. Für das Volk Frankreichs und für Jeanne d'Arc, die es verkörperte, wurde er erst dadurch zum König von Frankreich. Das Glück schien fortan auf seiten Karls zu stehen; nur für kurze Zeit wendete sich noch einmal das Blatt: Der Angriff auf Paris mißlang, und der gekrönte König Karl VII. mußte sich abermals an die Loire zurückziehen. Johannas Stern sank schnell. Im Mai 1430 geriet sie bei Compiègne in burgundische Gefangenschaft, und Karl, der ihr die Krone verdankte, unternahm nichts, um die Jungfrau zu retten. Er sah tatenlos zu, als Johanna durch den Herzog von Luxemburg, Monsieur du Ligny, gegen 6000 Livres d'Or an Philipp von Burgund ausgeliefert und von diesem gegen die damals ungeheure Summe von 10 000 Livres d'Or an die Engländer weiterverkauft wurde. Ja Karl griff auch nicht ein, als sie nach einem langen Schauprozeß am 30. Mai 1431 in Rouen als Ketzerin verbrannt wurde.

Erst in der Folgezeit erholte sich die französische Monarchie. Karl VII. und der mächtige Burgunder Philipp arrangierten sich. Burgunds Schaukelpolitik mündete schließlich in die kluge Besonnenheit des Kanzlers Rolin, und 1435 kam es zum Frieden von Arras, in dem sich Burgund und Karl VII. einigten (Karls Widersacher, der Herzog von Bedford, war im gleichen Jahr gestorben). Zwar geht Philipp als eigentlicher Sieger aus dem Hundertjährigen Krieg hervor, denn er erhält große Gebietsabtretungen in Mittel- und Nordfrankreich als Sühne für den Mord an seinem Vater und wird der Lehenspflicht auf Lebenszeit entbunden; aber auch Karls Macht festigt sich. Zusammen mit seinem Konnetabel Richemont kann er 1435 endgültig wieder von seiner Hauptstadt Paris Besitz ergreifen. In der Folge gelingt es Karl und seinen Getreuen, die Engländer immer weiter aus Frankreich zu vertreiben, bis sie nach der Schlacht von Castillon (1435) endlich auf Calais zurückgedrängt waren. Calais allerdings blieb bis zum 8. Januar 1558 in britischem Besitz.

Domrémy – Die Stimmen – Der Aufbruch

»Die Stimme hieß mich nach Frankreich zu gehen, und ich konnte nicht mehr bleiben, wo ich war.«
(Johanna im Prozeß von Rouen)

Domrémy ist ein kleines Dorf am linken Ufer der Maas, die hier noch ein kleiner, stark verzweigter Bach ist, der an vielen Stellen über die Wiesen tritt und der Landschaft einen eigenen Zauber verleiht. Das Dorf liegt genau an der Grenze zwischen der Champagne und Lothringen und gehört eigentlich zur Champagne. Es besteht aus zwei Dörfern, die ineinander übergehen, und zwar dem Teil von Domrémy und dem von Greux. Auf der anderen Seite des Flusses gibt es noch ein drittes Dorf, Maxey-sur-Meuse, das zu Lothringen gehört.
Hier in Domrémy wurde Jeanne d'Arc geboren, was mit ziemlicher Sicherheit feststeht. Im Verurteilungsprozeß von Rouen antwortet sie auf die Frage nach ihrem Geburtsort: »Ich bin in Domrémy geboren, das eines ist mit Greux.« Sämtliche Freundinnen, Nachbarn und Patinnen Johannas bestätigten diese Tatsache durch ihre Aussagen im Prozeß der Rehabilitation. Johannas Elternhaus, wenn auch in den vergangenen 500 Jahren immer wieder umgebaut, steht noch an der gleichen Stelle, direkt neben der Dorfkirche St. Rémy, die dem Apostel der Gallier, dem heiligen Remigius geweiht war und auch dem Dorf Domrémy den Namen gab. Im 15. Jahrhundert, eben zur Zeit Johannas, hatte das Dorf eine gewisse Bedeutung und lag an einer großen Straße, durchaus nicht so abgeschieden wie heute. Täglich kamen Pilger, Flüchtlinge und Kaufleute durch Domrémy und berichteten den Einwohnern von den Grausamkeiten des Krieges und von den Überfällen der Söldner.
Das Leben der Menschen jener Zeit war durch dauernde Bedrohungen geprägt. Soldatenbanden durchstreiften das Land und mordeten, brandschatzten und plünderten. Dazu kamen unvorstellbar schwere Lebensbedingungen. Es gab

kein Licht; die Tage waren dunkler, die Winter härter, da es keine Kohle gab, und Krankheiten trafen die Menschen erbarmungslos. So raffte die Pest die Bevölkerung ganzer Landstriche hinweg. Der große Historiker Huizinga betont in seinem Buch *Herbst des Mittelalters*, daß diese Tatsachen zusammen mit der Tradition einer 1000jährigen Gläubigkeit und Verbundenheit mit der christlichen Religion genügten, um einer ganzen Bevölkerung den Hauch von Melancholie und eine eigene Sensibilität zu verleihen. Die einzige Ablenkung der Menschen von der Unbill und den Widerwärtigkeiten des Lebens waren Gott und seine Heiligen, und wer einmal vor den Portalen der großen gotischen Kathedralen gestanden, weiß, welche Bedeutung die Kirche im Bewußtsein dieser Menschen gespielt hat. Uns ist es unmöglich geworden, die ganze Symbolik zu verstehen, die das Irrationale der gotischen Kunst ausmacht. Zur Zeit Johannas war das ganz anders. Die Religion bot die einzige Möglichkeit, den widrigen Lebensumständen zu entfliehen. Die Menschen lebten, wie sich Huizinga ausdrückt, in der Zeit des späten Mittelalters trotz oder wegen der Härten, denen sie ständig ausgesetzt waren, in der Atmosphäre eines Mystizismus, der Himmel und Hölle ständig verwechselt. Diese Tatsachen muß man sich vor Augen halten, um die Sendung und die Erscheinung der Jeanne d'Arc zu begreifen.
Johanna wurde ungefähr 1410 oder auch 1412 geboren. Genau weiß man es nicht, man kann nur die Aussagen aus beiden Prozessen zugrunde legen. Johanna selbst berichtete am ersten Verhandlungstag in Rouen, als sie über ihr Alter gefragt wurde, daß sie unlängst 19 Jahre alt gewesen sei; aber bereits am folgenden Tag behauptete sie, nicht zu wissen, wie alt sie sei. Bei ihrem Erscheinen vor Karl VII. in Chinon schätzte man sie auf 16 Jahre, und so kann man, wenn man die Aussagen ihrer Altersgenossen aus Domrémy ebenfalls berücksichtigt, annehmen, daß sie 1410 oder vielleicht auch erst 1412 geboren wurde.
Über ihre Kindheit und Jugend bis zum Aufbruch nach Vaucouleurs wissen wir nur wenig. Spätere Chronisten haben diese frühe Zeit mit Legenden ausgeschmückt, die nicht

als Grundlage ernsthafter Forschungen dienen können. Auch hier kann man sich nur auf die eigenen Aussagen Johannas und die ihrer Altersgenossen stützen. Einige Bilder tauchen auf: Danach unterschied sich das Kind Johanna kaum von den anderen Kindern des Dorfes. Sie half ihrer Mutter beim Verrichten der häuslichen Arbeiten und lief, so oft es ihre Zeit erlaubte, zur nahe gelegenen Kapelle von Notre Dame de Bermont, um vor dem dortigen Gnadenbild Unserer lieben Frau von Bermont zu beten. Die kleine Johanna wird allgemein als sehr hilfsbereit, fromm und sehr lieb geschildert. Sämtliche Zeugenaussagen im Rehabilitationsprozeß nennen diese Eigenschaften so, als hätten sie ihre Aussagen vorher auswendig gelernt. Gerade die Banalität dieser Berichte läßt darauf schließen, daß das Kind Johanna noch keine Anzeichen ihrer späteren Berufung ahnen ließ. Sie fiel eigentlich nur durch eine etwas übertriebene Frömmigkeit auf und mußte deshalb häufig den Spott ihrer Kameraden ertragen.
Die Eltern Johannas werden von einigen Chronisten als sehr arm, von anderen wieder als sehr reich geschildert. Die Wahrheit liegt, wie so oft, wahrscheinlich in der Mitte. Fest steht, daß der Vater Jacques d'Arc wohl etwa die Stellung eines Dorfschulzen bekleidete und über einigen Einfluß verfügte. Die Familie lebte offensichtlich für damalige Verhältnisse in einem gewissen Wohlstand. Johanna hatte noch drei Brüder und eine Schwester, von der man nicht viel weiß. Die Brüder Jean und Pierre dagegen begleiteten die Schwester später nach Frankreich. Anscheinend legten die Eltern großen Wert auf eine gute Erziehung, denn wenn Johanna auch nicht lesen und schreiben konnte, so betonte sie ausdrücklich und mit Stolz, daß sie nie Schafe gehütet habe, es aber im Nähen und Spinnen mit jeder Bürgerin von Rouen aufnähme. So zerstört Johanna selbst jene Geschichte vom einfachen Schäfermädchen, die – von Schiller bis hin zu modernen Dichtern – unser Herz mit Rührung erfüllt hat. Die Richter von Rouen wollten mit ihrer Behauptung, Johanna sei eine Schäferin gewesen, vor allen Dingen den Beweis erbringen, sie sei eine Ketzerin, denn nach den Vorstel-

lungen der damaligen Zeit glaubte man, daß Schäfer häufig Umgang mit bösen Geistern hätten. Es ist also nicht nur Hochmut, wenn Johanna ausdrücklich betont, niemals Schafe gehütet zu haben.

In Domrémy stand man politisch auf seiten der Armagnacs, wie die Parteigänger des Dauphins und späteren Königs Karl VII. genannt wurden. Anders verhielt es sich im nahe gelegenen Dorf Maxey-sur-Meuse, wo man sich zu Burgund und England bekannte. Die Kinder von Domrémy und Maxey-sur-Meuse lieferten einander regelrechte Schlachten, so wie es eben unter Kindern üblich ist. Diese Kindheitserlebnisse haben die offenbar sehr sensible und empfindsame kleine Johanna aber ganz entscheidend geprägt. Hier, so glauben moderne Historiker, findet man den eigentlichen Schlüssel zu ihrem späteren Verhalten. Im Verurteilungsprozeß antwortet Johanna, als man ihr die Frage stellt, ob sie auch zu den Kindern gehört habe, die sich für die Armagnacs schlugen: »Ich erinnere mich nicht. Aber ich sah, daß die von Domrémy, wenn sie gegen die von Maxey gekämpft hatten, manchmal ganz zerschunden und blutend heimkamen.«

Am 22. Juli 1424 verloren die Armagnacs die Schlacht von Verneuil. Die Verluste waren ungeheuer und kamen denen der Katastrophe von Azincourt gleich. In dieser Zeit überfielen Söldnerbanden Domrémy, dessen Bewohner in das nahe gelegene Neufchâteau flüchteten. Doch schon bald konnten die Leute von Domrémy in ihr Dorf zurückkehren, das sie gebrandschatzt vorfanden. Nach eigenen Angaben hörte Johanna in dieser Zeit zum erstenmal jene Stimmen, die ihr befahlen, Frankreich zu befreien und den Dauphin in Reims krönen und salben zu lassen. Als sie die Stimmen das erste Mal vernahm, empfand sie große Furcht. Erst beim dritten Anruf erkannte sie die Stimme eines Engels. Johanna gibt an, daß diese Stimme sie immer geleitet habe und ihr Unterweisungen erteilte. Diese Tatsache hat einige Geschichtsforscher wie z. B. Siméon Luce, aber auch Anatol France zu der Annahme gebracht, Jeanne sei durch fremde Personen unterwiesen worden, die sich ihr in der Gestalt des Erzengels

1 *Johanna wird mit Judith verglichen. Aus Martin le Franc »Les Champions des Dames«. Älteste Miniatur Johannas von 1451. Bibliothèque Nationale, Paris.*

2 *Das Geburtshaus der Jeanne d'Arc in Domrémy.*

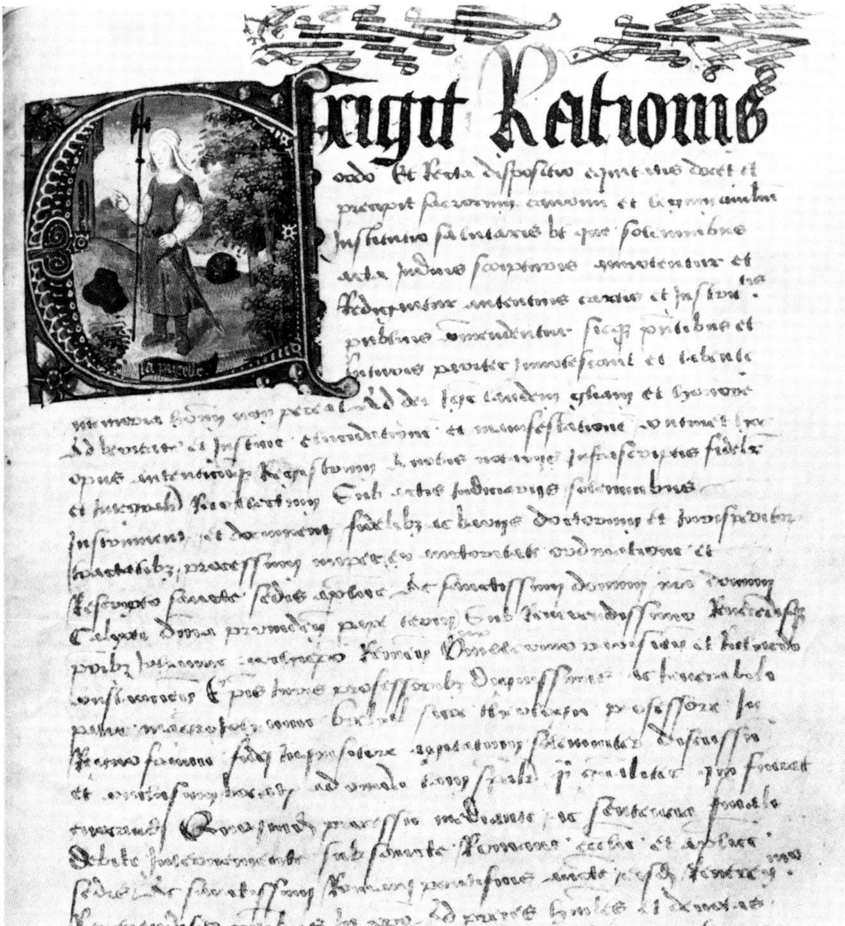

3 *Die Hirtin Johanna. Ms. lat. 14665, fol. 350. Paris, Bibl. Nationale.*

4 *Die Ermordung von Ludwig von Orléans am 23. November 1407. Zeitgenössische Darstellung.*

Michael und als heilige Margaretha und Katharina genähert hätten, um sie für ihre Ziele auszunutzen. Da aber beide Autoren den Beweis für diese Behauptung schuldig bleiben, kann man davon absehen, sich mit dieser Theorie näher zu befassen. Fest steht, daß Johanna selbst aufrichtig daran glaubte, ihre Stimmen seien von Gott gesandt worden, sie zu leiten. Diese Wundergläubigkeit entspricht durchaus der Mentalität ihrer Zeit, war doch das Wunder in der Vorstellung des mittelalterlichen Menschen keine zufällige, sondern eine normale Erscheinung.

Die meisten Angaben über die Stimmen Johannas kennen wir aus ihren eigenen Aussagen im Verurteilungsprozeß und durch die Aussagen von fünf Zeugen im Rehabilitationsprozeß, nämlich Jean de Metz, Dunois, Jean d'Aulon, Jean d'Alençon und Bruder Séguin. Um das Phänomen der Stimmen zu verstehen, ist es vielleicht notwendig, die Aussagen Johannas wörtlich zu zitieren:

Magister Beaupère: Wann vernahmt Ihr Eure Stimmen das erstemal?

Johanna: Als ich dreizehn Jahre alt war, hatte ich eine Stimme, die von Gott kam, mich zu leiten. Das erstemal hatte ich große Furcht. Die Stimme kam zur Mittagszeit; es war im Sommer, im Garten meines Vaters. Ich hatte den Tag zuvor gefastet. Ich habe die Stimme gehört mir zur Rechten, von der Seite der Kirche her.

Beaupère: Erscheint Euch ein Licht, wenn Ihr die Stimme hört?

Johanna: Fast immer begleitet sie eine große Helligkeit. Dieses Licht kommt von derselben Seite, von der man die Stimme vernimmt. Dort zeigt sich meist ein heller Schein.

Beaupère: Wie konntet Ihr dieses Licht erkennen, wenn es von der Seite kam?

Johanna: (Übergeht die Frage). Selbst wenn ich im Wald wäre, vernähme ich die Stimme wohl, die auf mich zukommt.

Beaupère: Wie dünkte Euch diese Stimme?

Johanna: Mir erschien die Stimme erhaben. Ich glaube, sie war mir von Gott geschickt. Beim dritten Anruf wußte ich, es war die Stimme eines Engels. Die Stimme hat mich immer recht geleitet, und ich habe sie immer verstanden.

Beaupère: Was riet Euch die Stimme zu Eurem Seelenheil?

Johanna: Mich gut zu führen, in die Kirche zu gehen. Sie sagte mir, es sei notwendig, daß ich, Johanna, nach Frankreich ginge. Zwei-, dreimal in der Woche sagte mir die Stimme, daß ich, Johanna, nach Frankreich gehen müßte, und zwar so, daß mein Vater nichts von meinem Aufbruch wüßte. Die Stimme hieß mich nach Frankreich zu gehen, und ich konnte nicht mehr bleiben, wo ich war . . .

Viel ist bis zum heutigen Tag über das Phänomen der Stimmen gerätselt worden. Historiker, die eine starke Bindung zur Kirche und zur Religion haben, glauben – wie Johanna selbst –, daß diese Stimmen oder Erleuchtungen tatsächlich von Gott und seinen Heiligen kommen, während andere sogar an pathologische, halluzinatorische Störungen glauben. Jacques Cordier, der meiner Meinung nach die beste Biographie über Jeanne d'Arc geschrieben hat, die bisher erschienen ist, vertritt die letztere Meinung; ich möchte mich ihr anschließen, da es mir leider nicht gegeben ist, an Wunder zu glauben. Cordier untermauert seine Theorie mit den Erkenntnissen der modernen Medizin und der Religionspsychologie. Das Ganze ist wohl eine Frage der Weltanschauung, und vielleicht ist es sogar gut, daß dieses Geheimnis eines begnadeten Mädchens nie ganz geklärt werden wird.

Johanna selbst glaubte fest an die Stimmen der Engel und der Heiligen, die sie unterrichteten und ihr Weisungen erteilten. In dieser Zeit gelobte sie, Jungfrau zu bleiben. In der Vorstellung des mittelalterlichen Menschen konnte nur eine reine Jungfrau wirklich erleuchtet sein. Wir kennen von Bildern und alten Schriften die Geschichte des Einhorns, das nur im Schoß einer Jungfrau ruhen will, da diese frei von Makel ist. Im Fall Johannas kommt dieser Tatsache noch eine besondere Bedeutung zu, da nach den Auffassungen der Zeit eine reine Jungfrau auch keine Ketzerin sein konnte, eine Tatsache, die im Prozeß von Rouen große Bedeutung gewinnen sollte.

Nachdem das Mädchen Johanna die Stimmen vernommen hatte, veränderte sie sich auch im Verhalten ihren Kameraden gegenüber. Von diesem Zeitpunkt an nahm sie an den Vergnügungen der Dorfjugend von Domrémy nicht mehr teil. War sie vorher durchaus dabei gewesen, wenn die Kinder von Domrémy am Sonntag Laetare hinauszogen, um unter dem Feenbaum der Herren von Bourlémont Kurzweil zu treiben, so blieb sie jetzt diesen Vergnügungen fern.

Im Prozeß von Rouen läßt sie selbst die Idylle ihrer Kindheit aufleben, als sie – nach dem Baum der Feen befragt, wohl um sie der Hexerei zu bezichtigen – ein rührend-lyrisches Bild dieser Tage zeichnet. Auf die Frage, ob sie auch unter dem Baum getanzt habe, antwortet Johanna unschuldig, ja naiv: »Ich habe mehr gesungen als getanzt.«

Doch die Stimmen wurden drängender und hießen Johanna in das nahe gelegene Vaucouleurs aufbrechen, um Hauptmann Baudricourt, der das große Schloß befehligte, um eine Eskorte bewaffneter Männer zu ersuchen, die sie vor den Dauphin nach Chinon geleiten sollte. Offensichtlich hatte Johanna große Angst vor ihrem Vater, der unter keinen Umständen etwas von ihrem Aufbruch erfahren durfte. Seltsamerweise hatte Jacques d'Arc zwei Jahre zuvor einen Traum gehabt, der seine Tochter zeigte, wie sie mit Soldaten davonritt. Daraufhin befahl er seinen Söhnen, das Mädchen zu ertränken, sollte sich dieser Traum je bewahrheiten. Im Verurteilungsprozeß von Rouen wurde Johanna selbstverständlich nach diesen Visionen ihres Vaters gefragt, denn die Tatsache, daß Johanna ihr Dorf heimlich verlassen hat, widersprach dem vierten Gebot, und das ließ man sich in Rouen natürlich nicht entgehen. Auf die Frage, ob sie recht getan, antwortete sie ihrem Richter später: »Da Gott es befahl, mußte ich es tun, und hätte ich hundert Väter und hundert Mütter gehabt und wäre ich eine Königstochter gewesen, ich mußte gehen!«

Ein naher Verwandter namens Durand Laxart, wohl ein Vetter Johannas, den sie aber, da er wesentlich älter war, zärtlich Onkel nannte, zeigte sich bereit, ihr zu helfen, und überredete die Eltern, Johanna zu ihm nach Burey-en-Vaux ziehen zu lassen, um seiner Frau im Kindbett beizustehen. Johanna verläßt Domrémy ungefähr zu Weihnachten des Jahres 1428, um es nie wieder zu sehen. Früher glaubte man, daß Johanna bereits im Mai des Jahres 1428 einen ersten, erfolglosen Versuch unternommen hatte, nach Vaucouleurs zu ziehen, dort aber durch Baudricourt ziemlich grob abgewiesen wurde. Diese Annahme beruht lediglich auf der Zeugenaussage des Bertrand de Poulengy, der im Rehabilitationsprozeß angibt, er hätte Johanna zum erstenmal am Himmelfahrtsfest des Jahres 1428 in Vaucouleurs bei Baudricourt gesehen. Dem widersprechen folgende Tatsachen: Salisbury begann erst im August des Jahres 1428 die Belagerung von Orléans, also konnte Johanna davon im Mai des gleichen Jahres noch nichts erfahren haben. Auch glaube ich nicht, daß Jacques d'Arc, der gedroht hatte, seine Tochter ertränken zu lassen, einen zweiten Aufbruch zuließ, nachdem er Nachricht von Johannas Vorgehen bekommen hatte. Tatsache ist es auch, daß die Schreiber des Rehabilitationsprozesses mit Daten sehr sorglos umgingen und Poulengy auch Weihnachten gemeint haben konnte.

Somit verließ Johanna also im Dezember 1428 ihr Dorf, um Frankreich zu erobern. Es war der einsamste Aufbruch, den die Weltgeschichte kennt und zugleich auch der rätselhafteste und wunderbarste; denn bereits vier Monate später reitet sie an der Seite des allmächtigen Bastards von Orléans, des späteren Grafen Dunois, in der Königsstadt Orléans ein, wo ihr ein begeisterter Empfang durch die Bevölkerung zuteil wird. Der Ruf, eine Gottgesandte zu sein, die der Stadt zu Hilfe kommen sollte, eilt ihr voraus. Wie konnte es zu dieser einmaligen Erhöhung des Dorfmädchens kommen?

Vaucouleurs – Das Aufgebot

Die Stimme hieß mich, Robert de Baudricourt in Vaucouleurs aufzusuchen – das war der Stadthauptmann –, daß er mir Leute gäbe, die mit mir kämen. Als ich in Vaucouleurs ankam, erkannte ich Robert de Baudricourt; und dennoch hatte ich ihn nie gesehen. Ich erkannte ihn durch die Stimme . . .

(Johanna im Prozeß von Rouen)

Nur zwölf Kilometer von Domrémy entfernt liegt die kleine Stadt Vaucouleurs. Nichts deutet darauf hin, daß dieser Ort einmal irgendeine Bedeutung hatte. Es scheint, als sei die Zeit hier stehengeblieben und der ganze Ort in eine Art Dornröschenschlaf versunken. Die Symbole der modernen Zeit wie Telegrafendrähte, Autos und Fernsehantennen wirken seltsam deplaciert und unterstreichen diesen Eindruck noch. Selten verirren sich Touristen hierher, denn es gibt keine gotische Kathedrale, vor der man bewundernd stehenbleiben kann, kein Schloß mehr, ja eigentlich gar keine Besonderheit. Nur ein monumentales Standbild der Jeanne d'Arc erhebt sich inmitten des Marktplatzes und wirkt fremd in seiner Größe und seiner heroischen Auffassung. Früher befand es sich in Algier; aber seit der Unabhängigkeit Algeriens hat es seinen Platz in Vaucouleurs und erinnert den Ort ständig an jene Ereignisse, die ihn einst berühmt machten.
Die Umgebung von Vaucouleurs lockt zu beschaulichen Spaziergängen, liegt die Stadt doch in die liebliche Landschaft Lothringens gebettet. Hast und Eile kennt man hier nicht. Kommt man den direkten Weg von Domrémy, den einst auch Johanna nahm, so steht man plötzlich auf einem Plateau und sieht die Stadt zu seinen Füßen liegen. Genau an dieser Stelle befand sich früher die gewaltige Festung von Vaucouleurs. Längst ist sie verschwunden, wie so viele Zeugen der Vergangenheit. Nur wenige Reste erinnern an die einstige Größe. Die Palastkapelle, die *Chapelle Castrale,*

wurde gegen Ende des vorigen Jahrhunderts im neugotischen Stil wiederaufgebaut; aber die Krypta der Kapelle ist noch die alte frühgotische der ehemaligen Burg. Auch das *Frankreichtor,* durch das Jeanne d'Arc einst mit ihren Gefährten ritt, um Frankreich zu erobern, wurde erst vor fünfzig Jahren wiedererstellt. Die Steine sind neu, und das Tor ist für eine so gewaltige Festung viel zu klein. Nein, das wahre Frankreichtor war viel größer und befand sich unmittelbar neben dem neuen. Ein Einwohner von Vaucouleurs, Monsieur Henri Bataille, meint es genau zu wissen. Er hat es sich zur Lebensaufgabe gemacht, die Reste von Schloß und Festung von Vaucouleurs auszugraben und so der Nachwelt zu erhalten. Dabei kann er sich auf nichts anderes stützen als auf seinen Idealismus, auf seine Liebe zur Stadt und zur Geschichte der Jeanne d'Arc, über die er sich, ohne müde zu werden, stundenlang unterhalten kann. Leider liegt Monsieur Bataille gerade aus diesem Grunde in ständigem Streit mit den Behörden von Vaucouleurs, und das aus folgendem Grund: Kurz nach dem Krieg, als es in Lothringen wie anderswo an Geld zum Häuser- oder Straßenbau fehlte, kaufte er für sein gesamtes Vermögen (das war allerdings nicht viel) Grund und Boden sowie einige der alten Häuser von Vaucouleurs auf. Nicht etwa, um sie zu bewohnen, sondern weil sie in das alte Festungswerk hineingebaut waren, wie man es in alten Städten, die einmal von Mauern umschlossen waren, gelegentlich finden kann. Heute hätte die Stadt den Grund gern wieder zurückgekauft; aber Monsieur Bataille denkt nicht an Verkauf. Unermüdlich förderte er alte Steine zutage, nur unterstützt von seiner Frau, die ihm hilft. Und obwohl er genau weiß, daß er diese Aufgabe nicht bewältigen kann, läßt er sich durch nichts beirren. So hat er tatsächlich drei der alten Festungstürme wiederaufgebaut, in die man – wenn man nicht zu ängstlich ist – hineinkriechen kann. Steine und Fundamente aus der Zeit Jeanne d'Arcs und Baudricourts liegen teilweise metertief unter der Erde.
Wir verdanken Monsieur Bataille ganz genaue Zeichnungen und Pläne der einstigen Anlage, so daß wir uns ein Bild von den gewaltigen Ausmaßen der Festung machen können, wie

sie vor fünfhundert Jahren ausgesehen haben mag, als sie zusammen mit dem Mont St. Michel, der Stadt Orléans und Tournai noch zu den wichtigsten Verteidigungsanlagen des französischen Königs zählte. Gern zeigt Monsieur Bataille dem Besucher seine Funde und Zeichnungen, die er liebevoll in einem kleinen Museum zusammengetragen hat. Er ist glücklich, wenn man sein Interesse teilt, und man verläßt ihn nur ungern, diesen modernen Don Quichotte, der sein Leben und seinen Idealismus einer scheinbar so unwichtigen Sache widmet.

Die große Festung von Vaucouleurs erhob sich als mächtiges Bollwerk gegen Frankreichs Feinde und galt als uneinnehmbar, eine Tatsache, die sie vor allem Herrn Robert von Baudricourt verdankte, der sie befehligte und in der Vergangenheit schon mehrfach gegen feindliche Überfälle verteidigt hatte. Herr von Baudricourt stammte aus einem kleinen Dorf gleichen Namens und war ein getreuer Vasall des Dauphins Karl, kann also als Parteigänger der Armagnacs bezeichnet werden. Chronisten beschreiben den Platzhauptmann von Vaucouleurs als einen nicht gerade zart besaiteten Haudegen. Unsterblich machte ihn George Bernard Shaw in der Anfangsszene seiner *Heiligen Johanna,* in der sich Robert von Baudricourt einem seiner Diener gegenüber heftig über seine Hühner beklagt, die schon tagelang keine Eier mehr legen wollen. Selbstverständlich fangen sie damit in dem Augenblick wieder an, als dem Mädchen Johanna endlich jener Empfang gewährt wird, um den sie ihn schon mehrfach gebeten hatte.

Leider war die Geschichte weder so humorvoll noch so einfach, wie sie uns Shaw mit dichterischer Freiheit beschreibt: Herr von Baudricourt war ein sehr verdienstvoller Mann, dem die schwere Aufgabe oblag, diese äußerste Enklave der Armagnacs gegen die Söldner und Überfälle der Burgunder des mächtigen Herzogs Philipp, der Lothringer und schließlich auch gegen den Kaiser des Heiligen Römischen Reiches Deutscher Nation zu schützen. Der Stadthauptmann von Vaucouleurs konnte sich dabei ganz auf das Vertrauen des Dauphins Karl, seiner Ratgeber und – was fast das Wichtigste war – auf das der Königin von Sizilien, Yolanda von Aragon, stützen. Sie war die Schwiegermutter Karls VII. und nahm sich der politischen Geschäfte des ewig unentschlossenen Dauphins an. Yolanda ist die eigentliche Schlüsselfigur, soweit es das Eingreifen Johannas betrifft.

Johanna ging – ohne von Eltern und Freunden Abschied genommen zu haben – zu Weihnachten des Jahres 1428 fort aus Domrémy, dem Dorf ihrer Kindheit, um ihren immer drängender werdenden Stimmen zu folgen. Sie ließ ausrichten, sie wolle ihrer Base, der Gattin Durand Laxarts, im Kindbett beistehen. Bewußt bediente sich Johanna dieser Notlüge, denn sicher hätte Jacques d'Arc nicht nur das Fortgehen seiner Tochter unter allen Umständen verhindert, sondern diese auch zurückgeholt, um sie vielleicht sogar zu ertränken, wie er es ja bereits angedroht hatte. Von Durand Laxart konnte sie dagegen Hilfe erwarten, denn irgendwie war es ihr inzwischen gelungen, den Verwandten von ihrer Sendung zu überzeugen. Was veranlaßte das junge Mädchen, allen Gefahren zum Trotz sein Dorf zu verlassen? Immer eindringlicher waren die Stimmen geworden, die Johanna bestürmten, Herrn von Baudricourt aufzusuchen.

Im Leben des mittelalterlichen Franzosen drehte sich alles um die Kirche und ihre Heiligen sowie um die Person des Königs. Man glaubte, daß der König – nach der Salbung mit dem heiligen Öl in der Kathedrale zu Reims – Stellvertreter Gottes auf Erden würde, dem das Königreich Frankreich zum Lehen gegeben sei. So stand die Person des gesalbten Königs außerhalb jeder Kritik oder Diskussion. Als der wahnsinnige Karl VI. starb, dessen Irrsinn das Land in großes Unglück gestürzt hatte, folgten Tausende von Menschen seinem Sarg, zerrissen sich vor Schmerz die Kleider, ja, weinten und klagten tagelang, daß Gott ihnen den besten aller Könige genommen hätte und daß sie niemals einen größeren bekämen. Wenn man bedenkt, daß gerade dieser König in seiner geistigen Ohnmacht durch den Einfluß seiner intriganten Frau Isabeau de Bavière seinen eigenen Sohn Karl im Vertrag von Troyes enterbte und dafür den Fremdkönig Heinrich V. als rechtmäßigen Erben der Krone Frank-

reichs anerkannte, so wird es deutlich, in welchem Verhältnis König und Volk zueinander standen. Nur in einem Land, in dem solche Vorstellungen herrschten, konnte der Absolutismus geboren werden. Der unglückliche Karl VII., der sich nach dem Tode seines Vaters (1422) zum König erklärte, mußte sich vor den Burgundern, den Engländern, ja sogar vor seiner eigenen Mutter an die Loire verkriechen und seine Hauptstadt Paris den Feinden überlassen. Man kann sich das Ausmaß der Verzweiflung, ja der Empörung, das die königstreue Bevölkerung ergriff, kaum vorstellen! Der legitime Nachfolger aus dem heiligen Haus der Valois seiner ureigensten, von Gott verliehenen Rechte beraubt! Noch war Karl VII. nur Dauphin, da er noch nicht mit dem heiligen Öl Chlodwigs in der Kathedrale zu Reims gesalbt war – und die Krönungsstadt Reims befand sich in der Hand der Feinde!
Von den vielen Reisenden, die durch Domrémy kamen, hörten Johanna, ihre Eltern und Freunde regelmäßig von diesem Unglück. Großes Mitleid mit dem armen, vertriebenen Dauphin und Trauer um das Land ergriffen Johanna. Insofern unterschied sie sich in ihrem Denken und Fühlen überhaupt nicht von den Menschen ihrer Umgebung. Aus der Vorstellungskraft ihrer Phantasie und dem unabhängigen Wunsch zu helfen, mögen ihre Stimmen entstanden sein, war ihre Phantasie doch genährt durch die Dinge, die sie täglich hörte und mit denen sie sich befaßte. Was Johanna vor allen Dingen von den Menschen ihrer Umgebung unterschied, war, daß sie es nicht beim Mitleid oder bei der Trauer bewenden ließ. Ihr eher männliches Temperament drängte sie zur Tat. Ein unerschütterlicher Glaube bemächtigte sich ihrer. Nur so konnte sie die Kraft finden, ihre Mission zu erfüllen.

Zurück zu Herrn von Baudricourt und in das Vaucouleurs des Jahres 1428: Wer kann sich sein Erstaunen vorstellen, als zum Weihnachtsfest ein etwa sechzehnjähriges Mädchen in Begleitung eines Onkels bei ihm vorstellig wurde, das nicht weniger wollte, als Frankreich von der Fremdherrschaft der Engländer zu befreien, den Dauphin in Reims krönen

und salben zu lassen, Paris zurückzuerobern und schließlich auch noch die Belagerung von Orléans aufzuheben?
Das waren alles Aufgaben, an denen die bedeutendsten Feldherren der Epoche, zu denen sich ja auch Herr von Baudricourt zählte, gescheitert waren. Und da kam dieses Kind und erzählte, es könne all diese Dinge auch noch mit Hilfe Gottes und seiner Heiligen erledigen. Herr von Baudricourt tat genau das, was andere an seiner Stelle auch getan hätten: er warf das Mädchen kurzerhand hinaus, allerdings erst, nachdem er dem Onkel den guten Rat gegeben hatte, ihr eine ordentliche Tracht Prügel zu verabreichen und sie zu ihrem Vater zurückzuschicken.
Johanna jedoch ließ sich nicht abweisen und erschien schon kurze Zeit später erneut bei Baudricourt. Und plötzlich ändert sich sein Verhalten ihr gegenüber, ganz überraschend hört er sie an und beschäftigt sich mit ihr. Johanna siedelt jetzt ganz nach Vaucouleurs über, wo sie im Hause des Ehepaares Le Royer Wohnung nimmt, Cathérine Le Royer hat über diese Zeit einen lebhaften Bericht im Prozeß der Rehabilitation geliefert. So erwähnt sie unter anderem eine Teufelsbeschwörung, die der Pfarrer Jean Fournier wohl im Auftrage Baudricourts durchführte:
»Und eines Tages sah ich Herrn Robert de Baudricourt, der damals Stadthauptmann von Vaucouleurs war, mit Herrn Jean Fournier bei mir eintreten; Johanna erzählte mir, daß der Priester eine Stola mitgebracht hatte und in Gegenwart des Stadthauptmanns eine Beschwörung über sie sprach: Wenn sie einen bösen Geist hätte, solle sie sich ihnen nähern. Und Johanna näherte sich dem Priester auf den Knien . . .«
Soweit also die Erzählung der Dame Cathérine. Was hatte diese Beschwörung zu bedeuten? Ganz offensichtlich ist Baudricourt zu diesem Zeitpunkt bereits entschlossen, dem Mädchen die gewünschte Eskorte zu geben, damit es nach Frankreich aufbrechen kann. Um sicher zu sein, daß Johanna auch tatsächlich von Gott gesandt ist, unterwirft er sie dieser Prüfung durch den Priester. Wir wissen auch, daß er einen Brief an die königliche Kanzlei in Chinon schrieb, um

von Johanna zu berichten. Doch Johanna wurde die Zeit, die sie untätig im Hause der Le Royers verbringen mußte, unerträglich lang. Mme. LeRoyer spricht davon, daß sie ihr so langsam verginge wie einer Schwangeren. Täglich während dieser langen Wacht betete Johanna vor dem kleinen Standbild der Jungfrau Maria in der Krypta der Schloßkapelle. Diese Statue ist eines der wenigen Dinge, die aus der Zeit Johannas noch in Vaucouleurs zu sehen sind. Heute befindet sie sich in der Krypta der Chapelle Castrale. Ihr Kopf wurde in späterer Zeit erneuert und paßt nicht recht zum Gesamtbild, und doch geht von dieser Skulptur ein eigener Zauber aus, dessen Wirkung man sich nur schwer entziehen kann.
Obwohl Johanna täglich vor jener »Muttergottes aus den Gewölben« flehte, daß Baudricourt etwas unternehmen möge, wurde ihr das Warten bald unerträglich, da ihrer Meinung nach überhaupt nichts geschah. Kurzerhand borgte sie sich Männerkleidung von Durand (oder entwendete sie einfach) und machte mit Freunden, unter denen auch die durch Baudricourt bestellten Seigneurs Jean de Metz und Bertrand de Poulengy waren, allein auf den Weg nach Chinon. Erwähnt wird dieser Abreiseversuch durch drei Zeugen der Rehabilitation, nämlich Durand Laxart, Cathérine Le-Royer und Bertrand de Poulengy. Doch Johanna kam anscheinend nur bis zur Einsiedelei von St. Nicolas de Septfond, drei Kilometer nordwestlich von Vaucouleurs. Dann sah sie wohl ein, daß sie so nie ans Ziel kommen würde und kehrte reumütig nach Vaucouleurs zurück.
Bald darauf geschah etwas Unerwartetes: Herzog Karl II. von Lothringen wollte Johanna sehen und bestellte sie zu sich nach Nancy. Nun stand Karl II. aber offiziell auf seiten Philipps des Guten, war also ein Gegner des Dauphin. Und woher wußte der Herzog von Lothringen überhaupt etwas von Johanna und ihrer Sendung? Denn Johanna lebte – wohl auf Befehl Baudricourts – ganz zurückgezogen bei den Le-Royers in Vaucouleurs. Ihr Ruf als Wundertäterin konnte noch gar nicht bis Nancy gedrungen sein. Fest steht, daß Karl II. Johanna nach dieser Unterredung ein Pferd schenkte und daß sie ihn bat, ihr seinen Sohn mit auf die Reise zu

geben. Gemeint hat sie den Schwiegersohn des Herzogs, René d'Anjou, der wahrscheinlich bei der Unterredung zwischen Johanna und Karl zugegen gewesen war und den sie für den Sohn des Herzogs hielt. René war aber nicht nur der Sohn der Yolanda von Aragon, sondern auch der Schwager des Dauphins Karl. Eine ganz andere, aber amüsante Geschichte über diesen Besuch bei Herzog Karl in Nancy lieferte im Rehabilitationsprozeß Mme. Marguerite La Touroulde, wobei sie die folgenden Tatsachen enthüllte:

»Johanna hat mir auch selbst erzählt, daß der kranke Herzog von Lothringen sie habe sehen wollen. Sie hatte mit ihm gesprochen und ihm gesagt, er betrage sich schlecht und werde niemals wieder geheilt, wenn er sein Unrecht nicht wieder gutmachte und sein gutes Eheweib wieder zu sich nähme . . .«

Diese Erzählung wirkt unglaubwürdig. Warum sollte sich der Herzog von Lothringen ausgerechnet bei einem siebzehnjährigen Bauernmädchen Rat holen und sich von diesem auch noch maßregeln lassen, was sein Privatleben betraf? Schließlich stand Johanna zum Zeitpunkt ihres Besuches bei Karl II. noch gar nicht in dem Ruf, besondere Gaben zu haben oder durch Gott oder seine Heiligen ausersehen zu sein. Nein, die ehrwürdige Dame La Touroulde wollte sich gewiß ein wenig wichtig machen, entbehrt ihre Aussage doch auch sonst nicht einiger pikanter Einzelheiten. Es waren ja auch fünfundzwanzig lange Jahre seit jenen Ereignissen vergangen, und Mme. La Touroulde hat ihre Erinnerungen im Laufe der Zeit wahrscheinlich ein wenig ihren Vorstellungen angepaßt, wie es die Menschen heute ja auch nicht anders tun.

Nach der Rückkehr Johannas, die mit dem Pferd des Herzogs ausgerüstet ist, steht ihrer Abreise nach Chinon nun nichts mehr im Wege. Zwar wird sie noch nach Toul beschieden, um sich in einem Prozeß zu verteidigen, den ein junger Mann aus Domrémy, sicher auf Verlangen der Eheleute d'Arc, gegen sie anstrengte, da Johanna angeblich ein ihm gegebenes Eheversprechen nicht eingelöst hatte. Johanna weiß sich aber so geschickt zu verteidigen, daß dieser

Prozeß niedergeschlagen werden muß – eine Begabung, die später immer wieder verblüffte und hier erstmals zutage trat. Sowohl in Poitiers, wo sie auf Verlangen der königlichen Kanzlei examiniert wurde, als auch in Rouen, als es um ihr Leben ging, verteidigte sich Johanna so geschickt und mit so überraschendem und natürlichem Intellekt, daß ihr niemand seine Bewunderung versagen konnte. So hatte natürlich auch der junge Mann in Toul (man weiß heute nicht mehr, um wen es sich dabei gehandelt hat) gar keine Chancen, und die Eltern Johannas verloren die letzte Möglichkeit, sie von ihrem gefährlichen Vorhaben abzubringen.

Jetzt ist Johannas Ruf auch schon in die Bevölkerung gedrungen. Die Einwohner von Vaucouleurs sammeln für sie und stellen ihr eine Männerausrüstung zur Verfügung. Ihr Haar trägt sie jetzt nach Pagenart kurz geschnitten; von Robert de Baudricourt bekommt sie ein Schwert[1]. Mit zehn Gefährten, unter denen sich neben den Seigneurs de Novelonpont und Poulengy auch Jean und Pierre, die eilends aus Domrémy gekommenen Brüder Johannas, sowie als wichtigste Person der königliche Bote, Colet de Vienne, befinden, rüstet sie zum Aufbruch. Die Anwesenheit des königlichen Boten ist dabei von besonderer Bedeutung, denn diese wichtige Persönlichkeit kannte die Wege durch das umgebende Feindesland genau und war wahrscheinlich vom königlichen Hof in Chinon beauftragt, Johanna sicher dorthin zu geleiten[2].

[1] In der Anklageschrift ist die Ausrüstung Johannas genau beschrieben: Nachdem diese Kleider und diese Waffen angefertigt, anprobiert und hergestellt waren, legte die genannte Jeanne die weiblichen Kleider gänzlich ab: Mit rundgeschnittenen Haaren nach Art der Pagen nahm sie Hemd, Hose, Unterhose und damit verbundene Strümpfe, die lang mit der genannten Unterhose durch zwanzig Schnürbänder verbunden waren, Hose, Schuhe nach außen geschnürt, einen kurzen Rock bis zu den Knien oder etwa bis dahin, eine eng anschließende Schutzkappe, Stiefel oder Ledergamaschen, lange Steigbügel, Degen, Dolch, Panzerhemd, Lanze und andere Waffen.

[2] Johannas Eskorte bestand aus folgenden Personen: Den Herren Jean de Novelonpont, Bertrand de Poulengy, Richard, dem Bogenschützen, Colet de Vienne, Johannas Brüdern Jean und Pierre sowie aus zwei Schreibern und zwei Boten.

Am 19. Februar 1429 verlassen Johanna und ihre Gefährten unter dem Jubel der Bevölkerung die Stadt Vaucouleurs. Mit dem Segen Baudricourts, der sie mit den Worten »Geh' – und komme, was da mag« entläßt, reiten sie durch das Frankreichtor einem großen und ungewöhnlichen Schicksal entgegen.

Ein einfaches junges Mädchen aus einem kleinen Dorf an der Grenze Lothringens erhält durch den mächtigen Stadthauptmann von Vaucouleurs eine Eskorte, Männertracht, vom Herzog von Lothringen sogar ein Pferd; es verläßt die Heimat, um dem Dauphin wieder zu seinen Rechten zu verhelfen und Frankreich zu befreien. Wie konnte das geschehen? Selbst im wundergläubigen 15. Jahrhundert war eine derartige Erhöhung nicht ohne weiteres möglich, da es das »Gesetz« verlangte, daß jeder Wundertätige durch ein göttliches, d. h. übernatürliches Zeichen beweisen mußte, daß Gott ihn ausersehen hatte, Wunder zu tun. Nun, Johanna hat kein Zeichen vorgewiesen, eine Tatsache, die ihr viel später im Prozeß von Rouen noch viel Kummer bereiten sollte. Es mußten also andere prominente Personen gewesen sein, die ihre Aktion befürworteten.

Zu ihnen zählt eine Persönlichkeit, die am Hofe Karls VII. eine große und einflußreiche Rolle spielte. Es handelt sich um die Schwiegermutter Karls, Yolanda von Aragon, Königin in partibus der beiden Sizilien und Jerusalem, Gräfin von Anjou und der Provence, eine der bemerkenswertesten Fürstinnen ihrer Zeit. Yolanda gehört zu den bedeutendsten und mächtigsten Figuren der Weltgeschichte; seltsamerweise ist sie auch eine der unbekanntesten. Im Leben Karls VII. spielte sie eine ähnliche Rolle wie die Kardinäle Richelieu und Mazarin im Leben der Könige Ludwigs XIII. und Ludwigs XIV. Zeitgenossen bezeichnen Yolanda nicht nur als eine der klügsten, sondern auch eine der schönsten Frauen ihres Zeitalters. Uns ist nur eine einzige Abbildung bekannt, die sie darstellen soll; diese befindet sich in einem der Glasfenster in der Kathedrale zu Le Mans.

Im Jahre 1417 starb Ludwig II. von Anjou; Yolanda wurde im Alter von 37 Jahren Witwe. Sie hatte nun die schwere

Aufgabe, das Erbe ihrer Söhne und die Zukunft ihrer Tochter zu sichern: ein schwieriges Unterfangen in diesem korrupten Zeitalter, in dem es jeder darauf abgesehen hatte, das mächtige Anjou zu gewinnen und für seine Zwecke auszunutzen. Nur auf ihr Genie gestützt, nahm Yolanda diesen Kampf auf, und es war Frankreichs Glück, daß sich ihre persönlichen Interessen mit denen der Krone deckten. Da sie die Englandpolitik und das persönliche Machtstreben des Herzogs von Burgund auf das höchste mißbilligte – denn beides war ihren eigenen Interessen zuwider –, verbündete sie sich mit Bernard von Armagnac, der die Interessen der Orléans und des Königs (Karl VI.) vertrat.

Yolanda wußte sehr wohl, daß Neutralität zwischen beiden Lagern das Ende des Hauses Anjou bedeutet hätte. Schenkungen und Erbschaften hatten Anjou in den zurückliegenden Jahrhunderten immer bedeutender und reicher werden lassen. So vereinigte es zur Zeit Yolandas Anjou, Maine, die Provence, die Grafschaft Guise, das Königreich Neapel, das Königreich Sizilien, Jerusalem und Aragon unter seinem Zepter.

Außer der Erziehung ihrer eigenen Kinder hatte Yolanda auch noch die Aufgabe, Karl, den späteren Dauphin, zu erziehen, den sie geschickt vom Einfluß seiner Mutter, der Königin Isabeau, fernhielt. Karl war der dritte Sohn Karls VI. (Le Fou) und Isabeaus und hätte normalerweise gar keine Aussichten gehabt, eines Tages König von Frankreich zu werden. Doch Yolanda hatte ehrgeizige Pläne. Als Isabeau zusammen mit dem Herzog von Burgund die Gegenregierung von Troyes gründet (1413) und ihre Söhne ausgerechnet nach Dijon an den Hof Johanns schickt, um sie dort erziehen zu lassen, entführt Yolanda den zehnjährigen Karl kurzerhand in die Provence, um ihm ein ähnliches Schicksal zu ersparen, aber auch um ihren Einfluß zu bewahren. Doch beide Söhne Isabeaus (Ludwig und Johann) sterben früh (Ludwig 1415, Johann 1416). Hatte Yolanda ihre Hand im Spiel? Wahrscheinlich, denn ihr Ziel war es natürlich, die eigene Macht zu festigen; mit einem Dauphin oder König Karl mußte ihr dies am besten gelingen. Im Jahre 1417 kehrt Karl an der Seite Ludwigs von Anjou nach Paris zurück, um seiner Mutter öffentlich Vorhaltungen wegen ihres »liederlichen« Lebenswandels zu machen und diese nach Tours zu entführen, wo sie abgeschieden leben muß, bis es ihr gelingt, sich zu befreien. 1418 kommt es durch Verrat zum großen Massaker von Paris (siehe Kap. Hundertjähriger Krieg), in dessen Folge Bernard von Armagnac ermordet wird und Karl heimlich unter dem Mantel des treuen Tanguy du Chatel verborgen aus seiner Hauptstadt fliehen muß. Er zieht sich resigniert an die Loire zurück, unfähig, Entschlüsse zu fassen, und überläßt seine Hauptstadt den Burgundern und Engländern. Im Jahre 1420 kommt es zu jenem unglückseligen Vertrag von Troyes, der Karl auf Betreiben seiner Mutter enterbt, die nun auch seine Legitimität in Frage stellt.

Es schien, als seien die Würfel gefallen. Auf der einen Seite der enterbte Karl, der nun auch noch Zweifel an seiner Legitimität haben mußte. Nur ein Sproß aus dem heiligen Haus der Valois hatte Anspruch auf die Salbung und Krönung in Reims und auf die göttlichen Vorrechte. Wer aber sollte es besser wissen als die eigene Mutter, ob der Sohn legitim war oder nicht? Karls Sache stand sehr schlecht. Auf der anderen Seite der strahlende König Heinrich V. aus dem englischen Hause der Lancaster, der Sieger von Azincourt und Gemahl der Tochter Frankreichs, Katharina, die ihm bereits ein Jahr nach der Hochzeit den Thronfolger Heinrich VI. gebar. Doch das Glück verließ sowohl die Lancaster als auch die Valois. Bereits 1422 sterben Heinrich V. von England wie auch Karl VI. (Le Fou) von Frankreich. Zum neuen König erklärt sich nun der vertriebene und enterbte Karl VII. Frankreichs Unglück ist es, daß seine Zukunft auf regierungsunfähigen Persönlichkeiten liegt; auf der einen Seite der erst neun Monate alte Heinrich VI., für den sein Oheim Johann von Lancaster, der Herzog von Bedford, die Regentschaft übernimmt, auf der anderen Seite der schwache Karl VII. Yolanda sucht verzweifelt ihren Schwiegersohn zur Tat zu bewegen. Im Jahre 1420 verheiratet sie Karl kurzerhand mit ihrer Tochter Marie, um den Einfluß des Hauses Anjou zu sichern. In Arthur de Richemont sucht sie außerdem den Mann zu gewinnen, den sie für ihre Ziele und Zwecke nutzen kann. Arthur de Richemont war nur der zweite und daher nicht erbberechtigte Sohn des Herzogs von der Bretagne. Ungeheuer ehrgeizig und korrupt, war er genau der Mann, den Yolanda für ihre Pläne brauchte. 1424 gelingt es ihr, Richemont zum Konnetabel von Frankreich zu machen. Doch schon bald gerät dieser in Streit mit dem zur Zeit mächtigsten Mann, dem Günstling Karls VII., George de la Trémoille, der mindestens genauso unmoralisch und käuflich wie Richemont ist; er muß sich in die Bretagne zurückziehen. Die Sache der Valois steht unter einem ungünstigen Stern. 1424 kommt es zur Katastrophe von Verneuil, kurz darauf aber zum Waffenstillstand zwischen den kriegerischen Parteien, der ungefähr insgesamt vier Jahre dauern wird. Unfähig und tatenlos saß mittlerweile Karl in Bourges und Chinon, ausgenutzt und schlecht beraten von seinen jeweiligen Günstlingen. Doch die andere Seite beschließt zu handeln. 1428 erhält Bedford die gewünschten Kredite für einen neuen Feldzug. Zunächst will er die Hauptstadt Yolandas, Angers, erobern, ändert aber dann seine Pläne. Und so kommt es, daß Salisbury im August 1428 die Belagerung von Orléans beginnt. Nun war Orléans aber nicht nur die eigentliche Hauptstadt der Valois und daher dem Volk besonders teuer; der Souverän, Charles d'Orléans, befand sich außerdem seit der Schlacht von Azincourt in englischen Gefängnissen. Dem Ritterkodex der Zeit widersprach es, eine Stadt anzugreifen, deren Fürst sich in Gefangenschaft befand. Orléans liegt aber genau vor Bourges, dem Regierungssitz der Partei Valois-Armagnac, so daß im Falle einer Niederlage der Weg nach Bourges frei werden würde. Sollte die königstreue Stadt Orléans fallen, wäre Bourges ebenfalls verloren und damit die Sache der Valois, denn Karl und Yolanda wäre nichts anderes übriggeblieben, als sich in die Provence zurückzuziehen und Frankreich und die Königskrone den Lancaster zu überlassen. Doch es sollte anders kommen. Orléans hielt der Belagerung stand, zumal die Stadt vom fähigsten Feldherrn dieser Zeit, dem Halbbru-

der des in England gefangenen Charles d'Orléans, Jean, genannt der Bastard, befehligt wurde. Und es kam Hilfe von ganz anderer Seite.
Ungefähr im Februar des Jahres 1429 erhielt die königliche Kanzlei einen Brief von Herrn von Baudricourt, dem Stadthauptmann von Vaucouleurs. Herr von Baudricourt berichtet darin von einem Mädchen, das immer und immer wieder behauptet, daß Gott es auserwählt habe, dem Dauphin zu helfen und die Engländer aus Frankreich zu vertreiben. Er, Baudricourt, habe das Mädchen zunächst abgewiesen, es habe sich aber nicht einschüchtern lassen. Und nun wisse er nicht, was er tun solle. Baudricourt handelte richtig, zunächst einmal seine »Vorgesetzten« in Kenntnis zu setzen, was sich da so in Vaucouleurs ereignete. Irgendwie muß in Chinon oder Bourges die Idee geboren worden sein, dieses Mädchen, das da immer wieder behauptete, von Gott auserwählt zu sein, in das Spiel der Politik einzubeziehen. Sollte es gelingen, Orléans tatsächlich zu befreien, konnte man es immer so hinstellen, als sei Gott tatsächlich im Spiel gewesen; wenn nicht, so war das Mädchen eben eine Verrückte! Ein Risiko ging die Regierung überhaupt nicht ein. Die Zeit Johannas, das ausgehende Mittelalter, war eine Epoche des Umbruchs. Die Gelehrten fingen schon an, im Geiste der heraufkommenden Renaissance zu denken, während das Volk noch ganz mit den überlieferten Lehren verwachsen war. Es ist also anzunehmen, daß die Gelehrten und Priester aus der Umgebung Karls und Yolandas von vornherein nicht an die »Gottgesandtheit« Johannas glaubten, während diese Vorstellung beim Volk, bei den Soldaten usw. bestimmt freudig aufgenommen werden würde. Man war verzweifelt und hoffte auf ein Wunder. Sicher war es gar nicht so schwer für Yolanda, alle Beteiligten zu überzeugen, daß dieses unbekannte Mädchen unter Umständen wirklich die Rettung bringen könnte. Man beschloß also, den Einsatz Johannas vorzubereiten.
Baudricourt wird beauftragt, sie weiterhin zu prüfen und zu beobachten. In diese Zeit fällt die Übersiedlung Johannas in das Haus der LeRoyers in Vaucouleurs, die Johanna bis zu

diesem Zeitpunkt gar nicht gekannt haben, wie sie deutlich im Rehabilitationsprozeß zu verstehen geben. Und nun wird es auch klar, woher die Einladung Karls II. nach Nancy kommt. Die Tochter Karls, Isabella, war mit dem Sohn Yolandas, René de Bar, verheiratet. Er war bei der Unterredung Johannas mit Karl zugegen, wie Johanna selbst im Prozeß aussagt (sie hielt René nur für den Sohn Karls). Da Karl zu diesem Zeitpunkt im Streit mit seinem Verbündeten Philipp von Burgund lebt, ist er bereit, seinem Schwiegersohn und dessen Partei zu helfen. Johanna und ihre Gefährten können also, heimlich beschützt durch den Herzog von Lothringen, durch feindliches Gebiet bis an die Loire gelangen. Die Würfel sind gefallen, und das Schicksal Johannas und Karls nimmt seinen Lauf.

Der Ritt nach Chinon

»Ich und Bertrand de Poulengy, zwei von unseren Leuten, Colet de Vienne, der königliche Bote, und Richard, der Bogenschütze, wir brachten die Jungfrau vor den König, der in Chinon war. Aus Furcht vor den Engländern und den Burgundern, die das umgebende Land besetzt hielten, ritten wir öfter nur des Nachts und brauchten elf Tage für den Ritt nach Chinon. Und unterwegs fragte ich sie, ob sie wirklich tun würde, was sie gesagt. Und sie antwortete immer: ›Da fürchtet nichts, denn ich habe Auftrag, es auszuführen – und meine Heiligen sagen mir, was ich tun soll . . .‹«
(Jean de Metz im Prozeß der Rehabilitation)

Wir haben Johanna und ihre Gefährten verlassen, als sie unter dem Jubel der Einwohner von Vaucouleurs aufbrachen, um bis nach Chinon zu gelangen, wo sich der Dauphin Karl und seine Berater aufhielten. Weit war der Weg und sehr beschwerlich. Jean de Metz hat berichtet, daß man hauptsächlich nachts ritt, um den drohenden Überfällen von Söldnerbanden und herumstreunendem Gesindel zu entgehen. Nach Beendigung des ersten Tages gelangte der kleine Trupp bis zur Abtei St. Urbain an der Marne, deren Abt ein naher Verwandter Robert de Baudricourts war. Hier nahmen Johanna und ihre Begleiter an der Messe teil und empfingen den Leib des Herrn, bevor sie so gestärkt die Marne überquerten und die Reise fortsetzten. Danach verliert sich ihr Weg. Während der Ruhepausen schlief Johanna zwischen Jean de Metz und Bertrand de Poulengy. Doch lassen wir Jean de Metz selbst sprechen:
»Jede Nacht schliefen Bertrand und ich neben ihr. Sie lag mir zur Seite, in Wams und Hosen. Sie brachte mir eine solche Achtung bei, daß ich nie gewagt hätte, sie zu begehren. Ich schwöre, daß ich ihr gegenüber nie eine Begierde oder ein Verlangen verspürt habe . . .«
Die beiden Ritter waren zu jenem Zeitpunkt noch junge Männer, und Johanna war, wenn man den zeitgenössischen

Beschreibungen glauben darf, ein sehr gutgewachsenes Mädchen. Trotzdem erweckte sie niemals körperliches Begehren. Ihre Waffenbrüder waren wohl von Johannas göttlichem Auftrag so sehr überzeugt, daß sie Jeanne d'Arc immer als übernatürliches Wesen und niemals als Frau ansahen. Durch ihre Art unterstützte Johanna diese Haltung der Männer ihr gegenüber. Sie war ja überzeugt, Auserwählte und Sendbotin des Himmels zu sein. So schuf sie schon zu Beginn ihrer Laufbahn eine Aureole um sich, die bei ihren Gefährten Achtung und Respekt hervorrief.

Fast mühelos legte Johanna den anstrengenden Weg zu Pferde zurück. Erstaunlich für ein Mädchen, das noch kurze Zeit zuvor behauptet hatte, nicht reiten zu können? Sicher war sie aber schon von klein auf an den Umgang mit Pferden gewohnt, denn es ist anzunehmen, daß der wohlhabende Jacques d'Arc einige davon besaß. So hat die französische Historikerin Régine Pernoud wohl recht mit ihrer Ansicht, Johanna habe, als sie behauptete, nicht reiten zu können, wohl gemeint, daß sie keine Kriegspferde führen könne. Sicher ist, daß sie eine natürliche Begabung für das Reiten besaß. Auch später legte sie viel Wert auf ihre Pferde, war stolz auf sie und wählte sie mit Sachverstand aus.

Die Vorsicht, zu der man während der Reise nach Chinon gezwungen war, brachte für Johanna eine Entsagung, die ihr besonders schwerfiel. Sie, die schon als Kind jede freie Minute in der Kirche verbrachte und deshalb sogar den Spott ihrer Spielkameraden aus Domrémy ertrug, konnte nicht zur Messe gehen! Viel zu gefährlich wäre es gewesen, wenn die Junker, die ja für Johanna verantwortlich waren, diesem Wunsche nachgegeben hätten. Hundertmal lief man Gefahr, überfallen, gefangen oder sogar getötet zu werden, ehe man das Ziel erreichte. Das durch die lange Kriegszeit ausgeblutete Land war voll von marodierenden Räuber- und Söldnerbanden, die, selbst halb verhungert, allen Reisenden auflauerten und mitnahmen, was sich ihnen gerade bot. Zudem ritt man ja wenigstens in der ersten Zeit durch das Gebiet des Herzogs von Burgund, des großen Widersachers Karls. Es war also verständlich, wenn die Herren de Metz und Poulengy zur Eile und zur Vorsicht drängten und schon gar nicht dem Ansinnen Johannas nachgeben konnten, Kirchen oder sogar die Messe zu besuchen. Man kann sich vorstellen, daß sie sich diesen Anordnungen nur sehr widerwillig fügte und immer wieder versuchte, die Herren von der Notwendigkeit zu überzeugen, das Wort Gottes zu hören und zu beichten. Was sollte ihnen schon geschehen, da Gott sie doch höchstpersönlich beschützte! Sie war ganz sicher, daß Gott und seine Heiligen sie heil zu Karl geleiten würden, also brauchte man auch nicht so vorsichtig zu sein. Tatsache ist, daß Johanna in Auxerre am hellen Tage die Messe besuchte. Ob mit Zustimmung der Junker oder ob sie diesen einfach entwichen ist, weiß man nicht. Glücklicherweise fiel Johanna, wie ein Page aus Lothringen gekleidet, in der großen Kathedrale nicht weiter auf.

Die Stadt Auxerre gehörte seit 1371 zwar offiziell zum Gebiet der französischen Krone, denn Karl V. hatte sie für relativ wenig Geld dem Hause Châlon-sur-Saône abgekauft. Da sich die französischen Streitmächte aber im Laufe des Jahres 1424 hinter die Loire zurückzogen, schenkte Bedford die Stadt kurzerhand seinem Schwager Philipp von Burgund, der sie tatsächlich seinem Gebiet einverleibte und durch einen Verwalter regieren ließ. Johanna befand sich also noch im Gebiet des Herzogs von Burgund, als sie in Auxerre der Messe beiwohnte. Nach dieser seelischen Stärkung ging die beschwerliche Reise weiter. Es war Winter; das Land lag unter einer dicken Schneedecke, Flüsse und Bäche waren vereist. Trotzdem blieben Johannas Mut und Zuversicht ungebrochen. Sie richtete immer wieder ihre Begleiter auf, wenn diese die Reise erschöpft abbrechen wollten:

»Es war ein aufregender Ritt; aber Johanna redete uns zu, wir sollten keine Angst haben, denn der edle Dauphin würde uns freundlich empfangen, gelangten wir erst nach Chinon! Und ich versichere euch, ich war von ihren Worten ganz entflammt, denn wirklich schien sie mir von Gott gesandt; nie habe ich an ihr das geringste Übel sehen können. Sie war so gut wie eine Heilige.«

So beschreibt Bertrand de Poulengy den Ritt nach Chinon.

Ausgerechnet im Gebiet Karls an der Loire sollte Johanna dennoch Ungemach widerfahren. Feindseligkeiten drohten durch Wegelagerer. Schließlich entkamen Johanna und ihre Gefährten nur knapp einem Überfall. Bruder Séguin vom Orden der Prediger und Prüfer Johannas in Poitiers sagt dazu:

»Noch ehe ich Johanna sah, erfuhr ich von dem Theologieprofessor Pierre de Versailles, dem späteren Bischof von Meaux, folgende Geschichte: Er hat Soldaten, die Johanna auf ihrem Ritt zum König entgegentraten, erzählen hören, sie hätten sich im Hinterhalt versteckt, mit der Absicht, sich der Jungfrau zu bemächtigen und sie und ihre Begleiter auszurauben. Aber obwohl sie ihren Plan auszuführen sich anschickten, war es ihnen einfach unmöglich, sich von der Stelle zu rühren, und so zog Johanna mit den Ihrigen friedlich und ungehindert des Wegs.«

Sowohl der Magister Seguin, der diese Geschichte überlieferte, als auch Pierre de Versailles, von dem sie stammte, traten erst später in das Leben Johannas, nämlich als sie diese in Poitiers prüften. Dort, das wissen wir, wurden die ersten Legenden um die Jungfrau in den Umlauf gebracht, um ihren Ruf als Gottgesandte beim Volk zu festigen. So kann man natürlich die Geschichte von den Banditen, die sich nicht mehr von der Stelle rühren konnten, als Legende bezeichnen. In Erwägung ziehen kann man aber immerhin, daß tatsächlich ein Überfall auf die Jungfrau und ihre Begleiter versucht wurde. Langsam verbreitete sich die Kunde, daß eine Jungfrau auf dem Wege nach Chinon sei, die dem bedrängten Karl Hilfe bringen wolle und mit Gott selbst im Bunde sei. So haben sich wohl ein paar Wegelagerer gedacht, daß diese sagenhafte Pucelle ein gutes Lösegeld einbringen würde, wenn man ihrer habhaft werden könnte. Das Glück aber war Johanna hold, und endlich passierte sie zusammen mit ihren Freunden bei Gien ungehindert die Loire.

Der mächtige Jean d'Orléans, der berühmte Bastard, Stellvertreter seines in England gefangenen Halbbruders Charles, hörte ebenfalls von der Wunderjungfrau, die ihm

die Hilfe des Himmels schicken wollte, um die Belagerung seiner Stadt aufzuheben. Er wollte Näheres erfahren und sandte zwei seiner Vertrauensleute an den Hof von Chinon, die dort die Ankunft des Mädchens erwarten und ihm, dem Bastard, über ihre Person Bericht geben sollten. Noch ahnte Johanna nichts über das Aufsehen, das sie bereits verursachte, als sie ihren Weg fortsetzte. Den nächsten Aufenthalt nahm der kleine Trupp in Ste. Cathérine de Fierbois. Hier diktierte Johanna ihren ersten Brief an Karl, in dem sie ihm mitteilte, sie sei hundertfünfzig Meilen geritten, um ihm von Gott eine Botschaft zu bringen. Später, in Rouen, während des Verhörs vom 27. Februar 1431, erwähnt sie außerdem, daß sie darin schrieb, sie glaubte Karl unter allen anderen erkennen zu können. Der königliche Bote Colet de Vienne ritt mit diesem Schreiben sofort voraus zum Dauphin Karl nach Chinon, während Johanna und ihre Freunde einige Tage in Ste. Cathérine de Fierbois verweilten.
Hier endlich konnte sie nun ungehindert dreimal täglich die Messe in der kleinen Kapelle ihrer Lieblingsheiligen hören. Zu jener Zeit war Ste. Cathérine de Fierbois ein bekannter Wallfahrtsort, galt doch die heilige Katharina als Schutzpatronin der Gefangenen. Man erzählte sich, daß sogar der große Karl Martell in der Kapelle sein Schwert als Votivgabe für die Heilige niedergelegt habe. Während des Hundertjährigen Krieges kamen vor allem Franzosen, die in die Hände des Feindes gefallen waren und deren Häuser und Felder verwüstet wurden, in die Kapelle und flehten um Hilfe. Viele Wunder seien geschehen, erzählte man sich. Aus Dankbarkeit legten die Geretteten häufig ihre Schwerter am Altar der Heiligen nieder. Hier betete Johanna für das Gelingen ihrer Aufgabe, bedurfte sie doch nach der langen Reise der Tröstungen durch die Religion.
Heute ist Ste. Cathérine de Fierbois ein kleiner, ein wenig verschlafener Ort, in den sich selten Besucher verirren. Die wenigen, die dennoch kommen, wissen um die einstige Bedeutung. Die Kirche, in den vergangenen Jahrhunderten mehrfach umgebaut und verändert, bewahrt einige Erinnerungen an Johanna, wie zum Beispiel eine Kopie ihres wei-

ßen Banners. Selbstverständlich kann man auch jene Stelle sehen, an der das sagenumwobene Schwert Johannas gefunden wurde. War es das Schwert Karl Martells, wie uns einige Chronisten glauben machen wollen? Ergreifend in ihrer fast bäuerlich-barbarischen Schlichtheit ist die kleine Holzstatue Katharinas aus dem 12. Jahrhundert, vor der schon Johanna kniete, um sich Mut und Stärkung für ihre große Aufgabe zu holen. Würde Karl sie empfangen? Das Almosenhaus, in dem die Jungfrau während dieser Tage wohnte, ist heute noch zu besichtigen und erinnert die Besucher an diese längst entschwundenen Zeiten. Johanna war nun fast am Ziel des langen Weges angekommen. Nur fünfundzwanzig Meilen trennten sie noch von Chinon und der ersehnten Begegnung mit Karl.

Chinon – Die Begegnung – Das Geheimnis

»Ich war in Chinon, als die Jungfrau dort eintraf, und ich befand mich dort, als sie sich Seiner Königlichen Majestät vorstellte. Sie war in ihrer Bescheidenheit und Einfachheit ein schlichtes Hirtenmädchen. Ich habe die Worte gehört, die sie an den Dauphin richtete:
›Erlauchter Seigneur Dauphin, ich bin gekommen, von Gott gesandt, um Hilfe zu bringen – Euch und dem Königreich Frankreich.‹«

(Raoul de Gaucourt, Ritter und Oberhofmeister im Prozeß der Rehabilitation)

Kommt man von der Brücke über die Vienne nach Chinon, so wird man sich auch in unserer Zeit kaum dem Zauber entziehen können, der von diesem Ort mit der gewaltigen Burgruine auf der Anhöhe der Vienne ausgeht. In der kleinen Stadt, die wie kauernd und schutzsuchend zu Füßen der Burg liegt, gibt es Ecken und Winkel, in denen man glaubt, die Zeit sei stehengeblieben. Besonders am *Grand Carroi* (Wegkreuzung) fühlt man sich in die Zeit König Karls zurückversetzt. Hier ist man im malerischsten Teil der Altstadt. An einem der schönsten Fachwerkhäuser ist ein Schild angebracht, das auf Jeanne d'Arc hinweist. Hier, so liest man, sei jene Herberge gewesen, in der Johanna, aus Ste. Cathérine de Fierbois kommend, gewohnt und ungeduldig auf Nachricht aus dem Schloß gewartet habe – ob Karl sie nun empfangen wolle oder nicht. Ja, und unmittelbar neben diesem Haus gewahrt man einen Stein, der wohl einmal einen Brunnen zierte. Auf ihn soll Johanna getreten sein, um ihr Pferd zu besteigen, das sie auf das Schloß zu Karl bringen sollte. Wenn man auch an der Echtheit jener Reliquie zweifeln mag, so fällt es doch leicht, sich vorzustellen, wie das ungeduldige Mädchen auf das Pferd sprang und ungestüm davongaloppierte, um zu dem zu gelangen, dem sie Gottes Hilfe bringen wollte.
Geht man noch ein wenig länger im Städtchen spazieren, so überraschen einige spätgotische Profanbauten, die zwar

noch relativ klein und bescheiden sind, aber doch schon an die Adelspaläste späterer Jahrhunderte erinnern, von denen es in Frankreich so hervorragende Beispiele gibt. Zur Zeit Karls VII. begann der Adel, sich in der Nähe des Souveräns anzusiedeln, da die Burg selbst nicht für jeden Unterkommen bot. Drollig sind die verspielten Figürchen, mit denen Türen und Fensterrahmen der größeren Stadtpaläste reich geschmückt sind; unser Interesse aber gilt vor allem der riesigen Burgruine. Früher gehörten zum Gesamtkomplex der Burganlagen drei Schlösser, und zwar das Schloß Coudray im Osten, das große Château du Milieu, in dem sich die Gemächer des Königs befanden, und im Westen das Fort St. George, das einst von Henri II. Plantagenet erbaut wurde, um die völlig ungeschützte Ostseite des Château du Milieu vor Überfällen zu bewahren.

Die Lage Chinons an der Pforte zur Bretagne, die noch bis zum Ende des 15. Jahrhunderts nicht zu Frankreich gehörte, forderte geradezu, an dieser Stelle, auf der Anhöhe über der Vienne, eine Festung zu bauen. Und tatsächlich hatte die als uneinnehmbar geltende Burg von Chinon schon während des ganzen Mittelalters eine große Bedeutung. Schon Chlodwig hatte das erkannt, als er im 5. Jahrhundert an dieser Stelle die erste Festung baute. Später galt sie den streitbaren Plantagenets als wichtigstes Bollwerk, das ihren Besitz im Westen gegen den König von Frankreich abgrenzte. Das sollte besonders Philipp August zu spüren bekommen, als er 1204/05 Chinon vergeblich belagerte. Henri II. aus dem Hause Plantagenet-Anjou liebte Chinon und hielt sich hier häufig auf. Hier starb der große englische König und wurde seiner letzten Verfügung gemäß in der nahe gelegenen Abtei Fontevrault beigesetzt. Erst 1450 wurde Chinon von den Valois als Logis Royal und Sitz des Hofes aufgegeben. Damit war die große Zeit zu Ende. Viel später dann erwarb Richelieu Chinon, wohl um diesen Besitz seiner nahe gelegenen Pairschaft einzuverleiben. Es kam dann zu langem Gezänk um die Burg, die im Laufe der Jahre immer mehr verfiel. Besonderen Schaden erlitt sie während der Revolution.

Während der Restaurationsepoche fing man an, sich der

verfallenen Mauern anzunehmen, die vom Einsturz bedrohten zu stützen, Verfallenes wieder zu ergänzen. So kommt es, daß man heute zwischen diesen Mauerresten spazierengehen kann, in denen das Herz der französischen Geschichte schlägt wie kaum an einer anderen Stelle. Man erkennt die Reste des großen Saals mit dem Kamin, in dem die denkwürdigste Unterredung stattgefunden hat, welche die französische Geschichte kennt, und es gibt kaum einen Besucher, der von diesem Anblick nicht betroffen ist, so als gäben die Mauern selbst das Geheimnis von Chinon preis.

Am 1. März des Jahres 1429 ritt Johanna um die Mittagszeit über die Viennebrücke in Chinon ein. Sicher war sie von dem majestätischen Anblick der riesenhaften Festung beeindruckt und betroffen, die sich als unüberwindliche Steinmasse in der Vienne spiegelte. Überall gewahrte Johanna Wachtürme und Wälle, auf denen sich Bewaffnete mit Speeren und Armbrüsten zeigten. Auf dem Château du Milieu sah sie zwei riesenhafte Banner: das blaue mit den Lilien der Valois und daneben das blau-purpur-weiß-goldene mit den Kreuzen Jerusalems, dem Wappen Siziliens und den Lilien Anjous. Karl VII. und seine Gemahlin Marie d'Anjou waren anwesend. Hier also würde sie, Johanna, dem Dauphin gegenübertreten, um ihm Hilfe zu bringen!

Nicht umsonst hielt sich Karl VII. mit Vorliebe in Chinon auf. Hier konnte er sich wenigstens einigermaßen sicher und beschützt fühlen. Bedford war weit und würde es kaum wagen, diese sichere Festung anzugreifen. Überdies lag auch Angers in der Nähe, die Hauptstadt der Königin Yolanda, die keinen Moment zögern würde, ihm Hilfe zu senden, wenn er in Bedrängnis geriete.

Zunächst stieg Johanna in einer Herberge am Grand Carroi ab. Sie erklärt im Prozeß dazu, sie sei gegen Mittag angekommen und in einer Herberge abgestiegen; nach dem Abendessen sei sie zu dem gegangen, den sie ihren König nenne und der im Schloß gewesen sei. Die Stimme habe ihr versprochen, daß der König sie gleich nach der Ankunft empfangen werde.

Ganz so einfach war es sicher nicht, und es fragt sich, warum Johanna im Prozeß diese Angaben machte, denn mit ziemlicher Sicherheit war Karl bei ihrem Eintreffen in Chinon noch keineswegs entschlossen, sie zu empfangen. Der menschenscheue und kontaktarme Karl war zunächst wenig geneigt, sich mit dem Bauernmädchen zu befassen, das ihm angeblich Hilfe bringen wollte. Bestimmt waren auch unter den Würdenträgern einige, die dem König von der Begegnung mit Johanna abrieten; andere wiederum meinten, man solle ihr wenigstens eine Audienz gewähren. Vielleicht fürchtete man auch einen Anschlag oder Hexenkünste. Endlich kam man überein, daß der Rat des Dauphins und nicht dieser selbst Johanna empfangen solle. Also schickte man eine Abordnung in die Herberge *St. Mexeme*, in der die Jungfrau wohnte, um sie dort über ihre Mission zu befragen. Johanna reagierte störrisch und gereizt und erklärte den Würdenträgern schlichtweg, daß sie ihnen gar nichts sagen wolle, sondern nur dem Dauphin selbst. Schließlich fand sie sich dann doch zu Andeutungen bereit und erklärte, sie sei vom Himmel beauftragt, Orléans zu befreien und den König nach Reims zur Salbung zu führen. Nach weiterem Hin und Her entschloß man sich endlich, Johanna doch vor Karl zu bringen, damit sie ihm ihre Mission enthüllen könne. Vielleicht hatte wiederum Yolanda ihre Hand im Spiel, es mag aber auch sein, daß der Brief Robert de Baudricourts den Ausschlag gab, der geschrieben hatte, er schicke dem König ein Mädchen, das durch ein vom Feind besetztes Land gezogen sei und in fast wunderbarer Weise mehrere Flüsse überschritten habe, um schließlich bis zum König zu gelangen.

Wir können uns gut vorstellen, wie ungeduldig Johanna inzwischen auf den Bescheid aus dem Schloß wartete. Zur Untätigkeit verdammt, muß ihr die Zeit in ihrer Herberge unerträglich geworden sein. Nun, Geduld war ohnehin nicht gerade Johannas Stärke. Wir können eher annehmen, daß sie oft unbeherrscht, arrogant und ein wenig vorlaut war: Charaktereigenschaften, die vielleicht nicht zu einer Heiligen passen, die sie uns aber menschlich näherbringen. Andererseits war sie aber auch mutig, oft selbstlos und mitleidig. Ihre Intelligenz und die Art, sich auszudrücken und zu sprechen, waren wohl das Geheimnis ihres Erfolges und ihre Besonderheit. Fast alle Zeitgenossen, die sie gesehen und gehört haben, erwähnen ihre Stimme, die offenbar besonders für Johanna einnahm.

Als nun endlich der erlösende Bescheid kam, daß Karl bereit sei, Johanna eine Audienz zu gewähren, ist sie bestimmt sofort auf ihr Pferd gesprungen und den schmalen Weg von der Herberge zum Schloß hinaufgaloppiert. Durch Johannas Beichtvater Jean Pasquerel haben wir Kenntnis von einem Zwischenfall, der sich zugetragen hat, als Johanna das Schloß betreten wollte: Ein Soldat hatte sie erkannt und lästerte: »Ist das nicht die Jungfrau? Bei Gott, hätte ich sie nur eine Nacht bei mir, ich entließe sie nicht als Jungfrau!« Da wandte sich Johanna ihm zu und sagte: »Im Namen Gottes – du lästerst ihn und bist so nah am Tod.« Eine Stunde später, so erzählt Pasquerel weiter, stürzte der Soldat ins Wasser und ertrank.

Nun war Pasquerel kein Augenzeuge dieser Episode, denn er lernte Johanna erst später in Tours kennen; aber es ist durchaus wahrscheinlich, daß es sich so zugetragen hat, denn er will durch Johanna selbst Kenntnis darüber erhalten haben. Spricht diese Begebenheit dafür, daß es sich um einen Fall von Paramnesie handelt? Der Mann ertrank schon eine Stunde später, nachdem ihm die Jungfrau seinen baldigen Tod prophezeit hatte. Johanna jedenfalls nahm die Anspielung auf ihre Jungfräulichkeit übel, die für sie das Symbol ihrer Sendung war. Zweifellos hat die Episode mit dem Söldner den Mythos Johannas verstärkt, und man begann, an ihre Wundertaten zu glauben.

Louis de Bourbon, der Graf von Vendôme, führte Johanna an der Hand, als sie den großen Saal von Chinon betrat. Der Saal war dreißig Meter lang und fünfzehn Meter breit. Er war mit riesigen Wandteppichen geschmückt und – da es sich um eine offizielle Audienz handelte – durch mehr als fünfzig Fackeln erhellt. Nach Johannas eigenen Aussagen waren etwa dreihundert Ritter, Damen und Würdenträger versammelt. Es fällt nicht schwer, sich diese Szene vorzustellen. Der festlich erleuchtete Saal, die prunkvoll gekleideten Höflinge und nicht zuletzt der König, der unter seinem mit den Lilien geschmückten Baldachin saß. Dann das nach Pagenart gekleidete Mädchen, das an der Hand von Louis de Bourbon langsam durch den riesigen Saal schritt. Vor dem König fiel sie demütig auf die Knie. *Très illustre seigneur dauphin,* redete sie ihn an, *je suis venue et suis envoyée de la part de Dieu pour apporter secours au royaume et à vous même* (erhabener Dauphin, ich bin gekommen und gesandt von Gott, um dem Königreich und Euch selbst Hilfe zu bringen).

An dieser Stelle müssen wir Abschied von einer uns sehr liebgewordenen Legende nehmen. Fast alle kennen wir die Geschichte, der König habe sich während des Empfanges hinter Höflingen versteckt, um Johanna auf die Probe zu stellen. Einer der Ritter hätte seinen Platz eingenommen, aber wie durch ein Wunder habe Johanna den wahren Karl unter den Höflingen erkannt und sei vor ihm auf die Knie gefallen. Diese Geschichte stammt von zwei Zeugen aus dem Rehabilitationsprozeß, nämlich Simon Charles und Jean Moreau, die beide nicht in Chinon anwesend waren und nur vom Hörensagen berichten. Legenden um Jeanne d'Arc entstanden sehr früh und wurden aus propagandistischen Gründen durch die königliche Kanzlei in den Umlauf gebracht. Auf diese Weise mag auch die reizvolle Geschichte mit dem verborgenen Karl entstanden sein. Weder Johanna selbst noch Gaucourt, Dunois oder Regnault Thierry, die in Chinon anwesend waren, erwähnen diesen Vorgang.

Doch schon stoßen wir auf eine neue Legende, und sie ist nicht ohne weiteres zu widerlegen: Der König soll Johanna in ein kleines Kabinett geführt haben, und dort, unter vier Augen, hätte ihm die Jungfrau ein Geheimnis anvertraut, das nur Karl allein kennen durfte. Pasquerel sagt dazu:

»Danach sagte der König zu den Umstehenden, daß Johanna ihm ein Geheimnis anvertraut habe, das niemand kenne noch zu kennen vermöchte außer Gott selbst; weswegen er großes Vertrauen in sie setzte.«

Nach dieser Unterredung unter vier Augen erhellte sich Karls Miene, und er strahlte so vor Freude, daß er aussah, als sei er soeben vom Heiligen Geist besucht worden, schrieb sein Sekretär Alain Chartier in einem Brief an einen ausländischen Prinzen über dieses Gespräch. Auf jeden Fall hat Johanna den König zunächst überzeugt, ihr zu vertrauen, denn bereits am nächsten Tag siedelt sie in das Schloß über, wo sie im Donjon von Coudray unter der Aufsicht des Majordomus Guillaume Bellier und dessen sehr frommer Frau Wohnung nimmt.

Wie verlief nun jenes Gespräch zwischen Karl und Johanna, das im Privatkabinett des Königs stattfand? Hat Johanna hier dem König ein Geheimnis anvertraut, das niemand außer Gott kennen konnte, wie der Beichtvater Pasquerel aussagte, oder hat sie ihm, der – aufgrund der Behauptungen seiner Mutter, der Königin Isabeau – berechtigte Zweifel an seiner Legitimität haben mußte, tatsächlich gesagt, daß er der rechtmäßige Erbe Frankreichs und Sohn des Königs sei? *(Que tu es vray héritier de France et filz de roy?)* Pasquerel behauptet, dies von Johanna selbst erfahren zu haben. Trotzdem bleiben Zweifel. Johanna war natürlich überzeugt, es mit dem rechtmäßigen Dauphin und Erben Frankreichs zu tun zu haben, den sie zur Krönung und Salbung nach Reims führen wollte. Karl, der von Zweifeln geplagt war, sollte sich so schnell von einem einfachen Bauernmädchen überzeugen lassen? Hat Johanna ihm wirklich ein göttliches Zeichen gegeben? Bedeutet das am Ende, daß sie tatsächlich das Gebet des Königs kannte, das jener am Allerheiligentag 1428 in Loches gebetet hatte? Dies nämlich will uns ein anonymer Chronist aus dem 16. Jahrhundert glauben machen, dessen Werk *Abbréviateur du Procès* (Abriß des Prozesses) heißt. Der König soll Gott in seiner Verzweiflung um drei Dinge gebeten haben:

1. Er, der an der Legitimität seiner Geburt zweifelte, bat Gott, ihm den Mut an der Eroberung Frankreichs zu nehmen, falls er nicht der wahre Thronerbe sei.
2. Falls das Unglück Frankreichs eine Folge seiner, Karls, Sünden sei, wolle er allein bestraft werden.
3. Falls aber das Volk Schuld am Unglück Frankreichs sei, möge Gott seinen Zorn besänftigen.

Diese Darstellung hat Historiker, Dichter und Schriftsteller

5 *Die Jungfrau aus den Gewölben. Standbild des 13. Jh. in Vaucouleurs.*

6 *Chinon: Johannas Weg zum Schloß.*

7a *Die Ruine der Festung Chinon. Hier fand die erste Begegnung zwischen Johanna und dem Dauphin Charles statt.*

7b *Gien: Hier überquerte Johanna zusammen mit ihren Gefährten erstmalig die Loire, um zum Dauphin zu gelangen.*

8 *Tours: Turm der Kathedrale Saint-Gatien (12.–16. Jh.).*

immer wieder fasziniert und verhalf schließlich auch Friedrich Schiller zu einer seiner eindrucksvollsten Szenen in der *Jungfrau von Orléans*. Wenn auch von namhaften Historikern akzeptiert, muß man auch diese Geschichte leider in den Bereich der Legenden verweisen. Hätte Johanna dem König ein solches Zeichen wie die Kenntnis seiner Zwiesprache mit Gott vorweisen können, so hätte sich der Dauphin die Prüfungen Johannas in Chinon und Poitiers sparen können. Auch war es Johanna selbst, die in Poitiers betonte, kein Zeichen vorgewiesen zu haben. Schließlich hätten die Richter in Rouen einen ihrer Hauptanklagepunkte gegen Johanna fallenlassen müssen, war doch der Widerspruch, in den sie sich bezüglich des dem König gegebenen Zeichens verwikkelte, einer der Punkte, der sie schließlich zu Fall und auf den Scheiterhaufen brachte. Die allegorische Darstellung, die Johanna am 10. und 13. März 1431 ihren Richtern über das wunderbare Zeichen vorträgt, kann nur als verzweifelter Ausweg eines durch grausame Verhöre in die Enge getriebenen Menschen gewertet werden. Johanna konnte in Rouen nicht zugeben, daß sie niemals ein Zeichen vorgewiesen und somit auch keinen göttlichen Auftrag für ihre Mission erhalten hatte. Am Morgen ihrer Hinrichtung hat sie diese ganze Erzählung vom Engel, der dem König eine Krone aus feinstem Gold überreichte und diesem prophezeite, er gewänne das Königreich Frankreich durch das Werk Johannas zurück, widerrufen. »Ich selbst«, rief sie verzweifelt aus, »war der Engel, der dem König sagte, er wolle ihn zur Krönung bringen.«

Doch noch sind wir in Chinon, und Johanna steht erst am Anfang ihres wunderbaren Weges, der sie in die höchsten Höhen führen wird. Sicher hat Johanna dem König kein Zeichen gegeben, und dieser hat wohl auch keines verlangt. Immerhin hat sie das Interesse Karls erweckt, der jetzt beschließt, ihre Hilfe wenigstens in Erwägung zu ziehen. So kommt es dann zur bereits erwähnten Übersiedlung Johannas in das Schloß Coudray. Hier, unter den Augen ihres verehrten Dauphin, wird sie bereits ersten, diskreten Prüfungen unterzogen. Sechs Wochen sollten noch vergehen, ehe man Jeanne d'Arc wirklich nach Orléans entsandte.

Poitiers – Die Zeit der Prüfungen

»Im Namen Gottes, ich bin nicht nach Poitiers gekommen, um Zeichen zu tun. Aber führt mich nach Orléans, und dort werde ich euch die Zeichen weisen, deretwegen ich gesandt bin . . .«

(Johanna in Poitiers. Aussage des Professors Séguin)

Nachdem sie in den Donjon des Schlosses von Coudray übergesiedelt war, wurde Johanna, die wie immer sehr ungeduldig und voller Tatendrang war, die Zeit wieder einmal sehr lang. Warum zögerte Karl immer noch und entsandte sie nicht nach Orléans, um die Engländer mitsamt den Herren Bedford, Talbot und Falstof zu verjagen? Um sie zu ehren und ihre Bedeutung zu unterstreichen, stellte man einen Pagen in Johannas Dienste, der früher bei Gaucourt, dem Stadthauptmann von Chinon, im Dienst stand. Dieser Knabe war nun jeden Tag mit Johanna zusammen. Des Nachts schlief sie der Sitte der Zeit gemäß mit Frauen in einem Bett, und der kleine Louis de Contes mußte sich zurückziehen. Fünfundzwanzig Jahre später im Rehabilitationsprozeß schildert er seine Erinnerungen an diese Zeit:

»Ich war vierzehn oder fünfzehn Jahre alt, als ich Johanna sah, wie sie zu Chinon vor den König kam. Ich stand in den Diensten des Herrn de Gaucourt, der Stadthauptmann von Chinon war. Johanna war von zwei Herren begleitet (Jean de Metz und Bertrand de Poulengy). Ich sah sie manchmal kommen und gehen. Man wies ihr einen Turm des Schlosses von Coudray als Wohnung an. Ich war dort bei ihr und verbrachte den ganzen Tag in ihrer Nähe. Des Nachts hatte sie Frauen bei sich. Ich erinnere mich gut, daß zu jener Zeit in Coudray gar manche hochgestellte Persönlichkeit erschien, um mit Johanna zu sprechen. Aber was sie sagten oder taten, weiß ich nicht mehr, denn wenn ich sie kommen sah, zog ich mich zurück. Ich weiß auch nicht, wer alles kam. Zu jener Zeit sah ich Johanna häufig betend niederknien; doch konnte ich nicht verstehen, was sie sagte; manchmal weinte sie. Kurze Zeit darauf brachte man sie nach Poitiers . . .«

Man kann sich den kleinen fünfzehnjährigen Pagen gut vorstellen, der, im Schatten der schon berühmten Pucelle lebend, neugierig die hohen Persönlichkeiten betrachtete, die kamen, um Johanna zu prüfen, und sich ihr Urteil über sie bildeten. Sicher hat Louis de Contes es sehr bedauert, daß er sich immer gerade dann zurückziehen mußte, wenn es »interessant« wurde. Viel wissen wir nicht über diese drei Wochen in Chinon. Oft ging Johanna in die kleine Kapelle, die an den Turm von Coudray angebaut war, um hier zu Gott und »ihren« Heiligen zu beten und zu flehen, diese Prüfungen doch bald zu beenden. Sie mußte sich aber gedulden. So fand zum Beispiel eine von »ehrbaren« Matronen geleitete Untersuchung statt, bei der man feststellen wollte, wessen Geschlechtes die Jungfrau sei. Auch Karl VII. befaßte sich jetzt mit Johanna und unterhielt sich des öfteren mit ihr, die voller Ungeduld war, nun endlich gegen Orléans ziehen zu dürfen. Um sich die Zeit zu vertreiben, übte sie sich im Reiten und Lanzenstechen. Und so sah sie der junge Herzog von Alençon, ein Vetter des Königs, der von der wundersamen Jungfrau hörte, die Gast auf Chinon war. Die Neugier trieb den Herzog, dieses Mädchen mit eigenen Augen zu sehen, über das man sich bereits soviel erstaunliche Dinge erzählte. Der Herzog selbst hat über diese erste Begegnung mit Johanna während seiner Befragung am 3. Mai 1456 einen sehr anschaulichen Bericht gegeben:

»Johanna: Ich sah sie in Chinon, wie sie sich mit dem König unterhielt. Als ich mich näherte, fragte Johanna, wer das sei, und der König antwortete ihr, das sei der Herzog von Alençon. Da sagte Johanna: ›Ihr seid mir sehr willkommen. Je mehr königliches Blut beisammen ist, desto besser‹ . . .«

Dieser fast freche, burschikose Ton einem Mitglied der königlichen Familie gegenüber verwundert. Johanna sollte diesen Ton auch in Zukunft des öfteren anschlagen. Er entsprach ihrem Temperament und ihrer Überzeugung, Auserwählte des Himmels zu sein und damit auch über den Mitgliedern der Königsfamilie zu stehen. Zum Herzog von

Alençon faßte sie schnell eine besondere Zuneigung, die von ihm erwidert wurde. Ja, vielleicht war er, ihr »beau duc«, wie sie ihn nannte, der einzige, dem sie während ihres kurzen Lebens in Freundschaft ergeben war. Nach einem Essen, an dem außer Karl und Johanna auch der allmächtige La Trémoille und der Beichtvater des Königs, der nicht minder mächtige Gérat Machet (der Bischof von Castres) teilnahmen, übte sich Johanna im Lanzenstechen. Der Herzog von Alençon war so begeistert und beglückt von diesem Anblick, daß er ihr eines seiner besten Pferde zum Geschenk machte. Es ist eine der schönsten und lebendigsten Darstellungen, die uns aus dieser Zeit überliefert sind: Das junge, knabenhafte Mädchen und der begeisterte Fürst, der sich von diesem Anblick hinreißen ließ. Doch die Wochen in Chinon bestanden nicht nur aus Sport und Spiel. Vor allen Dingen wollte man Johanna testen, ob sie nun von Gott oder dem Teufel gesandt sei. Aber weder Geistliche, die sie von Zeit zu Zeit verhörten, noch hochgestellte Persönlichkeiten aus der Umgebung des Königs, noch Karl selbst konnten etwas Unehrenhaftes an Johanna erkennen. Schließlich verliefen auch die diskreten Nachforschungen, die in Domrémy auf Veranlassung Karls durchgeführt wurden, äußerst positiv. So hätte Johanna eigentlich nach Orléans entsandt werden können. Und tatsächlich scheint sie das auch vermutet zu haben, als sie im Gefolge Karls gegen Ende des März 1429 aufbrach. Erst als die halbe Strecke bereits hinter ihnen lag, wurde Johanna gewahr, daß die Reise nicht nordwärts nach Orléans ging, sondern südlich nach Poitiers, wo sie noch härteren Prüfungen durch die Geistlichkeit unterzogen werden sollte. Die *Chronique de la Pucelle* berichtet, daß Johanna resigniert seufzte, nachdem sie erfahren hatte, daß ihr in Poitiers weitere Prüfungen bevorstanden:

»En nom de Dieu – ich weiß, daß mich eine Menge Schwierigkeiten in Poitiers erwarten; aber ›Messires‹ werden mir helfen; also vorwärts . . .«

Poitiers war zur Zeit Johannas das geistige Zentrum aller Parteigänger Karls. Schon lange war die Bedeutung der großen Universität von Paris, die seit ihrer Gründung im

Jahre 1253 durch Robert de Sorbon das berühmteste Unterrichtszentrum Europas war, im Schwinden begriffen. Die glorreiche »Alma Mater« vergangener Zeiten, in der Gelehrte wie der Magister Peter Abälard, Jean Gerson oder der Astronom Nicolas d'Oresme (bis 1382) wirkten und arbeiteten, erlebte während des Hundertjährigen Krieges einen geistigen Niedergang ohnegleichen. Da sich die Universität schon zur Zeit Johanns von Burgund (1404–1419) ganz auf die Seite der anglo-burgundischen Partei stellte, hatte zur Folge, daß mancher Lehrstuhl verwaist war und armagnakisch gesinnte Professoren nach Poitiers übersiedelten. Auch die »Leuchte der Wissenschaft«, der berühmte Theologe Jean Gerson, befand sich in Lyon im Exil. Einst stellte er sich gegen die *Justification du Duc de Bourgogne,* mit welcher der Pariser Magister Jean Petit den Mord an Herzog Ludwig von Orléans (der durch Johann Ohnefurcht von Burgund veranlaßt worden war) legitimieren wollte. Tyrannenmord zum Staatswohl, das war ein Problem, das später das Konzil von Konstanz beschäftigen sollte. So waren die Gelehrten, die in Paris blieben, treue Anhänger Burgunds und Bedfords, eine Tatsache, die im Prozeß von Rouen eine für Johanna traurige Bedeutung gewinnen sollte.

In Poitiers wohnte Johanna bei einem gewissen Jean Rabateau, der Advokat und Berater des Herzogs von Orléans war. Drei Wochen dauerten die Verhöre in etwa, die zum größten Teil in der Wohnung des Magisters stattfanden. Leider ist das Protokoll von Poitiers verschollen, und das schon seit den Tagen Johannas. Mehrmals weist sie in Rouen auf jenes *Buch von Poitiers* hin, in dem ihre Antworten auf diverse Fragen niedergeschrieben wurden. Laut Quicherat war der Erzbischof von Reims, Regnault de Chartres, der oberste Kirchenfürst, Vorsitzender der Untersuchungskommission von Poitiers. Wir müssen daher annehmen, daß das Protokoll von Poitiers absichtlich vernichtet wurde. Regnault de Chartres war natürlich auch Vorgesetzter des Bischofs von Beauvais, Pierre Cauchon, der den Ketzerprozeß in Rouen leitete. Der ganze mit so viel Sorgfalt vorbereitete Prozeß von Rouen wäre zur Farce geworden, wenn dort

das Protokoll von Poitiers aufgetaucht wäre. Man konnte schließlich kaum eine Sendung als ketzerisch brandmarken, die durch den obersten Kirchenfürsten kaum zwei Jahre vorher anerkannt worden war. Johanna wußte dies und wies immer wieder auf das Buch von Poitiers hin; aber selbstverständlich wußten das auch ihre Richter, und es ist daher nicht verwunderlich, daß dieses Buch schon zu Beginn des Rouener Prozesses angeblich nicht aufzufinden war. Noch aber sind wir im Poitiers des Jahres 1429: Ungefähr zwanzig Gelehrte kamen zum Magister Rabateau, um Johanna zu examinieren. Sie scheint über diese Prüfungen ziemlich ungehalten gewesen zu sein. Weit entfernt, demütig vor den Gelehrten zu erscheinen, verhielt sie sich ihnen gegenüber burschikos, ungeduldig und – ja, man kann es sogar sagen – frech! So wurde der arme Magister Pierre de Versailles besonders ungnädig empfangen, nachdem er Johanna eröffnet hatte, daß er vom König gesandt sei, sie zu prüfen: »Ich glaube es schon, daß Ihr gesandt seid, mich auszufragen. Ich weiß nicht A und nicht B.« Bruder Séguin antwortete Johanna auf die Frage, welche Sprache ihre Stimmen sprächen: »Eine bessere als Eure.« (Der Magister sprach den Dialekt des Limousin.) Als er sich gar noch dazu verstieg, Johanna zu fragen, ob sie an Gott glaube, kam die schnippische Entgegnung: »Ja, und inniger als Ihr.« Guillaume Aymérie, der die Frage stellte, warum Gott denn der Krieger bedürfe, wenn er willens sei, das französische Volk aus seiner Not zu befreien, erhielt die berühmte Antwort: »Die Soldaten werden kämpfen, und Gott wird ihnen den Sieg verleihen.«
Alles in allem scheint Johanna in Poitiers, nach ihren Antworten zu urteilen, voll Optimismus und Zuversicht gewesen zu sein. Gleich zu Beginn der Untersuchungen diktierte sie Magister Jean Erault den berühmten Brief an den König von England und seine Stellvertreter, der nichts weniger als die Aufforderung enthielt, alle eroberten und ererbten Gebiete Frankreichs zurückzugeben. Andererseits würden sie durch Johanna verjagt werden! Es handelt sich hier um eine eindeutige Kriegserklärung. Die Echtheit des Briefes, der einer der Hauptbelastungspunkte in Rouen war, kann nicht

angezweifelt werden. Johanna hat auch zugegeben, ihn diktiert zu haben, verwahrte sich jedoch gegen einzelne Stellen: Dort, wo es heiße »übergebt der Jungfrau« hätte es heißen müssen »übergebt dem König«, auch hätte sie niemals gesagt »ich bin Feldherr«, und auch die Verwendung »Mann für Mann« sei falsch. Hier folgt der Text des ganzen Briefes:

Brief an die Engländer

Jhesus Maria

»König von England und Ihr, Herzog von Bedford, der Ihr Euch als Regent des Königreichs Frankreich bezeichnet, Ihr, William Pole, Graf von Suffolk, John Talbot und Ihr, Thomas Lord von Scales, die Ihr Euch Feldherren des besagten Herzogs von Bedford nennt, gebt dem König des Himmels sein Recht; übergebt der Jungfrau, die von Gott, dem König des Himmels hierhergesandt wurde, die Schlüssel aller guten Städte, die Ihr in Frankreich eingenommen und geschändet habt. Sie ist durch Gott hierhergekommen, um dem königlichen Blut zu seinem Recht zu verhelfen. Sie ist gern bereit, Frieden zu schließen, wenn Ihr ihrer Forderung nachkommt und Frankreich verlaßt und das, was Ihr Euch angeeignet habt, zurückgebt. Und Ihr, Bogenschützen, Kriegsleute, Hofleute und andere, die Ihr vor der Stadt Orléans liegt, geht im Namen Gottes in Euer Land zurück; und wenn Ihr das nicht tut, wartet auf Nachrichten von der Jungfrau, die Euch in Kürze zu Eurem großen Schaden heimsuchen wird. König von England, wenn Ihr das nicht tut, so wisset, ich bin Feldherr, und wo immer ich Eure Leute in Frankreich finde, werde ich sie verjagen, ob sie wollen oder nicht, und wenn sie sich widersetzen, lasse ich sie alle töten. Ich bin von Gott, dem König des Himmels, hierhergesandt, um Euch, Mann für Mann, aus Frankreich hinauszuschlagen. Und wenn sie gehorchen wollen, werde ich Gnade walten lassen. Ihr solltet darüber nicht anders denken, denn nicht Ihr habt das Königreich Frankreich von Gott, dem König des Himmels, erhalten, sondern Karl, der wahre Erbe, wird es erhalten; denn so will es Gott, der König des Himmels, und es wurde ihm

(dem König) durch die Jungfrau offenbart, und er wird im Triumph in Paris einziehen. Wenn Ihr die Verkündigung Gottes durch die Jungfrau nicht glauben wollt, so werden wir Euch schlagen, wo immer wir Euch finden, und wenn Ihr nicht willig seid, werden wir ein so großes Kriegsgeschrei erheben, wie man es in Frankreich seit tausend Jahren nicht mehr gehört hat; und Ihr könnt gewiß glauben, daß der König des Himmels der Jungfrau und ihren treuen Waffengefährten mehr Macht verleihen wird, als Ihr mit all Euren Angriffen abwehren könnt; und dann wird man sehen, wem der Gott des Himmels Recht gibt. Euch, Herzog von Bedford, ermahnt und bittet die Jungfrau, Euch nicht selbst zu zerstören. Wenn Ihr Euch fügt, so dürft Ihr sie dorthin begleiten, wo die Franzosen die schönste Tat vollbringen werden, die je für die Christenheit geschah. Und gebt Antwort, ob Ihr in der Stadt Orléans Frieden schließen wollt, und wenn Ihr das nicht tut, werdet Ihr das bald zu Eurem großen Schaden bereuen.
Geschrieben am Dienstag der Heiligen Woche.«

Der ganze, etwas bäuerlich-energische Ton des Briefes läßt den Schluß zu, daß er tatsächlich von Johanna diktiert wurde, im Gegensatz zu den anderen und bekannten Jeanne-d'Arc-Briefen, die fast ausnahmslos aus der Feder eines königlichen Kanzleibeamten stammen und mehr oder weniger ein politisches Werkzeug La Trémoilles waren. (Wir besitzen heute in verschiedenen Quellen insgesamt zehn Jeanne-d'Arc-Briefe und zwar: den Brief an die Engländer, einen an den Grafen von Armagnac, einen an die Hussiten in Böhmen, einen an den Herzog von Burgund, je einen an die Einwohner von Troyes, Riom und Tournai und insgesamt drei an die Einwohner von Reims. Alle weiteren Briefe, von denen hier noch die Rede sein wird, sind verschollen.)
Nachdem die Prüfungen nicht zuletzt durch ihre geistreichen Antworten und durch ihre Haltung für Johanna sehr positiv verliefen, trat nun Yolanda von Aragon wieder in Erscheinung. Gemeinsam mit weiteren ehrwürdigen Damen untersuchte sie Johanna auf ihre Jungfräulichkeit, eine Pro-

zedur, die durchaus der Sitte der Zeit entsprach und der sich Johanna auch in Zukunft noch einmal in Rouen unterwerfen sollte. Nachdem auch dieser Test positiv verlaufen war, konnte man ausschließen, daß Johanna vom Teufel besessen sei.
Die Doktoren kamen nach frommem Bedenken zu der Erkenntnis, man solle Johanna nach Orléans entsenden, da sie doch selbst immer wieder betonte, daß der Sieg über die Engländer das göttliche Zeichen sein würde. Wenn das Protokoll der Verhöre von Poitiers selbst auch verschollen ist, so besitzen wir einige aufschlußreiche Dokumente, wie den bereits erwähnten Brief an die Engländer, die Aussage des Magisters Séguin, der im Rehabilitationsprozeß einen recht genauen Bericht über Johannas Prüfungen in Poitiers gibt und humorvoll einige Einzelheiten schildert. Das wichtigste Dokument, das sich zwar nur in gekürzter Form erhalten hat, ist das Gutachten der Doktoren, in dem der König ermutigt wird, den Einsatz Johannas zu wagen, auch wenn sie noch kein Zeichen vorgewiesen hat.

Gutachten der Doktoren von Poitiers

»Der König darf in Anbetracht seiner und seines Volkes Notlage und mit Rücksicht auf die Gebete seines armen Volkes und aller, die Frieden und Recht lieben, die Jungfrau, die sagt, daß sie von Gott gesandt sei, um ihm Hilfe zu bringen, nicht zurückweisen, wenn ihre Versprechungen auch nur Menschenwerk sind; er soll jedoch nicht sofort und leichtfertig an sie glauben; sondern nach der Heiligen Schrift soll er sie zwei Prüfungen unterziehen: er soll aus menschlicher Vorsicht über ihr Leben, ihre Sitten und ihre Absichten Nachforschungen anstellen lassen, denn der heilige Paulus, der Apostel, sagt: ›Probate spiritus, si ex Deo sunt‹ (prüfet die Geister, ob sie von Gott sind). Nach frommem Bedenken soll er das Zeichen eines göttlichen Eingreifens oder Wollens verlangen, damit man beurteilen kann, ob sie durch den Willen Gottes gesandt wurde. So befahl Gott dem Ahas, er solle um ein Zeichen bitten, um zu wis-

sen, ob er ihm den Sieg gäbe, und sagte ›Pete signum a Domino‹ (erbitte ein Zeichen von Gott), das gleiche tat Gideon, der ein Zeichen verlangte, und verschiedene andere usw. . . .
Seit Ankunft besagter Jungfrau ließ der König auf folgende Weise vorgehen: DIE PRÜFUNG aus MENSCHLICHER VORSICHT und FROMMEM BEDENKEN hat von Gott ein Zeichen verlangt. Was die erstere, aus menschlicher Vorsicht, betrifft, hat er über das Leben, die Geburt, die Sitten und Absicht besagter Jungfrau Nachforschungen anstellen lassen und sie sechs Wochen bei sich behalten, (um) sie allen Leuten zu zeigen, wie Gelehrten, Geistlichen, Frommen, Kriegsleuten, Frauen, Witwen und anderen. Sie hat öffentlich und geheim mit allen diesen Leuten gesprochen; in ihr war nichts Böses zu finden, nur Gutes, Demut, Jungfräulichkeit, Ehrlichkeit, Bescheidenheit; über ihre Geburt und ihr Leben haben sich verschiedene als wunderbar berichtete Dinge als wahr erwiesen. Was die zweite Prüfung betrifft, so verlangte der König von ihr ein Zeichen, worauf sie erwiderte, sie würde es vor der Stadt Orléans und an keinem anderen Ort vorweisen, denn so habe es ihr Gott befohlen.
Im Hinblick auf die Prüfungen, denen besagte Johanna soweit als möglich unterzogen wurde und die in ihr nichts Böses aufdeckten, hat der König ihre Antwort, sie würde das göttliche Zeichen vor Orléans zeigen, gelten lassen, aufgrund der Beständigkeit und Festigkeit ihrer Worte und ihrer inständigen Bitten, nach Orléans gehen zu können, um dort das Zeichen der göttlichen Hilfe vorzuweisen; und er darf sie nicht daran hindern, mit Kriegsleuten nach Orléans zu ziehen, sondern soll ihr im Gegenteil ein ehrenvolles Geleit geben und auf Gott vertrauen. Denn an ihr zu zweifeln oder sie ohne den Anschein von etwas Bösem im Stich zu lassen, hieße, sich dem Heiligen Geist widersetzen und der Hilfe Gottes unwürdig werden, wie Gamaliel bei einem Rat der Juden im Hinblick auf die Apostel sagte.«

Sowohl den Brief an die Engländer als auch die Schlußfolgerung des Untersuchungsausschusses von Poitiers finden wir in mehreren Quellen wieder, was beweist, daß beide Doku-

mente durch die Regierung Karls VII. systematisch in den Umlauf gebracht wurden, um den Einsatz Johannas zu rechtfertigen.
Nachdem der Kronrat nun beschlossen hatte, Johanna nach Orléans zu entsenden, wurde bewußt ein Kult mit ihr getrieben, um sie in der öffentlichen Meinung populär zu machen. Wahrscheinlich wurde erst in Poitiers die Weissagung der Marie d'Avignon auf Johanna bezogen, daß nämlich *Frankreich durch eine Frau zugrunde gerichtet und durch eine Jungfrau gerettet* würde: die Königin Isabeau, die Frankreich zugrunde richtete, und Johanna, die es retten würde. Dazu kam eine andere Prophezeiung, die man Beda Venerabilis zuschrieb, des Inhalts: aus einem Wald, den man den schneeigen nenne, werde eine Jungfrau kommen und Wunder tun. Zwar wird Johannas Wirtin Cathérine Le Royer aus Vaucouleurs fünfundzwanzig Jahre später aussagen, daß die Jungfrau die Weissagung der Marie d'Avignon bereits gekannt und auf sich bezogen habe, aber auch hier muß man davon ausgehen, daß diese Aussage im Sinne der Rehabilitation frisiert wurde. Johanna selbst sagt nämlich in Rouen am 24. Februar 1431, daß sie wohl von der Weissagung gehört, aber nicht daran geglaubt habe.
Zu den Dingen, die nach der Prüfung von Poitiers in den Umlauf gebracht wurden, um die Jungfrau bei der Bevölkerung populär zu machen, gehört auch ein anonymes Gedicht über eine Jungfrau, deren Glieder von Männerkleidung bedeckt sind, die im Auftrag Gottes den gefallenen König der Lilien aufheben und seine Feinde schlagen will. Sehr schnell hat sich auf diese Weise der Glaube verbreitet, daß Johanna durch Gott und den Heiligen Geist geleitet würde.
Endlich soll Johanna in Poitiers vier Ereignisse vorausgesagt haben, die unter ihrer Mitwirkung eintreffen würden: die Befreiung von Orléans, die Krönung und Salbung des Königs zu Reims, die Rückeroberung von Paris und die Befreiung des Charles d'Orléans, der sich seit Azincourt in englischer Gefangenschaft befand. Zwei dieser Ereignisse trafen zwar erst nach Johannas Tod ein (Paris wurde erst 1435 zurückerobert und Charles d'Orléans wurde 1439 nach fünf-

undzwanzigjähriger Gefangenschaft freigelassen), aber Séguin, durch dessen Aussage wir von diesen Prophezeiungen Kenntnis haben, wertet sie als einen Beweis, daß Johanna Ereignisse voraussagen konnte, ohne allerdings darauf einzugehen, daß die beiden letztgenannten erst nach ihrem Tode eintrafen.

Fassen wir also zusammen: In Poitiers wurde beschlossen, Johanna in die französische Politik einzubeziehen. Man wird sich einig, auf das versprochene Zeichen, d. h. auf die Befreiung der Stadt Orléans zu warten. Gleichzeitig wird Johannas Ruf in der Öffentlichkeit verbreitet. Sie selbst wird zunächst einmal nach Tours geschickt, wo sie für ihre Mission eingekleidet wird. 100 Livres tournois zahlte der Kriegsschatzmeister Hémon Raguier aus. Das war selbst für die damalige Zeit nicht viel und beweist, daß man keineswegs daran dachte, Johanna mit größeren Aufgaben zu betrauen, ganz zu schweigen vom Oberbefehl über die Truppen Karls. Zunächst erhielt Johanna eine silberne Rüstung, also die Rüstung eines Knappen. Die Ritter trugen damals stets vergoldete Rüstungen, die mit ihren Wappen versehen waren. Außerdem bildete sich ein persönlicher Stab um sie, der aus elf Personen bestand, und zwar aus ihrem Beichtvater Jean Pasquerel, zwei Pagen, dem bereits mehrfach erwähnten Louis de Contes und Raymond, den beiden Herolden Ambleville und Guyenne und schließlich Johannas beiden Brüdern Jean und Pierre, die inzwischen ebenfalls aus Domrémy aufgebrochen waren, um ihre Schwester zu begleiten. Ferner bestand der Stab noch aus zwei Junkern (möglicherweise Jean de Metz und Bertrand de Poulengy), zwei Boten und einem Schatzmeister. Sie alle standen unter dem Oberbefehl von Jean d'Aulon, der ein Vertrauter Karls VII. und La Trémoilles war. D'Aulon wurde durch den Bastard als der ehrlichste Mann im französischen Heer bezeichnet. Tatsächlich blieb er Johanna auch dann noch in Freundschaft ergeben, als ihr Stern sank, ja er teilte sogar die erste Zeit ihrer Gefangenschaft mit ihr.

Über die Rolle des Beichtvaters Jean Pasquerel ist dagegen von vielen Historikern gerätselt worden. Siméon Luce vertritt die Ansicht, daß Johannas Mutter, Isabelle Romée, im Frühjahr 1429 eine Wallfahrt nach Le-Puy-en-Velay unternommen hat. Dort soll sie den Augustinerpater Pasquerel getroffen und ihn aufgefordert haben, zu Johanna zu gehen und ihr seelischen Beistand zu leisten. Das hätte nur insofern eine Bedeutung, als man dann zu der Annahme kommen könnte, Isabelle Romée sei Anhängerin des mystischen Kults der reinen Madonna von Puy gewesen. Sollte das der Fall sein, so könnte man glauben, sie hätte unter Umständen den Einsatz ihrer Tochter gelenkt und vorbereitet. (Der Name Isabelle Romée rührt daher, daß die Mutter Johannas eine Rompilgerfahrt unternommen hat.) Die Aussage Pasquerels wird von keinem Zeitgenossen Johannas bestätigt, so daß es nicht bewiesen ist, daß Isabelle Romée in Le-Puy-en-Velay war, bzw. daß sie Pasquerel wirklich zu Johanna geschickt hat. Man kann daher die Frage nicht beantworten, ob sie für den Einsatz Johannas mitverantwortlich war oder nicht. Da Isabelle Romée aber auch in Zukunft, ganz im Gegensatz zu Johannas Vater, noch eine gewisse Rolle spielen wird und öfter in Erscheinung tritt, kann man diese Möglichkeit wenigstens nicht ganz ausschließen.

In Tours wohnte Johanna bei Jean Dupuy, dessen Frau Hofdame bei Yolanda war. Endlich kamen die Dinge nun für Johanna in Fluß! Meister Hauves Poulnoir, eigentlich ein Schotte mit dem richtigen Namen Hamish Power, bemalte nach Johannas Angaben ihr Banner. Auf weißem Atlas war Christus auf einem Regenbogen sitzend dargestellt, die Hand segnend erhoben; zu beiden Seiten kniete je ein Engel. Über allem stand in großen Buchstaben JHESUS – MARIA. Der Grund des Banners war ganz mit goldenen Lilien übersät (die Lilie ist nicht nur das Zeichen der Könige, sondern vor allem das der Trinität). Außer dem Banner fertigte der Schotte für Johanna eine kleine Standarte, auf der die Verkündigung dargestellt war, mit einem der Jungfrau Maria eine Lilie überreichenden Engel. Die weiße Farbe des Banners und die Darstellung auf der Standarte sollten sowohl eine Beziehung zur Jungfräulichkeit Johannas als auch zur Himmelskönigin symbolisieren. Das Banner hatte für

Johanna immer eine besondere Bedeutung. Die Richter zu Rouen wußten das genau und legten die Symbolik der Darstellung bewußt als Gotteslästerung aus, da Johanna behauptete, die Anweisung für Farbengebung und Symbole durch ihre Heiligen erhalten zu haben. Auf die richterliche Frage, was sie denn nun mehr geliebt habe, ihr Banner oder ihr Schwert, erteilte sie die Antwort: ihr Banner hundertmal mehr als ihr Schwert! Warum trug sie ihr Banner, fragten die Richter, wenn sie in die Schlacht zog? Hierauf kam die ebenso erstaunliche wie überzeugende Antwort, sie habe es selbst getragen, um niemanden mit eigener Hand töten zu müssen.

Noch steht Johanna am Anfang ihres Weges. Eine Rüstung und einen Stab hatte sie, doch brauchte sie natürlich auch ein Schwert. Das Schwert, das ihr durch Hémon Raguier ausgehändigt wurde, wies Johanna zurück. Sie schickte einen Boten nach Ste. Cathérine de Fierbois. Man würde im Erdboden hinter dem Altar der Kirche ein Schwert finden. Dieses Schwert wünschte Johanna für sich. Tatsächlich fanden die Priester genau an der angegebenen Stelle ein Schwert, das allerdings ganz verrostet war. Man säuberte es, und zum allgemeinen Erstaunen fiel der Rost sofort ab. Handelte es sich hier um ein Wunder? Die Legende jedenfalls war sehr schnell geneigt, die Auffindung des Schwertes von Fierbois als Wunder auszulegen. Sofort verbreitete sich das Gerücht, es handele sich um das berühmte Schwert Karl Martells, mit dem dieser Anno 732 gegen die Sarazenen gekämpft hat. Wir dürfen aber nicht vergessen, daß Johanna auf dem Wege nach Chinon bereits in Ste. Cathérine de Fierbois gewesen ist. Sie wußte um das Vorhandensein der Schwerter, die der Heiligen als Votivgaben gebracht wurden, was den Vorgang erklären könnte.

Die Geschichte mit dem Schwert von Fierbois trug sehr zum Ruhm der Pucelle bei. Die Einwohner der Stadt Tours schenkten der nunmehr bereits berühmten Johanna zwei Scheiden für das Wunderschwert, eine aus rotem, lilienbestreutem Samt und eine zweite aus schwarzem Tuch. Johanna selbst ließ noch eine dritte aus feinstem Leder anfertigen.

So ausgerüstet verließen Johanna und ihre Gefolgschaft unter Begleitung des mächtigen Regnault de Chartres, des Erzbischofs von Reims, um den 22. April die Stadt Tours, um sich nach Blois zu begeben, wo Yolanda von Aragon einen Proviantzug für die Stadt Orléans bereitstellte, den Johanna begleiten sollte. Hieraus wird deutlich, daß man zu keiner Zeit erwogen hatte, die Jungfrau mit militärischen Vollmachten auszustatten. Die Führung des Zuges oblag den Herren Gilles de Rais und Boussac, die sich als Marschälle von Frankreich niemals dem Befehl einer Frau aus dem Volke unterstellt hätten. Die Tatsache, daß Regnault de Chartres den Trupp Johannas begleitete, beweist außerdem, daß ihr Einsatz mehr religiöser als militärischer Natur war. Wir werden sehen, daß die starke Persönlichkeit und das Temperament Johannas diese Grenzen bald sprengen. In Blois also versammelten sich die Truppen, um der Stadt Orléans Proviant und *La Pucelle* zu bringen, deren Ruhm jetzt bereits weithin bekannt ist. In der Kirche St. Sauveur zu Blois läßt Johanna die Soldaten beichten. Wenn sie auch niemals militärische Vollmachten erhielt, so scheint ihre religiöse Autorität von Anfang an kraft ihrer Persönlichkeit unbestritten gewesen zu sein. Jean Pasquerel berichtet, daß alle Priester sich um das weiße Banner sammelten und vor den Soldaten gingen. So zog die Armee von Blois nach Orléans durch die weite Sologne, wobei das *Veni Creator* gesungen wurde. Der Stellvertreter des in England gefangenen Charles d'Orléans, der berühmte Jean, Bastard von Orléans, später Graf Dunois, galoppierte der Truppe entgegen, um die Jungfrau höchstpersönlich zu empfangen und in die Stadt Orléans zu begleiten, wo die Retterin von der Bevölkerung bereits ungeduldig erwartet wurde.

Orléans oder Das Zeichen

»... Ich bringe euch bessere Hilfe als je ein Hauptmann oder eine Stadt erhalten hat: die Hilfe des Königs im Himmel ...«

(Johanna zu Dunois am 28. April 1429 vor Orléans. Aus der Aussage Dunois' vom 22. Februar 1456)

Von jeher hatte die Stadt Orléans eine Schlüsselstellung. Günstig am Nordufer der Loire gelegen, mußte man fast immer die Stadt passieren, wenn man in die benachbarten Provinzen, also in die Touraine, in das Anjou oder ins Berry wollte. Ein Umstand, der schon im Mittelalter entscheidend zum wirtschaftlichen Wachstum der Stadt beitrug.
Wichtig war Orléans aber vor allem auch als geistiges Zentrum. So gründete Philipp der Schöne bereits im Jahre 1305 hier eine Universität, deren Rang kaum der berühmten Sorbonne in Paris nachstand. Frankreichs Könige liebten die Stadt. Schon unter den Merowingern war sie zeitweise Hauptstadt und bewahrte ihre Bedeutung auch später als geistiges und wirtschaftliches Zentrum an der Loire. Der älteste Bruder des regierenden Königs, von den Kapetingern bis zu den Bourbonen, erhielt den Titel eines Herzogs von Orléans – ein Zeichen, daß die Stadt als die bedeutendste neben Paris angesehen wurde. Die Liebe der Valois schließlich gehörte Orléans mehr als der eigentlichen Hauptstadt, in der sie nach der Flucht Karls VII. im Jahre 1419 nie mehr ganz heimisch wurden.
Orléans war nicht zuletzt durch seine Lage so etwas wie das Schild der Valois, das ihr Gebiet gegen das der Anglo-Burgunder abgrenzte. Fiel diese Stadt, so war der Weg zum Regierungssitz Bourges frei, und Karl VII. und seine Getreuen hätten sich bis in die Provence zurückziehen müssen, die zu den Ländern Yolandas gehörte. Auch die Touraine und das Anjou wären dann nicht zu halten gewesen. Das Gewicht hätte sich zugunsten der Lancaster verschoben, das Ende der Valois wäre gekommen. Damit war die Loire zur Grenze

zwischen den Gebieten der Anglo-Burgunder und der Valois-Armagnac geworden.
Im Jahre 1422 starb nur fünfunddreißigjährig der englische König Heinrich V. Kaum zwei Jahre vorher, am 12. Mai 1420 (Vertrag von Troyes), hatte der französische König Karl VI. seinen Schwiegersohn zum alleinigen Erben der Krone erklärt und ihm und seinen Erben Krone und Königreich übergeben. Der leibliche Sohn Karl, der »sogenannte Dauphin«, wurde durch den Vater für enterbt erklärt. Der Lebenstraum Heinrichs V. war es, unter den vereinigten Kronen der Doppelmonarchie England–Frankreich einen Kreuzzug gegen die Türken zu führen. Sein früher Tod vereitelte alle diese Pläne.
Im Jahre 1422 ist sein Söhnchen Heinrich VI. erst ein Jahr alt. Für ihn übernimmt der jüngere Bruder Heinrichs V., Johann von Lancaster, Herzog von Bedford, die Regentschaft. Es war seine Aufgabe, das Erbe Heinrichs VI. zu sichern und ihn zum König von Frankreich krönen zu lassen.
Inzwischen hatte sich auch der leibliche Sohn Karls VI. in Mehun-sur-Yèvre als Karl VII. zum König erklärt (1422). Es war sicher Bedfords Ziel, diesen »König von Bourges« und seine Anhänger gleich vernichtend zu schlagen. Da es ihm aber an den nötigen Geldmitteln fehlte, wurden in den Jahren von 1422–1424 nur mehr oder weniger heftige Scharmützel geführt. Einzig leidtragend war die unter der ständigen Bedrohung von beiden Seiten lebende Bevölkerung. Erst im August 1424 kam es zu einer größeren Schlacht: Bei Verneuil trafen die Engländer auf ein französisches Heer. Leider hatten die Herren wenig aus den verlorenen Schlachten von Crécy und Azincourt gelernt und flohen entsetzt vor den englischen Söldnern. Lediglich die mit dem König von Frankreich verbündeten Schotten unter Douglas und Buchanan stellten sich zum Kampf und wurden, obwohl sie sich tapfer wehrten, von den Engländern, die ihnen zahlenmäßig überlegen waren, fast bis auf den letzten Mann getötet. Diese Schlacht von Verneuil kam beinahe der Katastrophe von Azincourt gleich, und es wäre für Bedford ein leichtes Spiel gewesen, den König von Frankreich erneut anzugreifen. Daß

er das nicht tat, lag daran, daß seine eigenen Brüder, der Herzog von Gloucester, der Bedford in England vertrat, und der Kardinalerzbischof von Winchester, im Inselreich England für ständige Unruhe sorgten. So sah sich Bedford aus gleichsam familiären Gründen außerstande, sich in den Jahren 1424–1428 um die französischen Angelegenheiten zu kümmern.

Erst im Oktober 1428 ließ sich der Herzog von Bedford zum Oberbefehlshaber in Frankreich ausrufen. Um den Traum Heinrichs V., ganz Frankreich zu beherrschen, zu erfüllen, mußten die Valois wieder angegriffen werden. Endlich wollte Bedford auch mit Karl, dem »König von Bourges«, Schluß machen, der eine ständige Bedrohung für Englands Interessen darstellte.

Zunächst kam man in Paris überein, Yolandas Hauptstadt Angers zu belagern; aber die Schlüsselstellung von Orléans war für die Valois bedeutender. Also änderte Bedford seine Pläne und verfügte, daß Orléans angegriffen werden sollte. Nur eine Rechtfertigung brauchte er noch, denn selbstverständlich konnte Bedford keinen Überfall auf die Stadt wagen. Aus diesem Grunde schrieb er an den Papst in Rom und bat ihn um Segen und Unterstützung für den Angriff. Diskret erinnerte Bedford Seine Heiligkeit daran, daß das Haus Lancaster schon immer den Papst in Rom unterstützt habe, während die Orléans es mit dem Gegenpapst in Avignon gehalten hatten. Ja, selbst heute unterhalte das Haus Orléans noch ein Bündnis mit dem Grafen von Armagnac, der immer noch zu Benedikt XIII. stehe, obwohl das große Schisma offiziell bereits am 11. November 1417 durch die Wahl Martins V. zum Papst beendet sei. Es sei Pflicht der getreuen Untertanen des Papstes, endlich ganz Frankreich wieder in den Schoß Roms zurückzuführen. So etwa drückte sich Bedford in seinem Schreiben an den Papst aus, und Martin V., der einen Groll gegen den französischen König eben wegen seiner Haltung während des großen Schismas hegte, gab Bedford nur zu gern seine Zustimmung für den Angriff auf Orléans. Mit dem Segen Roms versehen, konnte man nun wie gewünscht verfahren.

In aller Eile wurden Truppen aus der Normandie abgezogen, und Salisbury, der berühmteste Feldherr der Engländer, machte sich auf den Marsch nach Orléans. 4500 Mann umfaßte seine Truppe, mit der er zunächst die Loire-Städte Janville, Meung-sur-Loire und Beaugency besetzte, bevor er am 12. Oktober Orléans erreichte. Nach dreitägigem Kampf eroberte Salisbury am 24. Oktober die große Festung der Tourelles. Als er am Abend dieses für ihn so erfolgreichen Tages auf einen der Türme stieg, um die Stadt Orléans zu betrachten, ereilte ihn das Schicksal. Eine Kugel, die irgendein Einwohner von Orléans abfeuerte, traf ihn so unglücklich am Kopf, daß er dieser Verwundung zehn Tage später erlag.

Trotz des Segens von Papst und Klerus widersprach der Angriff auf Orléans dem Moralkodex der Zeit. Der eigentliche Herrscher der Stadt, Herzog Charles d'Orléans, befand sich seit der Niederlage von Azincourt in englischer Gefangenschaft. Noch auf dem Totenbett hatte Heinrich V. seinen Brüdern das Ehrenwort abverlangt, den Herzog von Orléans *niemals* gegen Lösegeld freizulassen. Tatsächlich blieb Charles d'Orléans fünfundzwanzig Jahre in englischer Gefangenschaft. Eine lange Zeit, die er – von Natur ein Dichter und Schöngeist – sich mit dem Schreiben von Balladen vertrieb. Der Besitz eines Gefangenen aber durfte, nach den ungeschriebenen Gesetzen der Zeit, nicht angegriffen werden. So befand sich Bedford eindeutig im Unrecht, und schon mehrten sich die Stimmen auch unter seinen Getreuen, die das schnelle Ende Salisburys als Warnung des Himmels ansahen. Karl VII. war durchaus nicht geneigt, die Stadt Orléans ihrem Schicksal zu überlassen. Auch in der Stadt selbst wurden Vorkehrungen getroffen, der Belagerung durch die Engländer standzuhalten. Die Verteidigung übernahm der Halbbruder des gefangenen Herzogs, der Bastard Jean d'Orléans. Er war der uneheliche Sohn Ludwigs von Orléans und der Herzogin von Enghien. Nach der Ermordung seines Vaters wurde Jean von Valentina Visconti gemeinsam mit den ehelichen Kindern erzogen. Im Jahre 1439, also erst acht Jahre nach Johannas Tod, werden ihm die

Grafschaften Dunois und Longueville verliehen. Da er bis dahin selbst Briefe und Urkunden immer mit »Bastard« unterschrieb, wird auch hier fast ausschließlich vom »Bastard« die Rede sein und nicht von »Dunois«. Zeitgenossen bezeichnen ihn als den besten Heerführer seiner Zeit und tapferen Soldaten. Im Jahre 1428 hatte sich Jean d'Orléans durch die Aufhebung der Belagerung von Montargis ausgezeichnet. Er war gewandt, klug und sehr gebildet sowie bei Hauptleuten und einfachen Soldaten gleichermaßen beliebt. Karl VII., der ihm sehr vertraute, wußte, daß der Bastard die Stadt Orléans gut verteidigen würde. Am 28. Oktober 1428 zog er in Orléans ein. Ein zeitgenössischer Chronist berichtet, daß sich in seinem Gefolge so berühmte Krieger wie der Generalfeldmarschall der Sainte Sévère, die Herren de Bueil, Jacques de Chabannes und nicht zuletzt der berühmte Etienne de Vignolles befanden, der wegen seiner häufigen Wutanfälle »La Hire« (der Zornige) genannt wurde.
Zunächst wurde auf Befehl des Bastards ein gewaltiges Verteidigungssystem errichtet; alle Vorstädte und Dörfer, die nicht innerhalb der Mauern lagen, wurden geräumt und niedergebrannt, damit sie den Engländern nicht in die Hände fallen konnten. Diese wiederum begnügten sich zunächst damit, Les Tourelles zu besetzen, denn der Winter stand vor der Tür. So zog sich William Pole, Graf von Suffolk, der Nachfolger Salisburys, im November 1428 mit seiner Armee in die Winterquartiere von Meung und Jargeau zurück und ließ William Glasdale mit nur 500 Mann in den Tourelles zurück. Tatsächlich konnte man in der ersten Zeit kaum von einer richtigen Belagerung sprechen, sieht man davon ab, daß gelegentlich ein paar Kanonenschüsse abgegeben wurden, die ohne besondere Folgen blieben. Weihnachten 1428 kam es sogar zu einem kurzen Waffenstillstand. Glasdale, der sich mit seinen Getreuen in der Festung langweilte, erbat sich einige Musikanten vom Bastard, die dieser ihm bereitwillig sandte, nicht ohne seine besten Wünsche zum Fest zu übermitteln. So konnte also bis zum Frühjahr des Jahres 1429 nicht von einer echten Bedrohung der Stadt die Rede sein. Da die Engländer nicht über genug Soldaten verfügten,

konnten Munition, Proviant und Krieger ungehindert nach Orléans gelangen, denn wie hätten die wenigen Belagerer die Zugänge kontrollieren sollen? Erst Ende Januar 1429 geht der Waffenstillstand zu Ende und die Engländer ziehen den größten Teil ihrer Truppen aus den Winterquartieren zusammen. Jetzt beginnen sie Basteien zu errichten, welche die Stadt völlig von ihrem Umland abschneiden sollten. Bei Johannas Eintreffen am 28. April waren zwölf Basteien um Orléans fertig, die von insgesamt 3000 englischen Soldaten besetzt waren:

Im Osten die Bastei St. Loup, welche die Straße nach Gien sperrte. Auf dem linken Ufer die Basteien von St. Jean-le-Blanc, von den Tourelles und von St. Augustin. Die Straße nach Blois sperrte die Bastei Champ St. Privé. Dann gab es noch, mitten in der Loire gelegen, die Bastei Charlemagne und fünf weitere am rechten Ufer und zwar: St. Laurent d'Orgeril, La Croix-Boisée, Londres, Rouen und Paris.

Zwischen der westlichsten Bastei (Paris) und der östlichsten (St. Loup) klaffte eine Lücke von 3,5 Kilometern, die weiterhin benutzt wurde, um Proviantzüge in die Stadt zu schleusen. Die Tatsache, daß die Engländer versuchten, Orléans einzuschließen, löste nicht nur in der Stadt, sondern im ganzen nicht von England besetzten Frankreich große Erregung aus. Karl VII. wandte sich an alle »guten Städte« und bat um Unterstützung für die bedrängte Stadt. Von überall her kamen jetzt Söldner, um Orléans beizustehen. Sie stammten aus dem Languedoc, der Provence, ja teilweise sogar aus Italien und Spanien. Die englische Armee bestand aus 5000 Mann, während für die Verteidigung der Stadt einschließlich Bürgermiliz und Hilfstruppen schließlich fast 9000 Mann zur Verfügung standen.

Am 11. Februar 1429 kam es zu der ersten Schlacht oder, richtiger gesagt, zu einem Scharmützel, das den Franzosen große Verluste brachte. Folgendes geschah: Anfang Februar erfuhr der Bastard, daß Sir John Falstof mit einem Proviantzug für die englischen Belagerer unterwegs sei. Man beschloß, diesen Zug anzugreifen und vertraute dem jungen Grafen von Clermont das Kommando der Aktion an. Es war

seine erste militärische Aufgabe, und Herr von Clermont soll zwar sehr schön, aber leider nicht sehr klug und schon gar nicht tapfer gewesen sein, wie uns die Chronisten übereinstimmend berichten. Begleitet wurde er von einer Gruppe Schotten, die von dem Konnetabel John Stuart geführt wurden (die Schotten blieben während des ganzen Hundertjährigen Krieges mit dem französischen König gegen England verbündet). Der Bastard führte seinerseits eine Truppe aus Orléans, die mit der des Grafen Clermont die Engländer angreifen sollte. Leider verpaßte Clermont die Truppe von Dunois, die – nun zahlenmäßig unterlegen – die Engländer allein angriff. Der Tag endete mit der völligen Niederlage der Franzosen. Clermont, der zu spät auf dem Schlachtfeld erschien, riß sein Pferd herum, als er die Lage erkannte – und floh! Der Bastard wurde am Fuß verwundet.
Die Proviantwagen, hinter denen sich die Engländer erfolgreich verteidigten, enthielten Fisch, hauptsächlich Heringe, denn der Februar war Fastenzeit, und jeglicher Fleischgenuß war verboten. Das ganze Schlachtfeld was schließlich mit Heringen bedeckt, weswegen man auch von der »Heringsschlacht« spricht.
Freitag, den 28. Februar verließ der Graf von Clermont Orléans; mit ihm gingen der Kanzler Regnault de Chartres, die Marschälle Culan und La Tour sowie La Hire und ungefähr 2000 Soldaten.
Das *Tagebuch* berichtet darüber. (Das Tagebuch ist eine der wichtigsten Quellen über die Befreiung von Orléans. Es wurde in der Zeit vom Oktober 1428 bis Mai 1429 von einem Einwohner, möglicherweise einem Geistlichen der Stadt Orléans, geführt.)
»Und als die Orléaner sich von aller Welt so verlassen fühlten und sich immer deutlicher ihrer Schwäche gegenüber der wachsenden Macht der Engländer bewußt wurden, schickten sie Pothon de Xaintrailles mit einigen Bürgern zu Herzog Philipp von Burgund und zu Jean de Luxembourg, Graf de Ligny, einem Sympathisanten der Engländer. Die Gesandten flehten sie an, ihnen ihre Aufmerksamkeit zuzuwenden. Aus Treue zu ihrem Herrn, Charles, Herzog von

Orléans, der in englischen Händen war, um die Erhaltung seiner Ländereien willen, sollten sie doch von einem Kriege gegen die Engländer absehen. Bis die Wirren im Königreich auf anderer Seite beseitigt seien, möge man doch die Belagerung aufheben oder ihnen wenigstens Hilfe für ihre gefangenen Angehörigen zusichern . . .«

Die Mission Xaintrailles hatte zur Folge, daß Philipp in dem Glauben, Bedford überließe ihm das Feld, nach Paris eilte, um sich mit diesem zu beraten. Bedford war darüber sehr erzürnt und erwiderte, er würde sich sehr ärgern, wenn andere die Vögel bekämen, nachdem er auf so viele Büsche geschlagen habe. Es kam daraufhin vorübergehend zu einem Bruch zwischen Bedford und dem erzürnten Philipp, der seine Soldaten vor Orléans abzog. Durch diesen diplomatischen Erfolg konnte die Schlappe der verlorenen Heringsschlacht einigermaßen ausgeglichen werden.

Ungefähr im Februar 1429, ganz kurz nach der Heringsschlacht, beginnen in Orléans Gerüchte zu kursieren, daß eine Streiterin Gottes unterwegs sei, die der Stadt Hilfe bringen wolle. Dunois berichtet darüber später im Rehabilitationsprozeß:

»Ich war zur Zeit der Belagerung in Orléans, als Gerüchte in der Stadt umgingen, nach denen ein junges Mädchen, was die Jungfrau genannt wurde, gerade durch Gien ritt. Sie sagte, daß sie zum Dauphin gehe, um die Belagerung von Orléans aufzuheben und den Dauphin nach Reims zu führen, damit er dort gekrönt werde. Da ich Befehlshaber und mit der Verteidigung von Orléans betraut war, entsandte ich den Herrn von Villars, General von Beaucaire und Jamet du Tillay, der bald darauf Vogt von Vermandois wurde, zum König. Bei ihrer Rückkehr erstatteten sie Bericht und erklärten öffentlich vor dem gesamten Volk von Orléans, das voller Erregung die Wahrheit über die Ankunft des Mädchens wissen wollte, daß sie das Mädchen wirklich gesehen hatten, als es beim König in Chinon ankam . . .«

Zwei Monate später war es dann endlich soweit, daß die Jungfrau, über die immer mehr Gerüchte kursierten, wirklich auf dem Weg nach Orléans war. Die Erregung in der

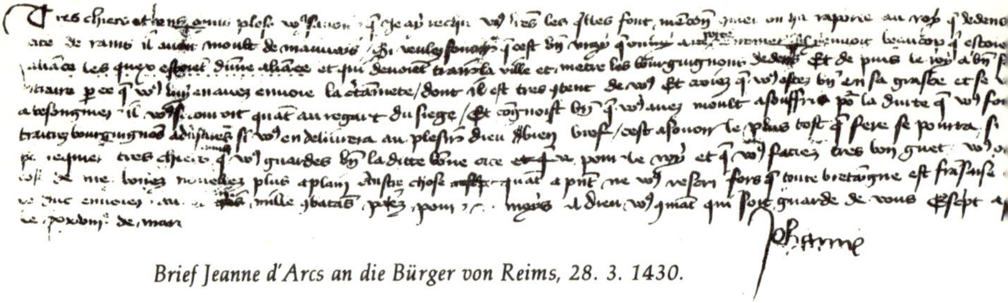

Brief Jeanne d'Arcs an die Bürger von Reims, 28. 3. 1430.

Bevölkerung wuchs und erreichte ihren Höhepunkt, als der Bastard am 28. April persönlich die Stadt verließ, um der Jungfrau entgegenzureiten.

Der Proviantzug und seine Eskorte marschierten bereits seit zwei Tagen durch die Sologne auf Orléans zu. Johanna, die die Gegend nicht kannte, schien anzunehmen, daß der Weg durch die Beauce direkt zum Nordufer der Loire führe. Anscheinend hatte es niemand für nötig gehalten, sie über die Marschroute aufzuklären. Da es darum ging, einen Proviantzug zu begleiten, mußte man den sichersten Weg wählen, konnte demnach nur durch die Sologne ziehen, dann den Fluß überqueren und versuchen, den Proviant durch die nichtbefestigte Stelle zwischen den Basteien von St. Loup und Paris zu bringen. Johanna aber glaubte die ganze Zeit, daß man direkt auf die große Festung Saint Laurent zumarschierte, in der sich Lord Talbot und die Hauptmasse der englischen Belagerer befanden. Sie wollte kämpfen! Und dann gewahrte sie, daß sie am südlichen Flußufer angelangt waren. Johanna fühlte sich getäuscht und war wütend. Außerdem hatte sie die beiden vergangenen Nächte in ihrer Rüstung geschlafen und fühlte sich zerschlagen, was ihre Laune auch nicht gerade besserte. In dieser Stimmung traf sie der Bastard an, dem dann auch ein sehr ungnädiger Empfang widerfuhr. Johannas erste Worte an ihn, den Vetter des Königs und Befehlshaber der Stadt Orléans, waren alles andere als freundlich.

»Seid Ihr es, den man den Bastard von Orléans nennt?«

»Ich bin es und freue mich über Eure Ankunft.«

»Wart Ihr es, der befahl, man solle mich auf diese Seite des

Flusses bringen, statt mich geradewegs gegen Talbot und seine Engländer heranzuführen?«

Der Bastard antwortete: »Ich und andere, Klügere als ich, hatten diesen Rat erteilt, weil sie ihn für den besten und klügsten hielten.«

Darauf sagte Johanna: *»En nom de Dieu!* Der Ratschlag Gottes unseres Herrn ist weiser und klüger als der Eure. Ihr gedachtet mich zu täuschen, aber Ihr habt Euch selbst getäuscht, denn ich bringe Euch die beste Hilfe, die je einem Ritter oder einer Stadt zuteil ward, ist es doch die Hilfe des Himmelskönigs . . .«

Der Bastard muß mindestens recht erstaunt gewesen sein. Er erwartete ein frommes und bescheidenes Landmädchen und sah sich plötzlich dieser eigenwilligen Streiterin gegenüber, die offensichtlich der Meinung war, als Himmelsbotin, die mit Gott und den Heiligen verbündet war, auch einem Prinzen ein Wörtchen sagen zu dürfen.

Man hatte geplant, mit Booten stromaufwärts bis nach Chécy (8 km von Orléans entfernt) zu segeln, wo Johanna und ihre Eskorte übernachten sollten. Schlachtvieh und Proviant sollten am nächsten Morgen mit Booten abgeholt und durch die Porte de Bourgogne gebracht werden, durch die man noch ziemlich ungehindert die Stadt betreten oder verlassen konnte, da die Engländer auf dieser Seite nur die Bastei von St. Loup beherrschten. Es war ein leichtes, die englische Besatzung von St. Loup in Schach zu halten und die Stadt zu verteidigen, solange die Bevölkerung ausreichend mit Lebensmitteln versorgt war. So sah der vernünftige Plan des Bastards aus, der Johanna so sehr mißfiel. Sie glaubte, ihr Anblick allein würde, mit Gottes Hilfe, die Feinde vertreiben. Leider schlug das Vorhaben des Bastards fehl. Man konnte die Boote nicht flußaufwärts bringen, da der Wind in die falsche Richtung blies. So versuchte man Johanna zu erklären, wieso man die Boote nicht einsetzen könne.

»Sorgt Euch nicht«, sagte sie, »der Wind wird sich drehen.«

Sofort nach Johannas Worten schlug auf unerklärliche Weise der Wind um, und die Boote konnten beladen werden.

Doch es gab noch eine zweite Schwierigkeit mit Johanna.

Die Eskorte war offensichtlich nur zum Schutze des Proviantzuges aufgestellt worden. Jetzt, da die Lebensmittel bis vor Orléans gebracht waren, wünschte der Bastard, daß die Truppe wieder nach Blois zurückkehren sollte. Doch er hatte seine Rechnung ohne Johanna gemacht! Die Soldaten, die alle gebeichtet hatten und geläutert waren, sollte sie ohne Gottes Beistand wieder nach Blois ziehen lassen? Nein, sie würde bei den Soldaten bleiben und dann auch Orléans nicht betreten! Der arme Bastard! Es bedurfte seiner ganzen Überredungskunst, diese eigenwillige Streiterin Gottes davon zu überzeugen, daß es richtiger sei, mit ihm nach Orléans überzusetzen, wo sie schon ungeduldig erwartet würde. Schließlich schlossen sich auch die Feldhauptleute, die sich zunächst auch nicht von Johanna trennen wollten, den Wünschen des Bastards an: »Johanna«, sagten sie, »ziehet hin in Frieden, denn wir versprechen, bald zu Euch zurückzukehren.«
Johanna gab nach. Der Bastard aber scheint trotz des rüden Tones, den Johanna ihm gegenüber angeschlagen hat, sehr beeindruckt von ihr gewesen zu sein. Besonders die Tatsache, daß sich der Wind so plötzlich drehte, trug sehr zu seinem Glauben an die Jungfrau bei. Er selbst sagt darüber:
»Von diesem Augenblick an setzte ich große Hoffnung auf die Jungfrau, mehr noch als vorher; ich bat sie dringend, über die Loire zu setzen und nach Orléans zu kommen, wo sie mit Ungeduld erwartet wurde. Und Johanna schloß sich mir an, ihre Fahne schwingend, die weiß war und das Bild unseres Erlösers trug, der eine Fahne in der Hand hält; La Hire setzte mit uns über die Loire, und gemeinsam zogen wir in Orléans ein . . .«
Wahrscheinlich verbrachten Johanna, der Bastard und ihre Begleiter die Nacht in Chécy im Hause eines gewissen Gui de Chailly, bevor sie am Abend des 29. Aprils durch das Burgundertor in Orléans einzogen. Der Jubel der Bevölkerung war unbeschreiblich. Gott war allmächtig und hatte die Gebete der Menschen erhört! Die Hilfe nahte in Gestalt dieser Jungfrau, die geprüft war und für würdig befunden wurde, ihr großes Werk zu beginnen. Das Volk jubelte. Die Be-

geisterung der Menschen hat der unbekannte Verfasser des *Tagebuchs* aus nächster Nähe geschildert:
»Sie betrat die Stadt, am ganzen Körper gepanzert, auf einem weißen Pferd reitend. Sie ließ ihr Banner vor sich hertragen, das ebenfalls weiß war und auf dem zwei Engel abgebildet waren, jeder eine Lilie in der Hand. Auf dem Panier stand wie eine Verkündigung geschrieben: *Dies ist das Bild der Jungfrau Maria mit einem Engel vor ihr, der ihr eine Lilie reicht.* In dieser Art hielt sie Einzug in Orléans: zu ihrer Linken in reicher Rüstung der Bastard von Orléans. Und danach folgten viele Edelleute und tapfere Herren, Junker, Hauptleute und Soldaten aus der Garnison sowie Bürger von Orléans, die ihr entgegengekommen waren. Außerdem wurde sie von anderen Kriegsleuten, Bürgern und Bürgerinnen von Orléans empfangen, die zahlreiche Fackeln trugen und so große Freude zeigten, als wäre ihnen Gott erschienen; und das nicht ohne Grund, denn sie hatten viel Leid, Arbeit und Lasten zu tragen und mußten, was schlimmer ist, fürchten, keine Hilfe zu erlangen und Leben und Besitz zu verlieren. Sie fühlten sich jedoch von der göttlichen Kraft, die in dieser einfachen Jungfrau sein sollte, bereits gestärkt und wie entlastet; alle Männer, Frauen und kleinen Kinder sahen sie mit Zuneigung. Man drängte sich so sehr um sie, daß einer der Fackelträger ihrem Banner so nahe kam, daß es Feuer fing. Daraufhin gab sie ihrem Pferd die Sporen und führte es so geschickt zum Panier und löschte die Flamme, als habe sie schon oft an Kriegszügen teilgenommen: dies sahen die Krieger als großes Wunder an und die Bürger von Orléans ebenfalls; sie begleiteten sie durch die ganze Stadt und feierten sie, und mit großen Ehren wurde sie in das hinter dem Regnard-Tor gelegene Haus des Jacques Boucher, Schatzmeister des Herzogs von Orléans, geführt, wo man sie mit großer Freude empfing . . .«
Fünfundzwanzig Jahre später erzählte der angesehene Bürger Jean Luillier noch einmal das Empfinden des Volkes von Orléans bei Johannas Eintreffen:
»Jedermann wünschte sie glühend herbei wegen des umlaufenden Gerüchtes, wonach Johanna dem König gesagt, daß

sie von Gott käme, um die Belagerung von Orléans aufzuheben. Bürger und Einwohner waren durch die Belagerung in die äußerste Not versetzt, so daß sie nicht wußten, zu welcher Hilfe sie ihre Zuflucht nehmen sollten, wenn nicht zu Gott ...«

Man fragte ihn, ob er anwesend war, als Johanna in die Stadt einritt.

»Ja –. Sie wurde von allen Kleinen und Großen beiderlei Geschlechts mit solchem Jubel begrüßt, als wäre sie ein Engel Gottes gewesen. Jedermann hoffte, daß man dank ihrer Ankunft von den Feinden befreit würde – was auch tatsächlich geschah ...« Man befragte ihn, was sie nach ihrer Ankunft in der Stadt getan hätte.

»Sie ermutigte alle, auf Gott zu hoffen, denn nur, wenn wir Gott Hoffnung und Vertrauen schenken, würden wir von den Feinden befreit werden. Bevor sie aber das Zeichen zu einem Angriff gab, forderte sie die Engländer zur Übergabe auf in einem Brief, der etwa folgendes enthielt: daß die Engländer die Belagerung aufheben und sich nach Hause nach England zurückziehen sollen: wenn nicht, so würde man sie mit Waffengewalt und gegen ihren Willen zwingen.

Von diesem Moment an waren die Engländer wie gelähmt vor Schrecken und hatten nicht mehr den Kampfgeist wie vorher. Selbst eine Handvoll Männer unserer Stadt, die oft gegen eine übermächtige Zahl von Gegnern kämpfen mußten, besiegten sie jedesmal so überwältigend, daß die Engländer sich bald nicht mehr aus ihren Festungen herauswagten ...«

Die jubelnde Menge geleitete Johanna durch die Stadt. Vor der Kathedrale Ste Croix stieg sie vom Pferd und bat Gott, ihr bei ihrem schweren Werk beizustehen. Alle Glocken läuteten, als die Jungfrau durch die Straßen bis zur Porte Regnard ritt, wo sie im Hause des reichen und mächtigen Jacques Boucher Wohnung nahm.

Orléans war Johannas Schicksal. Hier wollte sie als Zeichen ihres göttlichen Auftrags die Stadt von der Belagerung befreien. Von ihrem Erfolg hier hing es ab, ob sie endgültig als Streiterin Gottes anerkannt würde. Es ist daher wichtig fest-

zustellen, welche Rolle sie tatsächlich bei der Befreiung von Orléans gespielt hat. Den Oberbefehl über die Truppen und gleichzeitig den Auftrag Karls VII., die englischen Belagerer zu vertreiben, hatte niemals Johanna, sondern der Bastard, der diese Tatsache im Rehabilitationsprozeß durchaus unterstreicht, wenn er sagt: »Da *ich* Befehlshaber und mit der Verteidigung von Orléans betraut war . . .« Im Sinne der Rehabilitation unterstreicht Dunois in seiner Aussage besonders die religiöse Rolle Johannas. Sein Bericht zusammen mit den Aussagen des Jean d'Aulon, des Beichtvaters Jean Pasquerel und des Pagen Louis de Contes sowie die Aufzeichnungen des *Tagebuchs der Belagerung* bilden die Grundlagen der Forschung über Johannas Rolle in Orléans.
Einen Tag nach Johannas Eintreffen in Orléans, am 30. April, unternahmen La Hire und Florent d'Illiers einen Scheinangriff auf die Bastei von Paris, und es gelang ihnen, die Engländer in das Befestigungswerk zurückzudrängen. Wahrscheinlich hat Johanna von diesem Scharmützel nichts gewußt, denn sie saß währenddessen mit dem Bastard zusammen. Johannas Herold Guyenne, der von Blois mit dem Fehdebrief an die Engländer direkt zu Glasdale geschickt worden war, wurde von diesem unter Mißachtung allen Kriegsbrauchs festgehalten. Will man dem *Tagebuch* glauben, so schickte Johanna in der Nacht vom 30. April zum 1. Mai zwei weitere Herolde in das Lager der Engländer mit der Aufforderung, Guienne wieder freizulassen. Diese Forderung war durch ein Schreiben des Bastards unterstützt, in dem er drohte, alle in Orléans gefangenen Engländer zu töten, falls der Herold nicht wohlbehalten zurückkehrte. Der mit dieser Botschaft ausgesandte Herold Ambleville kehrte zu Johanna mit der groben Botschaft Glasdales zurück, sie sei eine Soldatendirne, die lieber umkehren und Kühe hüten sollte. Sobald sie aber den Engländern in die Hände fiele, wolle man sie auf glühenden Kohlen verbrennen, so wie man es jetzt mit ihrem Herold Guienne vorhabe. Die daraufhin sehr erzürnte Johanna ging noch am gleichen Abend hinaus auf das Bollwerk Belle Croix und redete von dort aus mit Glasdale und seinen Soldaten. Sie hätten sich von Gott

abgewandt, rief sie ihnen zu, und sollten abziehen, damit sie ihr Leben retten könnten. Aber Glasdale und seine Freunde beleidigten sie und nannten sie eine Kuhhirtin und drohten abermals, sie verbrennen zu lassen, sobald sie sie zu fassen bekämen. Johanna geriet darüber in Zorn und weinte über die Beschimpfungen.

Bezüglich der Herolde gibt es einige Unklarheiten. Während das *Tagebuch* behauptet, sowohl d'Ambleville als auch Guyenne seien mit den Drohungen Glasdales zurückgekehrt, sagen die Zeugen Pasquerel und Louis de Contes, daß Guienne weiterhin zurückgehalten wurde und erst nach der Befreiung von Les Tourelles befreit werden konnte. Dort soll der arme Herold in Ketten neben dem Holzstoß gesessen haben, auf dem er verbrannt werden sollte. Da sich hier Zeugen und Tagebuch widersprechen, wird man die Geschichte von Johannas Herolden nicht mehr klären können. Wahrscheinlich ist aber, daß Pasquerel und Contes recht haben, da sie beide das gleiche sagen. Ganz sicher ist dagegen, daß es der streitbaren Jungfrau durchaus nicht paßte, nicht schon am 30. April einen Angriff gegen die Engländer unternehmen zu können. Sie war bei ihrer Unterredung mit dem Bastard darüber sehr ungehalten. Wahrscheinlich hat sie am 30. April ihren zweiten Brief an die Engländer diktiert, wie uns sowohl Dunois als auch der Schreiber Pierre Miget bestätigen. Durch seine Aussage ist uns der Inhalt überliefert:

»Mein Herr fordert Euch auf, in Euer Land zurückzugehen; denn es ist Sein Wille, und wenn nicht, so werde ich Euch eine solche Schlacht liefern . . .« (der letzte Satz ist in allen Manuskripten unvollendet).

Alle diese Aktivitäten Johannas zeugen von ihrem rastlosen Temperament und von ihrem Wunsch, endlich mit den Kampfhandlungen beginnen zu können. Einige der Hauptleute des Königs, wie der streitbare La Hire, schienen diesen Wunsch zu teilen. Es ist daher durchaus denkbar, daß jener bereits erwähnte Scheinangriff auf St. Pouair (anderer Name für die Bastei Paris) eine Folge der reizbaren Ungeduld La Hires war, den es zu Taten drängte. Der besonnene Bastard dagegen wollte erst die Ankunft der Ersatzarmee aus Blois abwarten. Am 1. Mai reiste er nach Blois und kehrte drei Tage später an der Spitze der Truppen zurück. Johanna verbrachte diese Tage damit, durch die Stadt zu reiten, immer umjubelt von der begeisterten Bevölkerung. Sie hielt sich in der Nähe der Basteien auf und rief den Engländern immer wieder zu, diese freiwillig zu räumen, was ihr von der anderen Seite wüste Beschimpfungen einbrachte.

»Auch an diesem Tag machte die Jungfrau einen Ritt durch die Stadt, begleitet von mehreren Rittern und Junkern. Der Geleitschutz war nötig, denn die Bevölkerung war so begierig, sie zu sehen, daß sie beinahe das Tor ihrer Herberge eingerannt hätten. Für einen Blick auf sie waren sogar viele bekannte Bürger der Stadt durch die Straßen gegangen, und es war so voll, daß man kaum hindurch kam. – Das Volk konnte sich an ihrem Anblick nicht satt sehen, es schien für alle ein großes Wunder zu sein, wie anmutig sie zu Pferde saß.« (Tagebuch)

Während dieser Tage bis zum Eintreffen der Armee intensivierten sich die Vorbereitungen für die Schlacht. Dunois und seine Hauptleute kamen überein, zunächst die Bastei von St. Loup anzugreifen, die einzige Festung, welche die Stadt im Osten abriegelte. Nach seiner Rückkehr aus Blois stattete der Bastard Johanna einen Besuch ab. Er erzählte ihr, daß Sir John Falstof sich mit einer Nachschubarmee aus Paris näherte.

Johanna, die sich über die aufgezwungene Untätigkeit ärgerte, schien sich über diese Nachricht sehr zu freuen. »Mir schien, die Jungfrau war höchst erfreut über diese Kunde, und sie sagte zu Seiner Gnaden dem Grafen Dunois etwa so: ›Bastard, Bastard! Ich befehle Euch in Namen Gottes, sobald Ihr hört, daß sich dieser Falstof nähert, laßt es mich wissen; denn wenn er vorbeizieht, ohne daß ich es merke, dann laß ich Euch den Kopf abreißen‹.

Darauf erwiderte Dunois, sie solle ganz ruhig sein, er werde es sie wissen lassen.«

Dieser Bericht stammt von Jean d'Aulon. Dunois muß über einen gesunden Humor verfügt haben, denn sonst hätte er den sehr unehrerbietigen, streitbaren Ton der Jungfrau bestimmt nicht geduldet. Auffallend ist aber, daß er mit keinem Wort den bereits beschlossenen Angriff auf St. Loup erwähnt. Man hielt es scheinbar gar nicht für erforderlich, Johanna davon in Kenntnis zu setzen. Sie sollte die Bevölkerung moralisch stärken und durch ihre Anwesenheit ermutigen. Niemals haben der Bastard und seine Hauptleute es ernstlich erwogen, sie an den Kampfhandlungen teilnehmen zu lassen. Dabei hatten sie aber nicht mit Johanna gerechnet. Sie war keineswegs gewillt, sich in eine eher passive Statistenrolle drängen zu lassen. Wie es dann kam, daß Johanna doch an der Schlacht von St. Loup teilnahm, berichtete ihr Page Louis de Contes:

»Johanna ging in ihre Herberge zurück und stieg in ihre Kammer hinauf: ich glaubte, sie wollte schlafen. Aber gleich darauf kam sie wieder herunter und rief: ›Wehe Knabe! Wenn Ihr mir sagt, daß französisches Blut vergossen wurde! – Holt mir mein Pferd!‹

Sie ließ sich durch ihre Wirtin und deren Tochter die Rüstung anlegen, und als ich zurückkehrte, fand ich sie bereit zum Kampf; sie hieß mich, ihr Banner, das oben war, holen. Ich reichte es ihr durch das Fenster herab. Sie sprengte zum Burgundischen Tor. Die Wirtin riet mir, Johanna zu folgen, was ich auch tat. Es war ein Scharmützel im Gang bei der Schanze St. Loup. Johanna begegnete verwundeten Franzosen und war darüber entsetzt und erzürnt. Die Engländer ihrerseits hielten hartnäckig stand. Aber sobald die Franzosen Johanna sahen, brachen sie in ein Kriegsgeschrei aus, und die Festung wurde genommen.«

Die erste Schlacht war geschlagen. Sicher hat das Erscheinen der Jungfrau am Kampfplatz die Soldaten beflügelt. Drei Stunden dauerte der Kampf. Die zahlenmäßig unterlegenen Engländer kämpften mutig, hatten aber keine Chancen gegen die durch die Pucelle angefeuerten Angreifer. Das Tagebuch berichtet, daß 114 Engländer getötet und 40 gefangengenommen wurden. Einige der Besiegten verkleideten sich als Priester, um nicht getötet zu werden. Sicher hat Johanna diese List durchschaut; aber sie sorgte dennoch da-

9a *Johannas Einzug in Chinon. Deutscher Wandteppich, 15. Jh., Musée Historique, Orléans.*

9b *Die Schlacht von Rouvray oder der Tag der Heringe (12. 2. 1429). Aus »Vigiles de Charles VII«, 1484.*

10 *Graf von Dunois, Verteidiger von Orléans.*

11 *Das wehrhafte Schloß Chateaudun. Hier lebte der Bastard von Orléans.*

12a *Johanna vor Jargeau oder vor Paris. Aus »Vigiles de Charles VII« von Martial d'Auvergne.*

12b *Zweite Begegnung zwischen Johanna und Karl VII. Der König begrüßt die Jungfrau nach der Befreiung von Orléans in Tours.*

für, daß die »Geistlichen« ungehindert abziehen durften. Die siegreichen Franzosen ließen ihre aufgestaute Wut an der Festung aus, die sie völlig zerstörten und abbrannten. Durch die Einnahme von St. Loup war die Loire stromaufwärts der Stadt feindfrei und für Zufuhren offen.

Der nächste Tag war Christi Himmelfahrt, und es fanden keine Kampfhandlungen statt. Der einzige Zeuge, der über Johannas Taten an diesem 5. Mai berichtet, ist ihr Beichtvater Jean Pasquerel:

»... sie sagte mir, daß sie an der Vigil der Himmelfahrt Christi aus Ehrerbietung keine Waffen tragen würde. An diesem Tage wolle sie beichten und das Abendmahl empfangen; was sie auch tat. Dann gab sie auch den Befehl, niemand solle morgen wagen, die Stadt zu verlassen und anzugreifen oder zu stürmen, bevor er nicht gebeichtet habe. Außerdem möge man auf die Dirnen achtgeben, daß sie nicht den Soldaten folgten. Aufgrund dieser Sünden ließe Gott es zu, daß man den Krieg verliere ...«

Ganz untätig war Johanna auch an diesem Festtag nicht. Pasquerel erzählt von einem weiteren Brief an die Engländer:

»Ihr Engländer, die Ihr keinerlei Anrecht auf dieses Königreich Frankreich habt, der König des Himmels befiehlt und mahnt Euch durch mich, Johanna die Jungfrau, verlaßt Eure Befestigungen und kehrt in Eure Heimat zurück, sonst werde ich auf Euch ein solches Jagen veranstalten, daß Ihr ewig daran denken werdet. Dies schreibe ich Euch zum dritten und letzten Male, und ich werde nun nicht mehr schreiben! Jhesus – Maria – Johanna die Jungfrau!

P. S. Ich hätte Euch auf angemessenere Art meinen Brief geschickt, aber Ihr haltet meine Herolde gefangen. Ihr habt meinen Herold Guyenne gefangen. Sendet sie mir zurück, und ich werde Euch einige von Euren bei St. Loup gefangenen ausliefern, sofern nicht alle tot sind!«

Pasquerel erzählt dann weiter, daß Johanna einen Pfeil genommen hatte, an dem sie den Brief befestigte. So schickte sie den Brief an die Engländer. »Lest!«, rief sie, »da kommen Nachrichten!« Die Belagerer empfingen den Pfeil und den

Brief. Dann riefen sie entrüstet: »Da kommen Nachrichten von der Hure der Armagnacen.« Als Johanna das hörte, begann sie zu schluchzen und rief den König im Himmel an, ihr zu helfen. Sicher war sie überzeugt gewesen, daß die Engländer nach der Einnahme von St. Loup daran glauben mußten, daß sie eine Gottesbotin sei und daß sie nun ängstlich abziehen würden.

An diesem Himmelfahrtstag hat Johanna wahrscheinlich an einer militärischen Beratung teilgenommen, die unter dem Vorsitz des Bastards im Hause von Guillaume Cousinot, Kanzler des Herzogs von Orléans, stattfand.

Auch bei dieser Unterredung vermied man es zunächst, Johanna über die geplanten Operationen aufzuklären. Es wurde nur über einen Scheinangriff auf St. Laurent gesprochen, um einen Teil der Engländer auf das andere Loireufer zu locken. Man war sicher zugeknöpft, weil man seitens der Jungfrau Indiskretionen befürchtete, falls man sie über die genauen Pläne unterrichten würde. Johanna bemerkte sofort, daß man ihr etwas verbarg, und reagierte sehr gereizt. Wieder einmal war es der Bastard, der sie besänftigte, indem er sie aufklärte: »Johanna, erzürnt Euch nicht. Man kann nicht alles auf einmal erklären .. aber wenn die Engländer vom anderen Flußufer, vom Ufer der Sologne, weggehen, um ihren Soldaten in der großen Bastei Hilfe zu bringen, werden wir, so haben wir beschlossen, über den Fluß setzen und sie drüben angreifen.«

Johanna erwiderte, sie sei zufrieden und ihr schiene die Lösung gut.

Am nächsten Tag jedoch handelte man ganz anders. Der Scheinangriff auf Saint Laurent wurde nicht ausgeführt. Als die Engländer bemerkten, daß die Franzosen über den Fluß setzten, um St. Jean de Blanc anzugreifen, verließen sie die Bastei fluchtartig, brannten sie nieder und zogen sich in die Bastille des Augustins zurück, die besser bewacht war. Es sieht so aus, als hätten d'Aulon und Gaucourt angesichts der verstärkten englischen Besatzung in der Bastille des Augustins beschlossen, diese an jenem Tag nicht anzugreifen und nach Orléans zurückzukehren. In diesem Augenblick kam

Johanna gemeinsam mit La Hire auf dem Pferd herangeritten. Es scheint, daß sie wieder einmal nicht genau unterrichtet war und mehr oder weniger zufällig von dem Angriff an diesem Morgen erfuhr, doch daß sie der Nachhut unter La Hire zugeteilt worden war, da die Hauptleute einzusehen begannen, daß die Jungfrau immer Mittel und Wege finden würde, um an den Kämpfen teilzunehmen.
Sie sah, daß die Franzosen entmutigt waren und sich anschickten, nach Orléans zurückzukehren. Da stürmten Johanna und La Hire den fliehenden Soldaten entgegen. Die Hauptleute Gilles de Rais und Pothon de Xaintrailles schlossen sich der Jungfrau und La Hire an, während d'Aulon und ein Spanier namens Alfonso de Partada noch immer versuchten, den Rückzug zu decken. Bald aber ließen auch sie sich von der neu entfachten Begeisterung mitreißen und stürmten vorwärts. So gelangten sie an den Fluß der Augustinerbastei. Aulon berichtet, daß der große Spanier über das Bollwerk der Bastei kletterte, um den Weg freizumachen. Ein Kanonier, Maître Jean, schoß einen großen Engländer nieder, der sich ihnen in den Weg stellen wollte. In dumpfem Schrecken wichen die Engländer zurück, und St. Augustin wurde im Sturm genommen. »Der größte Teil der Feinde wurde getötet oder gefangen, und wer sich retten konnte, zog sich in die Bastei des Tourelles, am Fuße der Brücke, zurück.«
Nach der geglückten Eroberung der Augustinerbastei beschloß man, die Truppen am Ort zu lassen. Man wollte im Freien kampieren, um die Tourelles zu belagern, die am nächsten Tag erobert werden sollten. Johanna scheint aber mit einigen Hauptleuten nach Orléans zurückgekehrt zu sein, wie man aus den Angaben von Louis de Contes, Pasquerel und Colette Milet, der Frau des Schreibers, entnehmen kann.
Pasquerel erzählt, daß Johanna am Abend des 6. Mai zu ihren Wirtsleuten zurückgekehrt sei. Sie war erschöpft, und ganz gegen ihre Gewohnheit fastete sie an diesem Freitag nicht. Nach der Mahlzeit erschien ein Herr vom Kriegsrat und teilte ihr unverblümt mit, man habe beschlossen, die

Tourelles doch nicht anzugreifen, da die Stadt gut mit Proviant versorgt sei. Auch wolle man erst die Hilfe des Dauphins abwarten. Johanna war darüber sehr erzürnt und antwortete:
»Ihr seid bei Eurem Rat gewesen und ich bei dem meinen, und glaubt mir: der Rat meines Herrn wird befolgt und erfüllt werden und Euer Rat fällt dahin.«
Der arme Abgesandte war bestimmt recht betroffen über diesen Rüffel. Pasquerel berichtet weiter, daß die Jungfrau ihn aufforderte, am nächsten Tag besonders früh aufzustehen: »Ihr müßt immer neben mir bleiben, denn es wird viel Arbeit für mich geben.« Und dann mit einem Seufzer: »Morgen wird aus meinem Leib Blut fließen, oberhalb der Brust.«
Der 7. Mai sollte die Entscheidung bringen. Gelang es, die große Festung der Tourelles zu erstürmen, so waren die Engländer gezwungen, die Belagerung von Orléans aufzuheben. Noch kampierten die Truppen vor der Festung und warteten darauf, daß das Zeichen zum Angriff gegeben würde. Und da sollte nicht gekämpft werden? Johanna war keineswegs gewillt, auf diesen entscheidenden Angriff zu verzichten. Am Morgen des 7. Mai stand sie sehr früh auf, sprang auf ihr Pferd und ritt zum Burgundertor. Sie glaubte ganz fest daran, daß der heutige Tag den ersehnten Sieg bringen würde. Die Frau des Schreibers Milet erinnerte sich fünfundzwanzig Jahre später, daß an diesem Morgen Fische zu Johannas Wirtin gebracht worden seien. Johanna wurde einer davon angeboten. »Hebt ihn bis heute abend auf, denn ich werde Euch noch diesen Abend einen *godon* (Schimpfwort für Engländer) heimbringen, und ich werde über die Brücke zurückkehren«, rief sie noch fröhlich, ehe sie davongaloppierte.
Auf dem Wege zum Burgundertor gesellten sich noch viele bewaffnete Bürger zu Johanna, die ebenfalls begierig waren, an diesem Tage zu kämpfen. Als sie jedoch am Tor anlangten, fanden sie dieses verschlossen. Wahrscheinlich hatten die Herren vom Kriegsrat sich schon gedacht, daß die streitbare Pucelle auf jeden Fall versuchen würde, sich ihren

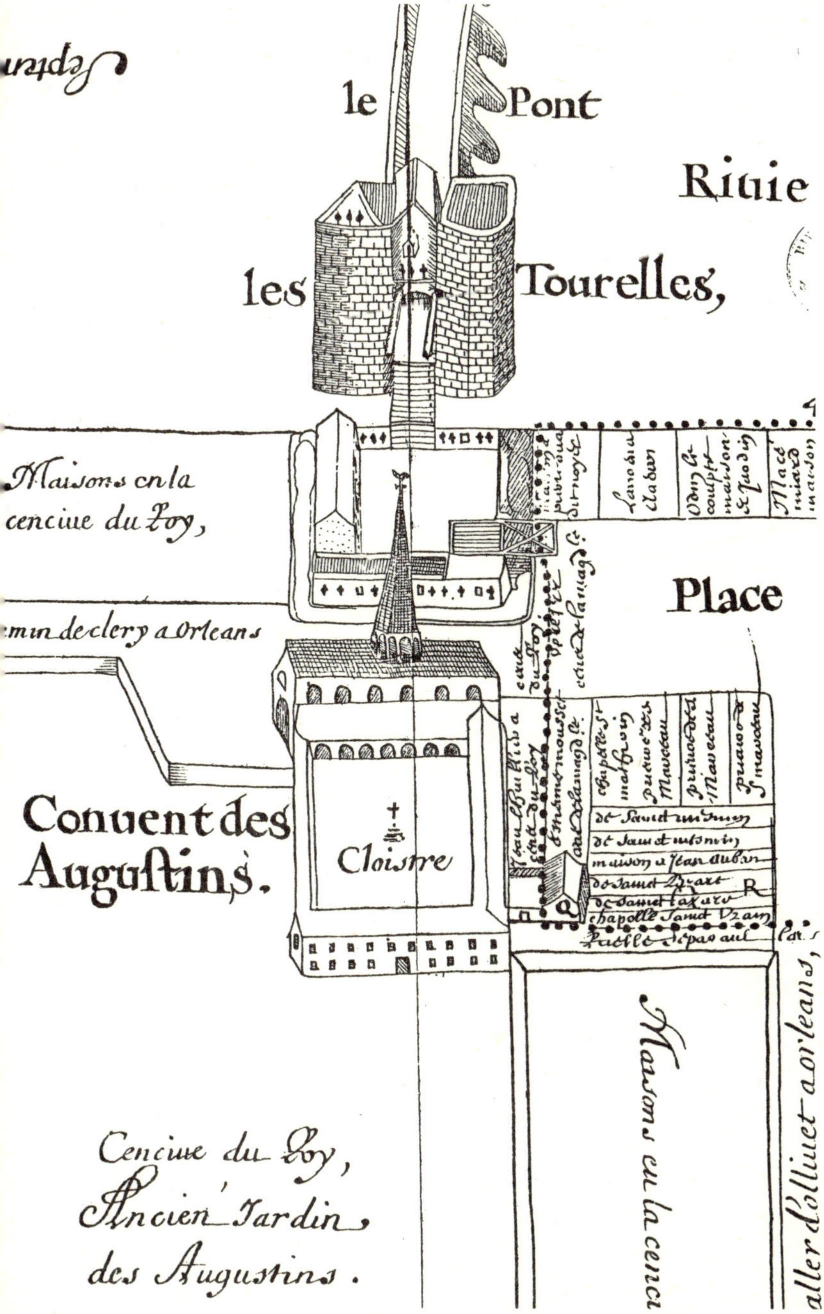

Les Tourelles um 1500. Nach einem Plan von Fleury, 1676.

Anordnungen zu widersetzen, ja den Sturm auf die Bastei zu beginnen, ob es nun dem Kriegsrat paßte oder nicht.

»Öffnet das Tor«, rief sie dem Sieur Gaucourt zu, der den Befehl hatte, die Jungfrau nicht aus der Stadt zu lassen. Als dieser sich weigerte, wurden Johanna und ihre Gefolgschaft wütend. »Ob Ihr es wollt oder nicht, die Soldaten werden ausbrechen, und sie werden siegen, wie sie anderwärts gesiegt haben!«

Da brachen die Truppen gegen den Willen des Sieur Gaucourt aus der besetzten Stadt aus. Gaucourt selbst war, wie er dem Vorsitzenden der Rechnungskammer Simon Charles berichtete, dabei in größter Gefahr. Simon Charles will nähere Einzelheiten über diesen Vorfall durch Gaucourt selbst erfahren haben: In Bedrängnis gebracht, blieb dem unglücklichen Mann gar nichts anderes mehr übrig, als das Tor zu öffnen und Johanna und ihre Begleiter hinauszulassen. Ihr weißes Banner schwingend, ritt die Jungfrau bis zur Festung Les Tourelles voran, gefolgt von einer begeisterten Menge.

Über diesen wichtigsten Tag der Befreiung von Orléans haben wir glücklicherweise sehr genaue Berichte von Dunois, Louis de Contes, Jean Pasquerel und Jean d'Aulon, die hier für sich selbst sprechen sollen: »Johanna zog in den Kampf um die Brückenschanze, wo der Engländer Glasdale war. Die Schlacht dauerte ununterbrochen vom Morgen bis zum Sonnenuntergang. Im Verlaufe des Kampfes wurde Johanna, wie sie vorausgesagt hatte, von einem Pfeil oberhalb der Brust getroffen. Als sie die Wunde fühlte, hatte sie zunächst Angst, begann zu weinen und wurde getröstet. Als einige Soldaten sie verwundet sahen, wollten sie Johanna durch Zauber heilen, aber sie wies sie zurück. Doch wollte sie die Wunde, wenn es ohne Sünde möglich war, pflegen lassen.«

Diese Aussage stammt von Jean Pasquerel, doch erwähnen alle Augenzeugen dieses Tages, daß Johanna verletzt wurde, als sie eine Leiter gegen die Bastei lehnte. Der Kampf zog sich lange hin. Die Engländer, die schon glaubten, die verwünschte Jungfrau außer Gefecht gesetzt oder vielleicht sogar getötet zu haben, kämpften verbissen. Dunois wollte

schon aufgeben, da er an diesem Tag keine Chancen mehr für einen Sieg sah. Er schildert seine Erlebnisse so:
»Der Angriff dauerte von morgens bis acht Uhr abends, und man sah kaum noch Hoffnung für einen günstigen Ausgang; ich war unschlüssig; ich wollte, daß sich das Heer zurückzöge und nach Orléans zurückkehrte. Da kam Johanna zu mir und bat mich, noch ein wenig zu warten. Sie schwang sich aufs Pferd und ritt abseits, allein, in einen Weinberg, ein Stück von den Truppen entfernt, und verharrte dort im Gebet etwa eine halbe Viertelstunde lang; danach ergriff sie ihr Banner, stellte sich an den Rand des Wallgrabens, und alsbald begannen die Engländer furchtsam vor ihr zu zittern! Die Soldaten des Königs faßten neuen Mut; sie begannen das Bollwerk zu erklettern, ohne dabei auf den geringsten Widerstand zu stoßen.«
Um die Moral der Truppen zu stärken, befahl Dunois, das Banner der Jungfrau beim letzten Angriff sichtbar für alle voranzutragen. Alle Zeugen erwähnen das weiße Banner, das zum Symbol der Befreiung der Stadt wurde. Die lebendigste Schilderung über diesen letzten Teil des Kampfes ist die von Jean d'Aulon:
»Die Heerführer und Hauptleute sahen, daß die Eroberung an diesem Tage nicht mehr möglich war, denn die Truppen waren zu müde und niedergeschlagen. Sie beschlossen, zum Rückzug zu blasen. So wurde in die Trompeten gestoßen und verkündet, daß jeder sich für diesen Tag zurückziehen sollte. Bei diesem Rückzug war derjenige, der das Banner trug und es vor dem Bollwerk noch immer aufrecht hielt, erschöpft und müde, und er übergab die Fahne einem, den man den Basken nannte und der von den Leuten des Seigneur de Villars war. Ich kannte diesen Basken als tapferen Krieger. Ich fürchtete, der Rückzug könnte schlimme Folgen haben und die Festung der Tourelles und das Bollwerk an der Brücke könnten in Feindeshand bleiben. Da kam mir der Gedanke, das Banner vorantragen zu lassen, um mittels der neu entfachten Begeisterung der Leute das Bollwerk noch zu stürmen. Ich fragte den Basken, ob er mir folgen würde, wenn ich in den Graben springen und bis zum Fuß

des Bollwerks vordringen wollte. Er versprach, es zu tun. So sprang ich also in den Graben und schlich bis zum Ufer des Wassergrabens, der das Bollwerk umgab, deckte mich aus Angst vor Steinen mit dem Schild und ließ meinen Gefährten auf der anderen Seite zurück, da ich ja annahm, er folgte mir auf dem Fuße. Als die Jungfrau aber ihr Banner in der Hand des Basken sah, glaubte sie, es sei verloren, denn der Träger war gerade in den Graben geklettert. Sie kam angelaufen, packte das Banner an einem Zipfel, aber so, daß sie es nicht halten konnte und schrie? ›Ha! Meine Fahne! Meine Fahne!‹, und sie schüttelte das Banner derart, daß ich den Eindruck hatte, die anderen müßten glauben, sie gebe ihnen mit der Fahne ein Zeichen. Ich schrie: ›Wie, Baske? Ist es das, was du mir versprochen hast?‹ Da zog und zerrte der Baske so heftig an dem Banner, bis er es der Jungfrau entriß. Daraufhin sammelten sich die Männer von der Armee der Jungfrau erneut und griffen die Schanze mit so großer Wucht an, daß gleich darauf die Schanze und die Festung Tourelles eingenommen waren.«

Einige der Offiziere waren schon wieder nach Orléans zurückgekehrt, als diese letzte Attacke stattfand. Selbstverständlich wollten auch sie bei diesem entscheidenden Kampf dabeisein. Die Brücke, die Orléans mit Les Tourelles verband, war schon zu Beginn der Belagerung durch die Engländer zerstört worden. In aller Eile schaffte ein Zimmermann Leitern und Stangen heran, auf denen Planken angebracht wurden. Über diese provisorische Brücke, die eigentlich nur aus einer langen Planke bestand und ohne Stütze in der Luft hing, schritt als erster Bruder Nicolas Giresme vom Johanniterorden, gefolgt von vielen Bürgern der Stadt.

Damit sahen sich die Engländer jetzt von beiden Seiten angegriffen: Auf der einen die Truppen mit der Jungfrau, auf der anderen die Bürger von Orléans, die endlich ihre Wut und Erbitterung an den verhaßten Belagerern auslassen konnten und mit Steinen und anderen Wurfgeschossen die Tourelles bestürmten. Von einer wilden Panik erfaßt, versuchten die Engländer zu fliehen. Sie sprangen auf ihre Pferde und wollten die Tourelles über die Zugbrücke verlassen,

aber es war zu spät! Ein französisches Feuerboot setzte die Brücke in Brand, und William Glasdale und seine Offiziere ertranken in ihren schweren Rüstungen in der Loire.
Nach zeitgenössischen Berichten soll Johanna Glasdale noch zugerufen haben: »Glasdale, Glasdale, ergib dich dem Himmelskönig. Ihr habt mich Hure geheißen, aber ich habe großes Mitleid mit deiner Seele und den Seelen deiner Leute.« Dann, nach dem Ende Glasdales, beweinte sie ihn und seine Freunde voller Kummer um ihre Seelen. Das »Tagebuch« aber bemerkt lakonisch, daß alle hohen englischen Offiziere ertrunken seien, was für die tapferen Franzosen ein schwerer Verlust sei, hätten sie doch aus dem Lösegeld hohe Einnahmen erzielen können.
»Trotzdem waren die Franzosen voller Freude und lobten den HERRN für den herrlichen Sieg, den er ihnen geschenkt hatte; sie taten recht daran, denn bei diesem Angriff, der vom frühen Morgen bis zum Sonnenuntergang gedauert hatte, erzählte man, seien sowohl Attacken wie Gegenwehr so großartig geführt worden, daß er zu den schönsten Waffentaten seit langer Zeit zählt.«
Les Tourelles waren erobert, die Engländer vor Orléans empfindlich geschlagen. Wie Johanna schon am Morgen prophezeit hatte, konnte sie über die Brücke nach Orléans zurückkehren. Die dankbare Bevölkerung sang das Te-Deum-Laudamus, und alle Glocken läuteten. Der Dank gebührte den Schutzheiligen der Stadt, St. Aignan und St. Euverte, die von einigen Bürgern am Himmel gesehen wurden, aber auch Johanna, der Jungfrau.
Der nächste Tag war ein Sonntag. Versuchten die Engländer noch eine letzte Schlacht zu schlagen? In Marschordnung versammelten sie sich vor der Stadt. Nein, sie packten nur ihre Sachen und zogen ab, um sich in die ihnen verbliebenen Loire-Festungen Jargeau, Meung und Beaugency zurückzuziehen. Es war Brauch, am Sonntag nicht zu kämpfen. Da der Feind freiwillig die Belagerung aufgab, verzichtete man auf einen Angriff.
Orléans war damit frei! Johanna hatte das Zeichen erbracht. Schon am nächsten Tag verließ sie die Stadt, um sich zum

König zu begeben. Die Bürger weinten, denn sie hatten die Jungfrau ins Herz geschlossen. Lassen wir noch einmal das »Tagebuch« sprechen:

»Als sie sich von den Orléanais verabschiedete, weinten diese vor Bewegung und Dankbarkeit und boten sich und ihre gesamte Habe an. Johanna dankte ihnen sehr gütig dafür und begann dann ihre heilige Reise. Ihr erstes Werk war die Befreiung von Orléans gewesen! Während dieser Zeit waren viele schöne Waffentaten, Scharmützel und Angriffe durchgeführt worden! Unzählige Waffen, Neuheiten und Kniffe im Kriegsgeschäft sind dabei erfunden worden, wie seit langer Zeit in keiner anderen Stadt dieses Königreiches.«

Karl VII. erhielt durch einen Boten, der unter Aufbietung all seiner Kräfte von Orléans nach Chinon galoppierte, Nachricht von der wunderbaren Befreiung. Sofort ließ er in einem Rundschreiben an die »guten Städte« die Einnahme der englischen Befestigungen verkünden. Zum ersten Male wies er auf die Taten der Jungfrau hin, die bei der Ausführung all dieser Unternehmungen stets persönlich beteiligt gewesen sei. Wir besitzen noch einen Brief vom 10. Mai 1429 an die Einwohner von Narbonne, der hier in Auszügen wiedergegeben sei:

»Im Namen des Königs! Teure und vielgeliebte Getreue, Ihr habt, wie wir annehmen, von unseren ständigen Bemühungen um jede mögliche Hilfe und Unterstützung der Stadt ORLÉANS vernommen, die, wie Ihr wißt, von den Erzfeinden unseres Königreiches, den Engländern, seit langem belagert wurde. Dabei hofften wir ständig auf unseren HERRN, der uns in seiner Gnade endlich erhörte und es nicht zuließ, daß einem so rechtschaffenen Volk eine so angesehene Stadt vernichtet oder in die Hand des Gegners fallen würde.

Und da wir wissen, daß Euch treuen Untertanen keine größere Freude und kein größerer Trost widerfahren können, als gute Nachrichten aus Orléans, teilen wir Euch mit, daß durch die Barmherzigkeit unseres HERRN, der alles lenkt, es uns erneut zweimal in einer Woche gelungen ist, die Stadt Orléans vor den Augen des Feindes gut und reich-

lich mit Lebensmitteln zu versorgen, ohne daß uns die Engländer haben Widerstand leisten können.
Und seitdem, genauer seit letztem Mittwoch, haben unsere Männer, die mit dem Verpflegungszug abgeschickt waren, zusammen mit den Stadtbewohnern eine der mächtigsten feindlichen Festungen, die Festung von St. Loup, angegriffen und in einem schönen vierstündigen Kampf erobert. Sie töteten alle Engländer, die in der Festung waren, ohne daß von den Unsrigen mehr als zwei Personen umkamen. Obwohl die in den benachbarten Festungen stehenden Engländer in Kampfordnung und kampfbereit ausrückten, kehrten sie aber, sobald unsere Männer sich ihnen stellten, ohne auf unsere Soldaten zu warten, um. Und immer noch verharrten sie in ihren Stellungen und warteten darauf, Großes zu vollbringen.
Nach Fertigstellung dieses Briefes erschien, etwa eine Stunde nach Mitternacht, ein Herold bei uns, der uns mit seinem Leben bürgend erzählte, unsere Männer hätten bei Orléans den Fluß mit Booten überquert und von der Sologne her die Befestigung am Brückenkopf belagert und am gleichen Tag noch das ehemalige Heim der Augustiner erobert. Genauso wurde noch am Sonnabend das genannte Bollwerk am Brückenkopf, hinter dem gut sechshundert englische Soldaten unter zwei Fahnen und dem Banner von Chandon standen, erstürmt. Schließlich eroberten unsere Leute sehr heldenhaft und kühn, dank der Gnade Gottes, die gesamte Festung. Alle Engländer wurden gefangengenommen oder getötet. Ihr sollt dafür Unserem Schöpfer noch mehr als bisher lobdanken, daß er uns in seiner Großmut nicht vergessen hat. Und Ihr könnt die mutigen Taten und wunderbaren Dinge, von denen der Herold berichtete, nicht oft genug ehren, genauso wie die Verdienste der Jungfrau, welche die ganze Zeit über persönlich die Ausführungen dieser Taten überwachte.
Vor Abschluß dieses Briefes trafen zwei weitere Edelleute hier ein, die bei dem Geschehen zugegen waren, und bezeugten und bestätigten alles noch ausführlicher als der Bote. Uns überreichten sie die beiden Briefe von Gaucourt. –

Nachdem unsere Leute die Festung besetzt und völlig zerstört hatten, zogen die von dort vertriebenen Engländer im Morgengrauen so überstürzt ab, daß sie ihre Bombarden, Kanonen, Geschütze und den größten Teil ihrer Verpflegung und ihres Gepäcks zurückließen.
Geschrieben zu Chinon am 10. Tag im Mai.
Gezeichnet: Charles«

Wir wissen, daß Johanna über keine militärischen Vollmachten verfügte, ja nicht einmal zu den Beratungen des Kriegsrates gebeten wurde. Ihre Handlungen in Orléans waren meist improvisiert und durch ihre Tatkraft und Erscheinung von starker Wirkung. Typisch für sie war, daß sie die Soldaten anfeuerte und durch ihre Anwesenheit ermutigte.
Als der Sieg errungen war, verbreitete sich der Ruhm Johannas im ganzen Land. Die königliche Kanzlei arbeitete schnell und sorgte dafür, daß alle Untertanen erfuhren, daß Gott auf seiten Karls und Frankreichs stehe. Orléans und Johanna waren von diesem Zeitpunkt an zwei untrennbare Begriffe. Schnell verbreiteten sich zum Ruhme der Jungfrau die ersten Legenden. Der große Theologe Jakob Gélu, der einst den König davor gewarnt hatte, Johannas Einsatz zu wagen, indem er andeutete, daß die Jungfrau vielleicht eine von Teufeln besessene Hexe sei, Gélu also änderte seine Einstellung und übersandte dem König ein Traktat, in dem er zum Ausdruck brachte, daß Gott Johanna berufen habe, um die Kleingläubigen zu überführen. Gott, der, um den Hochmut des Menschen zu brechen, auch Insekten geschaffen hat, hätte eben auch eine Jungfrau geschickt, um Heere zu vernichten und die Hoffärtigen zu strafen.
Aus seinem Exil in Lyon sandte Jean de Gerson, genannt le Docteur très chrétien, eine lange Abhandlung, in der er es rechtfertigte, daß Johanna Männerkleidung trage. Die Sache mit der Männerkleidung war schwierig, da sie ein Verstoß gegen das mosaische Gesetz darstellte (5. Buch Mose, Kap. 22, Vers. 5: Ein Weib soll nicht Mannsgewand tragen, und ein Mann soll nicht Weiberkleidung antun, denn wer solches tut, ist dem Herrn, deinem Gott, ein Greuel). Gerson

vergleicht Johanna mit den Amazonen und mit Camilla, Judith und Deborah. Wo göttliche Tugend walte, seien Mittel dem Zweck unterworfen.
Wie sehr sich der Ruhm Johannas nach der Befreiung von Orléans verbreitete, wird aus der Tatsache deutlich, daß sogar der Vatikan unterrichtet wurde. Der Schreiber machte sich dabei das Gutachten Gersons zunutze. *Breviarium historiale* heißt jenes Werk, das im Jahre 1479 gedruckt wurde und das nicht weniger als die Schilderung der gesamten Weltgeschichte von der Schöpfung bis zum Jahre 1429 zum Inhalt hatte. Am Schluß war zu lesen: »Während ich mich nach Abschluß dieser Arbeit in Rom aufhalte, ragt unter den neuesten Ereignissen, die in der Welt vorgekommen sind, eines hervor, das so groß, so bemerkenswert und unerhört ist, daß ich nicht glaube, seit Erschaffung der Welt könne etwas Ähnliches bereits geschehen sein. Ich muß daher einen Zusatz zu meinem Buch machen und einige Worte darüber sagen: Im Königreich Frankreich ist eine Jungfrau aufgetreten ... (hier hat der Autor einige Zeilen freigelassen. Wahrscheinlich wollte er die Abhandlung Gersons hier wörtlich übernehmen) – dieses junge Mädchen führt Handlungen aus, die mehr göttlich als menschlich erscheinen.«
Die greise Dichterin Christine de Pisan, die ihre letzten Lebensjahre in einem Kloster verbrachte, verfaßte am 31. Juli 1429 ein Gedicht in 488 einsilbigen Versen zu Johannas Ehren, in dem sie Jeanne d'Arc ebenfalls mit Judith verglich und die Befreiung von Orléans und die Krönung zu Reims feierte. Kurz nach Fertigstellung dieses Werks starb Christine. Geboren wurde diese größte Dichterin des spätmittelalterlichen Frankreich 1364 in Venedig. Am Hof Karls V. erzogen, wurde sie später die Hofdichterin Philipps des Kühnen von Burgund. Sie, die die Englandpolitik Johanns Ohnefurcht und Philipps des Guten mißbilligte, verließ Burgund später resigniert und zog sich in ein Kloster zurück.

Gedicht von Christine de Pisan
vom Juli 1429

»Ich, Christine, die weinte
elf Jahre im verschlossenen Kloster.
– . . . Nun zum ersten Mal kann ich mich freuen.

Wer erlebte doch je
etwas Unerwarteteres als dies:
Frankreich, von dem man schon sagte,
daß es am Boden liege,
soll durch göttlichen Auftrag
aus dem Unglück zu so großem Glück erhoben werden
und, wahrlich, durch solch ein Wunder,
daß kein Mensch es glauben könnte,
wäre die Sache nicht allbekannt,
wär das Wort »was« und »wie« doch klar!
Es ist wohl des Gedenkens wert,
daß Gott durch eine zarte Jungfrau
auf diese Weise (und das ist wahr)
über Frankreich so große Gnade ausgießen wollte.

. . . Und Du, Charles, König der Franzosen
Siebenter desselben edlen Namens . . .
Dank Gottes Gnaden leuchtet Dein Namen golden.
Hoch erhoben durch die Jungfrau,
die unter Deinem Schild
Dir Deine Feinde unterwarf:
Diese Sache ist neu.

. . . Und als sie dann dortselbst erschien
zur Zeit von Orléans' Belagerung
und ihre Kraft dort zum letzten Mal sich zeigte!
Nie sah ich ein größeres Wunder,
denn Gott half den Seinen gegen ihre Feinde,
daß sie einander so hilfreich waren wie tote Hunde.
Sie wurden dort gefangen oder getötet.

. . . Ein Mädchen von sechzehn Jahren
ist nichts Außergewöhnliches.
Waffen scheinen sie nicht zu beschweren
und man denkt, sie seien ihr täglich Brot.
Mächtig und hart scheint sie im Feld
und vor ihr fliehen alle Feinde.
Keiner widersteht ihr
und dies alles tut sie gleich einer Seherin.
Im Jahre Vierzehnhundertneunundzwanzig
beginnt die Sonne wieder am Himmel zu leuchten.«

Seltsamerweise starb auch Gerson unmittelbar nach seiner Arbeit über das Mädchen Johanna im Jahr 1429.
So wie die Kanzlei Karls bemüht war, die Entscheidung der Doktoren von Poitiers zu rechtfertigen, und die Legende von der Streiterin Gottes verbreitete, die das wunderbare Zeichen von Orléans gegeben hatte, so verbreitete die Gegenseite die diabolische Legende der Jungfrau, um die Niederlage vor Orléans zu rechtfertigen. Bedford schrieb im Juli 1429 an den achtjährigen König Heinrich VI. von England: »Alles gedieh prächtig für Euch bis zu Beginn der Belagerung von ORLÉANS, die weiß Gott auf welchen Rat hin, unternommen wurde. Nach dem Ereignis, das meinem Vetter SALISBURY zustieß – Gott möge ihm verzeihen –, senkte sich anscheinend durch Gottes Hand großes Unglück auf Eure Männer herab, die dort so zahlreich zusammengezogen waren. Dieses Unglück entstand meiner Meinung nach nur durch Verwicklung in falschen Vorstellungen und verrückter Angst vor einer Anhängerin und Spionin des Feindes, die Jungfrau genannt wurde und sich hohler *Zauberei* und der *Hexerei* bediente. Diese Unglücksfälle und Mißerfolge haben die Zahl Eurer Männer nicht nur in gewaltigem Maße verringert, sondern auch den Mut der restlichen Soldaten in unvorstellbarer Weise vernichtet. Dazu haben sie Euren Feind und Gegner daraufhin bestärkt, dort Streitkräfte in großen Mengen zusammenzuziehen.«
Auch der anonyme »Bürger von Paris«, der höchstwahrscheinlich ein Gelehrter der Pariser Universität und dem-

nach ein Anhänger der anglo-burgundischen Partei war, schreibt über die Befreiung von Orléans:
»Man bedenke, daß sie trotz all derer, die ORLÉANS belagerten, mit einer großen Truppe von Soldaten und Armagnacs und einer gewaltigen Menge von Lebensmitteln in die Stadt hineinkamen. In dieser Zeit hoben die Armagnacs die Belagerung auf und vertrieben die Engländer mit Gewalt von ORLÉANS. Und überall stand die Jungfrau mit ihrer Waffe den Männern der Armagnacs voran – in der Hand hielt sie ihre Fahne, auf der nichts als ›Jhesus‹ geschrieben stand.
Den Armagnacs sagte man nach, sie seien von Unglück und Unglauben befallen, wie man redete, alles nur wegen einer Kreatur in Gestalt einer Frau, die sie begleitete, und die Jungfrau genannt wurde. Gott wußte, daß es so war.« (Das *Journal du Bourgeois de Paris,* aus dem diese Zeilen stammen, ist eine der ganz wenigen zeitgenössischen Chroniken aus dem Jahre 1429, die über Johanna berichten; es enthält aber nur wenige verwertbare Angaben über sie.)
Clément de Fauquembergue, Schreiber des Pariser Parlaments, berichtete, wie es seine Pflicht war, über die Ereignisse in Orléans knapp im *Journal Officiel:*
»Dienstag, am zehnten Mai, wurde gemeldet und in PARIS öffentlich verkündet, daß am vergangenen Sonntag die Männer des Dauphin in großer Zahl und nach anhaltenden Angriffen ... in die Festung eindrangen. Sie wurde durch William Glasdale und andere Offiziere und englische Soldaten besetzt gehalten. Am gleichen Tage kamen ihnen auch andere Offiziere und Soldaten zu Hilfe, die jenseits der Loire Belagerung und Festung hielten. Um ihren Kameraden gegen uns zu helfen, hatten sie ihre Bastionen aufgegeben und die Belagerung dadurch aufgehoben. Unsere Truppen hatten in ihren Reihen eine Jungfrau, die unter eigener Fahne, wie beschrieben, kämpfte ...«
Vielleicht langweilte sich der Schreiber an jenem Tage, als er diese Nachricht niederschrieb oder, was wahrscheinlicher ist, er machte sich Gedanken, wie diese Jungfrau wohl aussehen mochte. Jedenfalls zeichnete er an den Rand des Regi-

sters ein Mädchen mit einem Kleid und langen Locken, das in der Hand eine Fahne trägt, auf der »Jhesus-Marie« geschrieben steht. Das Bild erinnert ein wenig an die Männchen, die man zu allen Zeiten in Bücher oder Schulhefte malte. Auch Clément de Fauquembergue hat die sagenhafte Jungfrau nie zu Gesicht bekommen. Trotzdem ist seine Skizze, die absolut nichts Künstlerisches hat und Johanna wohl nicht im entferntesten ähnlich war, das einzige aller uns erhaltenen Bilder, das bereits zu Johannas Lebzeiten entstand. Darum erhielt es einen Ehrenplatz in den *Archives Nationales,* wo man es heute, fast 550 Jahre nach der Entstehung, noch immer sehen kann.

Die Festungen fallen

»Im Namen Gottes! Ihr müßt kämpfen! Und wenn sie sich an die Wolken hängen, sie werden uns nicht entgehen, denn Gott hat sie geschickt, damit wir sie züchtigen . . .«
(Johanna zum Herzog von Alençon am 11. Juni 1429 vor Jargeau)

Am 10. Mai 1429 ritt Johanna, ihre weiße Standarte in den Händen, in Tours ein, umjubelt von der begeisterten Menge, die in ihr das Symbol für die Gnade Gottes und die Befreiung von der Fremdherrschaft der Engländer sah. Hier sollte die Jungfrau mit Karl VII., der mit seinen Beratern ebenfalls in die Stadt kommen wollte, zusammentreffen. Der Dauphin war noch nicht eingetroffen. Kurz entschlossen ritt ihm Johanna entgegen. Als sie Karl erblickte, sprang sie vom Pferd und fiel vor ihm auf die Knie. »Er empfing sie recht huldvoll. Sie neigte sich tief vor ihm; er aber hieß sie sich aufrichten, und die Zuschauer dachten, er wolle sie küssen, so groß war sein Entzücken!«, beschreibt der zeitgenössische Chronist Eberhard von Windecke diese Szene. Leider berichtet er nur vom Hörensagen. Er war kein Augenzeuge, sondern stand als Berichterstatter im Dienst des deutschen Kaisers Sigismund. Seine Berichte enthalten grobe Irrtümer und sind von geringem historischen Wert. Trotzdem können wir annehmen, daß zwischen Karl und Johanna in diesen Tagen in Tours eine Begegnung stattgefunden hat.
Nun, da sich die Prophezeihung von der Befreiung der Stadt Orléans so schnell auf wunderbare Weise erfüllt hatte, brannte die Jungfrau darauf, den »sanften Dauphin« sofort nach Reims zur Krönung zu führen. Dies und nur dies war ihr Ziel, an dem sie beharrlich festhielt! Leider dachte man in der Umgebung des Königs ganz anders. Noch besaßen die Engländer an der Loire die starken Festungen von Jargeau, Meung und Beaugency, und außerdem hatte man bereits vernommen, daß der berühmte und berüchtigte Sir John Falstof aus Paris unterwegs war, um mit einer großen

Ersatzarmee den Resten der Belagerungsarmee von Orléans zu Hilfe zu eilen. So mußte schnell gehandelt werden, um die strategischen Vorteile zu nutzen. Dunois, der Marschall von Boussac, Pothon de Xaintrailles und einige andere Ritter zogen sofort nach dem Abzug aus Orléans nach Jargeau, das von William de la Pole, dem Herzog von Suffolk, befehligt wurde, und lieferten dort ein Scharmützel, das erfolglos blieb. Suffolk wußte sich gut zu verteidigen, und der Bastard und seine Getreuen mußten einsehen, daß im Moment nichts erreicht werden konnte, und so gaben sie ihr Vorhaben bis auf weiteres auf.

Natürlich hat Johanna geglaubt, Karl würde nun sofort mit ihr und dem Hof nach Reims aufbrechen. Wie groß muß ihre Enttäuschung gewesen sein, als man ihr bedeutete, daß man erst einmal über die nächste Zukunft beraten wollte. Im Gefolge von Karl reiste sie am 22. Mai nach Loches, wo sich bereits die Hauptleute und Gesandten befanden. Hier, in einem der schönsten Schlösser Karls, sollten die Beratungen stattfinden. Immer wieder verlangte Johanna beharrlich, der Dauphin möge sich doch umgehend nach Reims begeben! Doch der Mai verging, ohne daß man zu einem Entschluß kam. Johanna muß in Loches vor Ungeduld und Enttäuschung fast vergangen sein, zumal man sie niemals zu den Beratungen hinzuzog. Hinter den verschlossenen Türen des Königs tagten die Hauptleute und die Gesandten des Herzogs von Savoyen, der als Vermittler zwischen Karl und Philipp von Burgund tätig war. Der Weg nach Reims führte durch das Gebiet Burgunds. Ohne eine Einigung mit Philipp konnte also von einem Gang Karls in die Champagne keine Rede sein. Ungestüm sprach sich der Herzog von Alençon für einen Krieg gegen die Normandie aus, um seine Stammlande zurückzuerobern. Dieser Vorschlag wurde sogleich verworfen; man einigte sich aber darauf, das Loireufer zu reinigen. Danach würde man weitersehen.

Johanna fühlte sich in dem großen Schloß von Loches wie eine Gefangene. »Gentil Dauphin, meine Zeit ist bemessen, ich werde nicht mehr als ein Jahr dauern; wir sollten in dieser Zeit noch viel ausführen«, soll sie eines Tages verzwei-

felt zu Karl gesagt haben, der ihr darauf lediglich freundlich erklärte, warum die Beratungen notwendig waren; für Johanna war das kein Trost und schließlich beschloß sie, nicht mehr zu warten.
Dunois berichtet von einer Szene, die sich zwischen Johanna und Karl in dessen Privatgemächern in Loches zugetragen haben soll: »Es ist wahr, und ich erinnere mich noch gut, daß ich mit der Jungfrau nach der Befreiung von Orléans den König im Schloß von Loches aufsuchte. Er befand sich in einer geheimen Kammer, im Gallischen das Gemach ›de retraict‹ genannt, mit dem Herrn Christoph von Harcourt, dem späteren Schloßbischof, der auch sein Beichtvater war, und dem Herrn de Trèves, der der Kanzler Frankreichs gewesen war. Johanna klopfte an die verschlossene Tür; und kaum eingetreten, warf sie sich vor dem König nieder, umschlang seine Knie und sagte etwa folgende Worte: ›Edler Dauphin, haltet nicht so lange und ausgedehnten Rat! Kommt so bald wie möglich nach Reims, um Eure würdige Krone zu empfangen!‹ Da wandte sich Herr Christoph de Harcourt ihr zu und fragte, ob ihr Ratgeber ihr solches verheißen. Sie erwiderte: ›Ja, er hat mich mehrmals angespornt.‹ Da sagte Herr Christoph: ›Wollt Ihr uns nicht hier vor dem König anvertrauen, wie sich Euer Ratgeber offenbart, wenn er zu Euch spricht?‹ Sie wurde rot und sagte: ›Ich kann mir wohl vorstellen, worum es Euch zu wissen geht, und ich werde es Euch bereitwillig sagen.‹ Der König fragte Johanna: ›Vermögt Ihr dieser Bitte vor allen, die hier weilen, zu willfahren?‹ Sie antwortete dem König: ›Ja!‹ und dann ungefähr so: Sie sei unzufrieden gewesen, daß man ihr nicht ohne weiteres glaubte, was sie auf des Herrn Geheiß erklärte, und habe sich zurückgezogen und es Gott geklagt. Und nach beendetem Gebet habe sie eine Stimme vernommen, die zu ihr sagte: ›Magd Gottes, geh, geh, geh, ich werde dir zu Hilfe sein.‹«
Als Dunois diese Aussage machte, war er Stellvertreter Karls VII. und hob die religiöse Bedeutung Johannas im Sinne der Rehabilitation hervor. Die Worte machen deutlich, wie sehr Johanna darauf drängte, ihre Sendung zu erfüllen,

und wie abwartend sich König und Ratgeber verhielten. Schließlich erklärte man Johanna, man habe sich auf einen Kompromiß geeinigt. Zunächst sollten die Loire-Städte zurückerobert werden, dann werde Karl nach Reims gehen. Man hatte bereits damit begonnen, die ganze Armee zu mobilisieren. Den Oberbefehl über die Truppen erhielt der Herzog von Alençon. Eine Welle der Begeisterung und des Patriotismus flammte auf. Alles, was Beine hatte und eine Lanze tragen konnte, strömte herbei. Jeder wollte kämpfen, auch wenn er dafür seine ganze persönliche Habe einsetzen mußte. In Romoratin, südlich der Loire, sammelte sich die königliche Truppe. Alençons Armee zählte schließlich 8000 Mann. Johannas persönliche, vertrauenerweckende Ausstrahlung mag das ihrige dazu getan haben. Am 6. Mai schrieben die Enkel des großen Bertrand Duguesclin, Gui und André de Laval, einen langen Brief an ihre Mutter und Großmutter. Besonders Gui de Laval war von der Jungfrau begeistert, die sich in diesen Tagen in Selles en Berry befand und dort mit den Edelleuten zusammentraf. Da der Brief sehr lebendig und anschaulich die Stimmung wiedergibt, die in jenen Tagen die Gemüter bewegte, sei er hier in seinen wesentlichen Abschnitten zitiert:
»Am Montag zogen wir mit dem König nach Selles en Berry, das vier Meilen von St. Aignan entfernt liegt. Der König hatte die Jungfrau vorausgeschickt, die somit vor ihm in Selles ankam ... Und nachdem wir nach Selles gezogen waren, besuchte ich sie in ihrer Herberge; sie ließ Wein kommen und sagte, bald würde sie mir ihn auch in Paris anbieten; alles, was sie tat, schien, wenn man sie sah und hörte, göttlich. Und an diesem Morgen hat sie zur Vesperzeit Selles verlassen, um sich nach Romoratin zu begeben. Der Marschall von Boussac und eine große Anzahl von Leuten gingen mit ihr. Ich sah, wie sie aufs Pferd, auf ein schwarzes Streitroß, stieg. Sie war in weißer Rüstung, doch barhäuptig und hielt eine kleine Streitaxt in der Hand. Vor der Schwelle ihrer Herberge bäumte sich das Pferd stark auf und wollte sie nicht aufsitzen lassen, da sagte sie: ›Führt es zum Kreuz;‹ das stand am Wege vor der nahe gelegenen Kirche. Dort

stieg sie auf, und das Pferd, als wäre es festgebunden, bewegte sich nicht. Da drehte sie sich zur Schwelle der nahe gelegenen Kirche und sagte mit sanfter Stimme: ›Ihr Priester und Geistlichen, macht eine Prozession und betet zu Gott.‹ Dann kehrte sie auf den Weg zurück und sagte: ›Vorwärts voran!‹ Ihr zusammengerolltes Banner trug ein edler Page, und sie hielt ihre kleine Streitaxt in der Hand ...

Am Montag kam der Herzog von Alençon in großer Begleitung in Selles an. Man sagt hier auch, der Herr Konnetabel sei mit 600 Soldaten und vierhundert Lanzenträgern gekommen. (Das sind eintausend bis eintausendzweihundert Mann. Eine Lanze bestand aus elf Mann.) Auch Jean de la Roche soll gekommen sein, und es heißt, der König habe niemals so viele Truppen um sich gehabt, wie hier erwartet werden. Man sagt auch, daß niemals Leute mit mehr gutem Willen an eine Sache herangegangen wären. Aber der Hof hat kein Geld, und es ist so knapp, daß ich im Augenblick weder auf Hilfe noch Unterstützung hoffe. Darum, Frau Mutter, die Ihr mein Siegel bewahrt, spart nicht mit meinen Ländereien, weder beim Verkauf noch bei der Verpfändung, oder sucht ein besseres Mittel, um uns zu retten, denn sonst werden wir untergehen, werden gedemütigt werden oder auf das Verderben zusteuern; denn, wenn wir nicht so handeln, bleiben wir, da es ja keine Löhnung gibt, ganz auf uns angewiesen. Und bisher haben wir immer in Ehren gehandelt, und unsere Ankunft hat den König, seine Hofleute und die anderen Edelleute, die von überall her kamen, sehr erfreut ...

Die Jungfrau sagte, als ich sie in ihrer Herberge besuchte, sie habe Euch, meine Mutter, einen kleinen goldenen Ring gesandt, das wäre natürlich recht wenig, und sie hätte Euch, da sie Euch hoch achte, gern etwas Besseres geschickt. Heute (8. Juni) sollen der Herr von Alençon, der Bastard von Orléans und Gaucourt Selles verlassen und sich zur Jungfrau begeben. Und Ihr habt mir Briefe, deren Inhalt ich nicht kenne, an meinen Vetter La Trémoille und den Herrn von Trèves mitgegeben. Bei dieser Gelegenheit möchte mich der König bei sich behalten, bis die Jungfrau vor den englischen

Festungen in der Umgebung von Orléans gewesen ist, die man belagern will. Die Geschütze sind bereits vorhanden, und die Jungfrau zweifelt nicht daran, daß sie bald zum König zurückkehren werde, und sagt, daß ich mit ihm ginge, sobald er sich auf den Weg begäbe, um gegen Reims zu ziehen; aber wahrlich, das sollte Gott nicht wollen, daß ich das tue und nicht dorthin gehe (Laval ist entsetzt, daß er beim König bleiben und an der Belagerung der Loire-Städte nicht teilnehmen sollte) . . .
Und mein Bruder sagt das gleiche, wie auch der Herr von Alençon, daß es unsinnig sei, hierzubleiben. Ich denke, der König wird am Donnerstag von hier abreisen, um dem Osten (der Armee) näher zu sein; und täglich kommen Leute von überall her. Ich lasse Euch Genaueres wissen, sobald etwas geschehen ist. Man hofft, daß die Angelegenheit in weniger als zehn Tagen oder so vorwärts gehen wird. Aber alle vertrauen so stark auf Gott, daß ich glaube, er wird uns helfen . . .«

Der junge Gui de Laval beschwört seine Mutter, seine Ländereien zu beleihen, damit er an dem bevorstehenden Kampf teilnehmen kann. Gleichzeitig versäumt er es nicht, Johanna bewundernd zu erwähnen. Kraft ihrer Persönlichkeit war es ihr gelungen, überall Bewunderung und Achtung zu erlangen. Ihre Begeisterung, ihr Gottvertrauen und ihre, wie die Brüder sagten, helle weibliche Stimme, ließen sie, der der Ruhm der Befreiung von Orléans vorausging, wie einen jungen Erzengel wirken, dem sich die Jugend begeistert anschloß.
Ungefähr am 9. Juni brach die Armee nach Orléans auf. Sie wurde mit großer Freude empfangen. Die Bürger wurden nicht müde, Johanna zu sehen und ihr zuzujubeln. Die Stadt war festlich geschmückt, und überall konnte man das Wappen der Jungfrau sehen, das Karl ihr am 2. Juni in Tours verliehen hatte. Auf azurblauem Grund war das Schwert Gottes dargestellt, das die Krone stützt, flankiert von den Lilien des Hauses Frankreich.
Das erste Angriffsziel sollte Jargeau sein. Am 10. Juni brach

Alençon mit der Vorhut der Armee auf, um die Stadt zu belagern. Johanna scheint dann zusammen mit der Hauptarmee einen Tag später angekommen zu sein. Als sie die Jungfrau sahen, wollten die Soldaten sofort Jargeau stürmen! Man versuchte einen schnellen Angriff, der aber fehlschlug. Schon wurden Stimmen laut, die empfahlen, den Angriff zunächst abzublasen, da Suffolk über eine gute Truppe verfügte und sich verteidigen konnte. Das paßte Johanna ganz und gar nicht:

»Sie sagte ihnen, sie sollten keine Zahl fürchten, und versicherte ihnen, daß sie keine Schwierigkeiten haben würden, die Engländer anzugreifen, denn Gott selbst lenke ihre Feldzüge. Sie sagte, wenn sie nicht sicher wäre, daß Gott den Feldzug lenke, würde sie lieber Schafe hüten, als sich solchen Gefahren auszusetzen . . .« (Monstrelet, Biograph Philipps von Burgund)

Doch auch für die bedrängten Engländer nahte Hilfe. Gleich nach der Niederlage bei Orléans stellte Bedford in Paris in aller Eile eine neue Armee zusammen, die unter dem Kommando von Sir John Falstof stand. Falstof befehligte 5000 Mann und sollte den bedrängten Garnisonen in Jargeau, Beaugency und Meung Hilfe bringen. Einige der französischen Hauptleute wollten nun erst Falstof abfangen, bevor der Angriff auf Jargeau gestartet werden sollte. Hinter Johanna und ihrem Drängen, sich nicht entmutigen zu lassen, sondern unverzüglich anzugreifen, stand das gesamte Heer, das sie vergötterte und in ihr das Symbol des verheißenen Sieges sah.

Die Schlacht verlief zunächst zugunsten der Engländer, denn diese machten einen Ausfall aus der Stadt, um den Truppen Alençons den Zugang zu verwehren. Doch die Franzosen nahmen die Außenviertel Jargeaus im Sturm, und Johanna konnte es wieder einmal nicht lassen, sich in das Getümmel zu stürzen und die Soldaten kräftig anzufeuern. Leichtsinnigerweise stellten die Franzosen nur wenige Wachposten auf, und es bleibt unerklärlich, warum die Engländer nicht sofort ihre Chancen wahrnahmen und das Heer überfielen. Johanna forderte Suffolk noch am Abend des

11. Juni auf, die Stadt zu räumen und nach England zurückzukehren. Natürlich dachte dieser nicht im Traum daran, auf dieses Ansinnen einzugehen und den Rat der »Schafhirtin« der Armagnacs zu befolgen. Trotzdem hat Suffolk wohl eingesehen, daß er mit seiner kleinen Truppe gegen den zwanzigfach überlegenen Angreifer nichts ausrichten konnte, denn es ist bekannt, daß La Hire mit Suffolk über einen fünfzehntägigen Waffenstillstand verhandelte. Da dem Engländer bekannt war, daß Falstof sich mit seiner Truppe näherte, wollte er Zeit gewinnen. Doch diese Unterhandlungen La Hires, von denen übrigens Dunois Kenntnis hatte, stießen auf den Unwillen der Franzosen, die ihn zurückbeorderten. Johanna hat nach eigenen Angaben den Verteidigern von Jargeau zugerufen, wenn sie nur mit dem Waffenrock abzögen, behielten sie das Leben, anderenfalls würde die Stadt im Sturm genommen. Der Herzog von Alençon berichtet später über den Verlauf des Tages, an dem Jargeau schließlich fiel:
»Unsere Leute machten die Geschütze fertig, ließen bei Tagesanbruch Kanonen und Steinschleudermaschinen vor der Stadt aufpflanzen und hielten Kriegsrat, auf welche Weise man die Stadt entsetzen wollte. Der Marschall La Hire wurde berufen. Er kam. Nach seiner Ankunft wurde der Angriff beschlossen. Die Herolde schrien: ›A l'assaut! Auf! Auf! Zum Sturm!‹ Mir hingegen dünkte dies verfrüht. Johanna erwiderte: ›Habt keine Angst! Dies ist die Stunde, da es Gott gefällt! Und wenn Gott es will, dann ist es der Augenblick zu wirken. Hilf dir selbst, dann hilft dir Gott!‹ Und sie fügte hinzu: ›Ah, mein kleiner Herzog, hast du Angst? Weißt du nicht, daß ich deinem Weib versprochen habe, dich heil und gesund zurückzuführen?‹ Das war wirklich wahr: Als ich mein Weib verließ, um mit Johanna ins Feld zu ziehen, sagte mein Weib zu Jeanette, sie sei in Angst um mich, da ich schon einmal in Gefangenschaft geraten war und man soviel Geld hatte aufbringen müssen, um mich loszukaufen, daß sie mich am liebsten gebeten hätte, diesmal nicht in den Kampf zu ziehen, worauf Johanna antwortete: ›Madame, habt keine Angst! Ich werde ihn Euch heil und gesund,

genauso, ja noch besser, als er sich heute befindet, zurückbringen ...‹«

Alençon berichtet dann weiter, daß ihm Johanna während des Angriffs das Leben gerettet habe, denn eine große Steinschleuder war auf ihn gerichtet, die ihn ganz sicher getötet hätte. »Diese wird Euch töten, wenn Ihr nicht fortgeht!« schrie Johanna. Sofort sprang Alençon zur Seite, und die Steinschleuder tötete den Sire du Lude, der seine Stelle eingenommen hatte. Nach diesem »Wunder« ergriff Alençon ein unerschütterlicher Glaube an die Jungfrau und ihre Taten. Doch lassen wir ihn selbst erzählen:

»Johanna ging zum Angriff über und ich mit ihr. Während wir vorstürmten, ließ der Graf von Suffolk ausrufen, daß er mich zu sprechen wünsche. Er wurde nicht gehört; der Kampf war im vollen Gange. Da war Johanna auf einer Leiter, sie hielt ihre Fahne und die Fahne wurde getroffen. Johanna selbst wurde am Kopf von einem Stein getroffen, der an ihrem Helm zerbrach. Sie fiel nichtsdestoweniger zu Boden und schrie, indem sie sich aufraffte: ›Freunde, Freunde, auf, auf! Unser Herrgott hat die Engländer verdammt. Sie sind unser in dieser Stunde! Habt Mut!‹ In diesem Augenblick wurde die Stadt Jargeau genommen, und die Engländer zogen sich gegen die Brücke zurück, verfolgt von den Franzosen. Auf der Verfolgung hat man elfhundert von ihnen getötet.«

Da Suffolk nicht mehr als sechshundert Soldaten in Jargeau hatte, dürfte diese Angabe reichlich übertrieben sein. Suffolk selbst soll sich einem Schildknappen aus der Auvergne, Guillaume Regnault, ergeben haben, den er vorher kurzerhand zum Ritter geschlagen hatte, denn als stolzer Vasall seines Königs wollte sich William de la Pole nur in die Hände eines Ritters geben. Eine andere Version sagte, daß er sich nur der »tapfersten Frau der Welt« ergeben wollte, und kurz vor seiner Gefangennahme kniete Suffolk vor Johanna!

Jargeau war so die erste der Loire-Städte, die für Karl zurückerobert wurde. Johanna wurde wieder einmal begeistert in Orléans empfangen, und ihr wurde eine große Ehre zu-

teil: Charles d'Orléans, der in England gefangengehalten wurde, ließ ihr einen prächtigen roten Mantel, der mit den Nesseln der Orléans bestickt war, und eine grüne Tunika überreichen. Rot und Grün waren die Farben der Orléans. Johanna liebte schöne Waffenröcke über alles! Ihre Schwäche für prunkvolle Gewänder sollte ihr später in Compiègne zum Verhängnis werden. Jetzt aber, in Orléans, war es eine große Ehre und Freude für sie, daß sie der von ihr so verehrte Herzog mit diesem Prunkgewand auszeichnen ließ. Leider währte die Rast nur einen und einen halben Tag. Dann hieß es wieder Abschied nehmen von Orléans. »Am 15. Juni zog der Herzog von Alençon als Oberbefehlshaber der königlichen Armee in Begleitung der Jungfrau, des Herrn Ludwig von Bourbon, des Grafen von Vendôme und anderer Hauptleute und Soldaten zu Pferd und zu Fuß mit vielen Lebensmitteln, Wagen und Geschützen aus Orléans, um Beaugency zu belagern und um auf dem Hinweg die Brücke von Meung-sur-Loire zu besetzen, die von den Engländern befehligt worden war.« (Tagebuch)
Die Franzosen begnügten sich allerdings damit, in Meung die Brücke zu besetzen und ließen die von etwa 600 Engländern unter Herrn von Scales besetzte Stadt ungeschoren. Alençon verbrachte die Nacht leichtsinnigerweise in einer Kirche in der Nähe der Stadt, wo er, wie er selbst ganz richtig bemerkte, in großer Gefahr war. Die Franzosen hatten ein großes Ziel vor Augen: Beaugency, eines der mächtigsten Bollwerke der Engländer. Talbot, der es befehligte, hatte sich schon vor ein paar Tagen nach Janville zurückgezogen, um hier die Ankunft Falstofs abzuwarten; aber die Besatzung hatte sich in dem mächtigen Kastell, das als uneinnehmbar galt, verschanzt. Die Engländer unternahmen deshalb fast nichts, als Alençons Truppe in die Stadt zog, und wagten nur ein paar überraschende Überfälle aus dem Hinterhalt. Zur Schlacht kam es erst am nächsten Tag:
Der Kampf tobte den ganzen Tag. Die wenigen Engländer kämpften verzweifelt gegen die riesige Übermacht der Franzosen. Im Laufe des Tages geschah dann etwas Überraschendes: Der Konnetabel Arthur Graf von Richemont, der

bei Karl VII. in Ungnade gefallen war, erschien mit einem großen Gefolge, um am Kampf teilzunehmen. Der junge Herzog von Alençon war über diese Ankunft bestürzt. Der Konnetabel lag nämlich mit La Trémoille, dem allmächtigen Großkämmerer, im Streit. Alençon hatte im vergangenen Jahr mit dem Günstling des Königs einen Vertrag zum »Besten des Königreichs« geschlossen, und nun wußte der Herzog nicht, ob er Richemont freundlich empfangen sollte oder nicht. Tatsächlich wußte der schlaue und gefährliche Gegenspieler Richemonts, La Trémoille, schon seit längerer Zeit, daß sich der Konnetabel in Richtung Loire in Marsch gesetzt hatte. Er ließ ihm durch den Seigneur de la Jaille bereits in Loudon eine deutliche Warnung zukommen, die Richemont aber nicht weiter beachtete. Er rückte unbeirrt vor. La Trémoille mußte ein Zusammentreffen mit Karl verhindern, denn wankelmütig wie der Dauphin war, wäre La Trémoilles eigene Stellung dann in großer Gefahr gewesen, zumal Richemont durch die Königin Yolanda protegiert wurde, die ihn für ihre Ziele einsetzen wollte. La Trémoille überredete Karl, mit dem Hof in sein eigenes Schloß Sully-sur-Loire überzusiedeln, und konnte somit ein Zusammentreffen seines Gegners mit dem Dauphin verhindern. Richemont war damit die Möglichkeit genommen, die Gnade des Dauphins wiederzugewinnen.
Alençon wußte von diesen Machenschaften des intriganten Großkämmerers nichts, als ihm die Ankunft des Konnetabels gemeldet wurde. Der junge Herzog war in arger Bedrängnis. Wenn er Richemont am Kampfe teilnehmen ließ, würde er vertragsbrüchig werden, und La Trémoille ging mit seinen Gegnern nicht gerade zimperlich um. Andererseits war Richemont bei seinen Soldaten so beliebt, daß sie bereit waren, für ihn zu kämpfen. Alençon gibt in seinem Bericht an, er habe eigentlich sofort aus Beaugency abrücken wollen, als er von der Ankunft des Konnetabels hörte. Johanna machte sogar den Vorschlag, sofort aufzubrechen und Richemont zu bekämpfen.
Zunächst schickte Richemont die Seigneurs de Rostrenen und Le Bourgeois zu Alençon, um um Herberge zu bitten.

Sie kamen mit der Botschaft zurück, die Pucelle wolle gegen sie kämpfen. Sie solle ruhig kommen, er wolle sie schon empfangen, entgegnete der Konnetabel. Die Vorstellung, den Konnetabel zu bekämpfen, ging aber auch den Hauptleuten des Königs zu weit. Richemont war immerhin ihr Waffenbruder und hatte mit ihnen zusammen bei Azincourt gekämpft. Sie entgegneten der streitbaren Pucelle, bei der Truppe seien Leute, die lieber Richemont als ihr gehorchten und ihn und seine Truppe allen Jungfrauen Frankreichs vorzögen. Johanna ließ sich durch diesen Ausspruch nicht entmutigen! Nach Gruel, dem Chronisten Richemonts, zu urteilen, ist sie noch am selben Abend zusammen mit dem Herzog von Alençon, Gui de Laval und seinem Bruder André de Lohéac Richemont entgegengeritten. Bei La Maladerie trafen die beiden Gruppen aufeinander. Johanna und der Konnetabel stiegen vom Pferd und gingen aufeinander zu. Johanna kniete nieder und umfaßte die Knie Richemonts. Der sprach zu ihr: »Johanna, man sagt mir, Ihr wollet gegen mich kämpfen. Ich weiß nicht, ob Ihr von Gott kommt oder nicht. Wenn Ihr von Gott gesandt wurdet, fürchte ich Euch nicht, denn Gott kennt meine guten Absichten; wenn Ihr vom Teufel kommt, fürchte ich Euch noch weniger.«

Man hieß ihn danach an der Belagerung teilnehmen, gab ihm aber keine Herberge für diese Nacht. »So hielt Monseigneur Wache, denn Ihr wißt, die Neuangekommenen müssen die Wache übernehmen.« (Procès IV von der Chronik übernommen – Gruel)

Am Morgen des 17. Juni zogen die Engländer aus Beaugency ab. Sie hatten gegen Mitternacht kapituliert, und ihnen wurde der Rückzug nach Meung unter der Bedingung gestattet, zehn Tage lang nicht zu kämpfen. Während die geschlagenen Besatzer die Stadt räumten, kam ein Bote und berichtete, daß Talbot und Falstof mit 5000 Mann im Eilmarsch auf Beaugency marschierten, um ihre Waffenbrüder zu unterstützen. Die Franzosen gerieten über diese Nachricht in helle Aufregung, und einige wollten sogar fliehen! Angesichts der Gefahr wurden die Streitigkeiten im eigenen Lager unwichtig. Da der Konnetabel mit seinem stattlichen

Heer nun einmal da war, beschloß man, sich seiner zu bedienen.

»Ah, Freund Konnetabel«, sagte Johanna zu ihm, »Ihr seid nicht auf meinen Befehl eingetroffen. Da Ihr aber hier seid, so seid willkommen.« Alençon erzählt weiter: »Viele von den Leuten des Königs hatten Angst. Sie behaupteten, es sei besser, die Reiterei vorzuschicken, aber Johanna antwortete: ›Im Namen Gottes! Ihr müßt kämpfen!‹ Sie verbürgte sich für den Sieg. ›Der gnädige König wird den größten Sieg davontragen. Mein Ratgeber hat mir gesagt, daß sie alle unser sein werden!‹«

Sie hatte recht. Am nächsten Tag, dem 18. Juni 1429, erlitten die Engländer bei Patay ihre schwerste Niederlage.

Blicken wir nun noch einmal zwei Tage zurück in das Lager der Engländer. Am 16. Juni fand in Janville eine Beratung statt, über die wir genaue Kenntnis haben, daß ein Augenzeuge, Wavrin de Forestel, der im Dienste Bedfords stand, in späteren Jahren (nach Quicherat zwischen 1455 und 1460) die dramatischen Geschehnisse dieser Tage für seinen Neffen aufgeschrieben hat. Wavrins Chronik ist deshalb interessant, weil er die Ereignisse ganz aus englischer Sicht darstellt: Als die Nachricht vom Fall Jargeaus und der Gefangennahme Suffolks kam, reagierten die englischen Befehlshaber sehr bestürzt. Kurze Zeit später trafen die nächsten Hiobsbotschaften ein: Meung teilweise gefallen! Beaugency war belagert. Angesichts dieser Entwicklung setzte man sich zu einer Beratung zusammen. Als Herr von Talbot mit seinen Truppen erschien, wurde er mit großem Jubel begrüßt, denn man hielt ihn für den erfahrensten und tapfersten Ritter des englischen Königreiches. Nachdem Herr von Talbot in seinem Palais abgestiegen war, gingen die Herren Falstof, Thomas Rameston und Talbot sowie einige andere englische Heerführer zunächst einmal – essen! Als die Tafel aufgehoben wurde, stand Falstof auf, um Talbot schwere Vorhaltungen zu machen. Er hielt ihm vor, sie alle wüßten sehr wohl um die Verluste, welche die Engländer in Orléans, Jargeau und anderen Orten davongetragen hatten.

Nun seien die eigenen Leute verängstigt und niedergeschlagen, der Feind dagegen hätte Oberwasser und würde seine Truppen laufend verstärken. Falstof schlug vor, die Besatzung von Beaugency ihrem Schicksal zu überlassen. Ratsam sei es doch vielmehr, einen möglichst günstigen Vertrag mit den Franzosen abzuschließen und auf die versprochene Unterstützung des Herzogs von Bedford zu warten.
Auf diesen Vorschlag reagierte Talbot wütend und äußerst impulsiv. Mit Gottes und des heiligen Georgs Hilfe würde er losziehen und mit jedem kämpfen, der ihm folgen wolle! Als Falstof sah, daß seine Vorhaltungen nichts nützten, verließ er verärgert den Raum. Die Sitzung wurde abgebrochen, und die Teilnehmer verstreuten sich. Da aber Talbot der Oberkommandierende war, mußte sich auch Falstof seinen Entscheidungen fügen. Allen Heerführern und Hauptleuten wurde mitgeteilt, sie sollten sich für den nächsten Morgen auf den Marsch vorbereiten und den von ihrem Vorgesetzten befohlenen Weg nehmen. So geschah es; die Engländer traten am nächsten Tag in voller Rüstung an. Wieder war es Falstof, der, jetzt noch eindringlicher, Argumente gegen die bevorstehende Schlacht vorbrachte. Sie seien doch nur ein kleiner Haufen gegen das riesige Heer des Gegners. »Wenn das Glück gegen uns ist, sind alle Eroberungen Heinrichs V. zunichte gemacht. Es sei doch wirklich besser, die Verstärkung abzuwarten.« Falstof stieß sowohl bei Talbot als auch bei den anderen Heerführer auf taube Ohren. Er marschierte schließlich gegen seinen Willen zusammen mit den anderen auf Meung zu.
Wie wir wissen, war Beaugency bereits gefallen, und die Besatzung befand sich auf dem Rückzug; aber die Truppen unter Talbot und Falstof ahnten davon nichts. Die Franzosen waren wesentlich besser unterrichtet. Sie wußten, daß Talbots Armee gegen sie marschierte. Als Talbot mit seinen Soldaten in Sicht kam, konnten ihn die Späher Alençons und Richemonts genau beobachten, denn sie hatten eine besonders günstige Stellung auf einer Geländeerhöhung eingenommen. Die Stärke des Gegners konnte von hier aus genau festgestellt werden.

»Als diese sahen, daß die Franzosen in Schlachtordnung standen, glaubten sie, daß sie den Kampf wollten, und sofort wurde der Befehl gegeben ... ein jeder solle vom Pferd steigen, und alle Bogenschützen sollten die Spitze der Waffen in den Boden pflanzen, so wie es vor einem Kampf Brauch ist.« (Wavrin)

Aber die Franzosen rührten sich nicht. Zwei Herolde, die die Engländer zu ihnen sandten, kamen mit dem Bescheid zurück, die Engländer sollten ihr Quartier beziehen, denn es sei schon spät; man wolle am nächsten Morgen weitersehen. Die englischen Herren ritten daraufhin nach Meung, wo sie für die Nacht bleiben wollten.

Zur damaligen Zeit war es durchaus üblich, daß sich die rivalisierenden Parteien am Abend vor dem Kampf noch einmal musterten. Die Franzosen hatten aber noch einen anderen Grund, nicht sofort mit den Kampfhandlungen zu beginnen: Man hatte bereits mit den Übergabeverhandlungen in Beaugency begonnen, was weder Falstof noch Talbot wußten. Wavrin erzählt, die Franzosen hätten den Engländern in Beaugency weisgemacht, der erwartete Entsatz käme nicht, und Falstofs Armee befände sich bereits auf dem Rückzug nach Paris. Diese falsche Nachricht entmutigte die englischen Truppen in Beaugency. Sie sahen sich von aller Welt verlassen und den Franzosen und der unheimlichen Pucelle ausgeliefert. Es schien ihnen deshalb ratsam, sich bis an die Grenzen der Normandie zurückzuziehen und alles, was sie in der Ile de France besaßen, aufzugeben. Hätten sie gewußt, daß Falstof so nahe war, hätten sie gewiß anders reagiert. So aber zogen sie am Samstag in Richtung Paris ab.

Falstof wußte also nichts vom Fall Beaugencys, als ein Bote kam und ihm gleichzeitig die Nachricht brachte, Schloß und Stadt seien bereits besetzt und die Franzosen auf dem Wege, eine Schlacht zu liefern. Falstof gab sofort Befehl, von einem Angriff auf die Brücke von Meung abzusehen und sich auf das offene Feld zu begeben, um dort Aufstellung zu nehmen. Die Hecken von La Beauce sollten die Engländer schützen, in diesem Versteck wollten sie die Franzosen erwarten.

So kam es, daß sich die Gegner aus den Augen verloren. Falstof hatte von seinen Spionen erfahren, daß sich der Feind unter der Führung La Hires der Vorhut näherte. Er gab Befehl, nicht weiter vorzurücken, sondern zu wenden und sich dem Feind frontal zu stellen, wobei die Hecken einen natürlichen Schutz boten. So wollte man in Ruhe die Hauptarmee unter Talbot abwarten.
Die Franzosen berieten nun am Morgen des 18. Juni ebenfalls, was zu tun sei. In Anwesenheit des Bastards hatte d'Alençon Johanna gefragt, was ihrer Meinung nach geschehen sollte. »Habt Ihr gute Sporen?«, erwiderte sie. Diese Antwort verblüffte. »Sollen wir etwa fliehen?« »Nein«, meinte sie zuversichtlich, »die Engländer werden es sein, die den Rücken kehren! Sie werden sich nicht verteidigen und werden geschlagen werden, und ihr werdet Sporen brauchen, um sie zu verfolgen!«
Die französischen Kundschafter konnten zunächst die Engländer, die versteckt hinter den Hecken und Bäumen der Beauce lagen, nicht finden. La Hire durchschweifte mit 80 Reitern den Wald und suchte den Feind. Eine Hirschkuh verriet schließlich die Engländer, weil diese als passionierte Jäger beim Anblick des schönen Tieres begeisterte Rufe ausstießen. Sobald die Engländer die französischen Truppen sahen, ergriffen sie panikartig die Flucht und wurden alle getötet oder gefangengenommen.
So kam es, daß der Spähtrupp La Hires die gesamte feindliche Linie zerschlug. Abermals war ein Wunder geschehen!
Falstof näherte sich inzwischen mit der gesamten Hauptarmee. Irgendwie muß es dann zu einem tragischen Mißverständnis gekommen sein. Der Befehlshaber der englischen Nachhut glaubte offensichtlich, Falstof ziehe sich mit seiner Armee vor der französischen Hauptarmee unter d'Alençon zurück ... und gab alles auf! Falstof floh – und mit seiner Flucht löste sich die ganze englische Armee auf. Nur Talbot leistete erbitterten Widerstand, mußte sich aber schließlich dem Herzog von Alençon ergeben. Als der stolze Krieger, der Schrecken der Franzosen, vor Alençon gebracht wurde, konnte der nicht umhin, Talbot zu fragen: »Ihr habt heute

morgen nicht gedacht, daß Euch so etwas widerfahren würde?« Talbot antwortete: »Das ist Kriegsgeschick.« Er mußte den demütigenden Weg in die Gefangenschaft antreten und auf Lösegeld warten. Seinen Soldaten erging es weit schlimmer, denn ungefähr 2000 büßten ihr Leben ein (die Zahlen schwanken zwischen 4000 bei Dunois und 1800 bei Monstrelet) oder wurden gefangen. Die englische Niederlage war vollständig.

Und Johanna? Sie trat an diesem Tage kaum in Erscheinung. La Hire war der Sieger von Patay. Johanna war der Nachhut zugeteilt und verärgert, daß sie nicht bei der Vorhut La Hires sein durfte, denn wie immer verlangte es sie danach, zu kämpfen. Aber, wie bereits erwähnt, mußte sie sich fügen, denn sie war nicht mit militärischen Vollmachten ausgestattet; man dachte gar nicht daran, die Pucelle größeren Gefahren auszusetzen. So mußte sie sich damit begnügen, die Soldaten anzufeuern.

Wir wissen nicht einmal, ob sie überhaupt Gelegenheit hatte, bei Patay zu kämpfen. Der einzige Bericht über sie an diesem Tage stammt von ihrem Pagen Louis de Contes: Danach kam Johanna hinzu, als gerade ein englischer Söldner niedergemetzelt wurde. Ihr Herz war immer auf seiten der geschundenen Kreatur. Sosehr sie Kriegerin war und glaubte, Gott stehe nur auf seiten der Franzosen, weinte sie doch um die Seelen ihrer Feinde. De Contes will gesehen haben, wie Johanna einen Priester herbeischaffte, den englischen Söldner beichten ließ, seinen Kopf in ihrem Schoß bettete und ihn tröstete, bis er starb. Anatole France hat in seinem Buch dazu die schönen Worte gefunden: »Das war ihr Anteil an der Schlacht von Patay. Es war der Anteil eines heiligen Mädchens!«

Karls Krönung

»Edler Dauphin ... kommt so bald wie möglich nach Reims, um Eure würdige Krone zu empfangen ...«

(Johanna zu Karl in Loches. Aussage von Dunois im Prozeß der Rehabilitation vom 22. Februar 1456)

Am Morgen nach der Schlacht bei Patay sah die Lage für die Franzosen plötzlich ganz anders aus. Niemals vorher war ihre Situation günstiger! Das gesamte englische Heer war vernichtet oder befand sich in Auflösung! Lange galten die Engländer als unüberwindlich – und nun, ganz plötzlich, standen die Franzosen als Sieger da! Die Waage neigte sich zugunsten Karls VII. Das Verhalten des Konnetabels ist ein Beispiel dafür. Trotz der Warnungen La Trémoilles begab er sich zu Alençon, um mit den Franzosen zu kämpfen, da er der Meinung war, daß diese Partei siegreich sein würde. Falstof aber floh in wilder Panik nach Paris und gelangte tatsächlich bis zu Bedford, der ihm voller Wut den Hosenbandorden abnahm. So wurde der arme Falstof für die Niederlage bei Patay verantwortlich gemacht, obwohl doch gerade er es war, der so nachdrücklich vor dem Angriff gewarnt hatte (später bekam Sir John den Orden gerade wegen dieser Verdienste zurück!). Bedford, in Erwartung, die siegreichen Franzosen würden nun sofort Paris stürmen, fühlte sich in seiner Hauptstadt nicht mehr sicher, sondern floh in die starke Festung von Vincennes. Paris überließ er seinem Schicksal, und die armen Pariser, die ja Kummer gewohnt waren, begannen sofort, ihre Stadt zu befestigen.
Was aber tat Karl? Nun, er unternahm nichts, um diesen ungeheuren militärischen Vorteil zu nützen. Der Herzog von Alençon verfolgte zwar die fliehenden Engländer bis Janville, wo sie sich ihm ergaben, kehrte dann aber nach Orléans zurück. Karl saß derweil immer noch im Schloß seines Günstlings La Trémoille in Sully-sur-Loire und rührte sich nicht. Die Frage, warum die Franzosen so handelten, ist vielen Historikern bis heute ein Rätsel geblieben. Hätte man

nach Patay *sofort* Paris eingenommen, was zu diesem Zeitpunkt gar nicht schwierig gewesen wäre, hätten sich die Engländer zurückziehen müssen. Was war geschehen? Oder besser, wer oder was veranlaßte die Franzosen zu dieser Handlungsweise?

Am Abend des 19. Juni kehrte Alençon zusammen mit seiner Armee nach Orléans zurück. Nach einigen Tagen der Ruhe gingen die Führer zum König nach Sully, um sich mit ihm zu beraten. Auch Johanna traf mit Karl entweder in Châteauneuf-sur-Loire (laut Chronik) oder in der Basilika St. Benoit-sur-Loire zusammen. Unter Tränen beschwor sie ihn dort, doch endlich nach Reims zu gehen und sich krönen und salben zu lassen. Simon Charles, der dabei gewesen sein will, sagt dazu: »In St. Benoit an der Loire hatte der König Mitleid mit Johanna und der Last, die sie trug, und empfahl ihr, etwas auszuruhen. Da sagte Johanna weinend zu dem König, er solle nicht zweifeln, er werde sein ganzes Reich gewinnen und er werde bald gekrönt werden ...«

St. Benoit-sur-Loire war jahrhundertelang ein berühmtes Kloster. Hier, in der großartigen Abteikirche, ruhen seit dem 5. Jahrhundert, seit der Zerstörung des Klosters Monte Cassino, die sterblichen Überreste des heiligen Benedikt, des Begründers des abendländischen Mönchtums. Hier also soll die Begegnung zwischen Johanna und dem »sanften Dauphin« Karl stattgefunden haben. Es ist vorstellbar, daß Johanna in dieser großen, ehrwürdigen Kirche von Gefühlen überwältigt wurde. Sie, die bei jeder Kommunion in Tränen ausbrach und stundenlang im Gebet verharren konnte, mußte ergriffen sein, lebte doch hier der Geist Benedikts. Sie mag immer wieder Gott angefleht haben, sie von der Untätigkeit zu erlösen und Karl endlich zu bewegen, nach Reims zu gehen und seine Krone zu empfangen. In dieser Verfassung traf sie Karl. Er sah Johanna beten und weinen und riet ihr, auszuruhen. Sicher war die Jungfrau traurig und verzweifelt und hätte Karl am liebsten durchgebeutelt. Warum zögerte er denn immer noch? Warum? Die Lösung liegt bei La Trémoille und bei Burgund. Um dies zu verstehen, müssen wir ein wenig ausholen:

La Trémoille war die graue Eminenz am Hofe Karls VII. Im Jahre 1429 war er etwa vierzig Jahre alt. In die Literatur und die Geschichte ist er als Intrigant, als Widersacher Johannas und als rücksichtsloser Streber und Egoist eingegangen. Wie so oft, wenn eine Persönlichkeit derart einseitig beurteilt wird, sollte man sich etwas näher mit ihr befassen. Wer also war dieser Mann, der so großen Einfluß auf Karl hatte, daß er die Politik bestimmen und sogar die Königin Yolanda ausschalten konnte? Er war in Burgund geboren, ein Umstand, der seine Handlungsweise grundlegend beeinflußte. Ziel seiner Politik war es, ein friedliches Übereinkommen mit Burgund zu treffen, Herzog Philipp auf die Seite Karls zu bringen und mit Burgund *zusammen* die Engländer zu vertreiben. Die Ereignisse nach Patay beweisen, daß La Trémoille an dieser Idee festhielt. Da er kein Mann des Krieges war, versuchte er seine Ideen auf diplomatischem Wege durchzusetzen und so die militärischen Erfolge zu nutzen. Sicher war der »Großmeister der Gewässer und Wälder« eine korrupte Persönlichkeit, der alle Mittel recht waren, um sich Vorteile zu verschaffen. Seine Geldgeschäfte waren berüchtigt. Er lieh Karl größere Summen und hatte ihn damit bald ganz in seiner Hand. Um seinen Charakter deutlich zu machen und um zu zeigen, wie korrupt und krank diese Epoche des ausgehenden Mittelalters war, sei folgende Episode erzählt:

Einst verliebte sich La Trémoille in die Frau seines Vorgängers bei Karl, des Sieur de Giac. Offiziell war er mit de Giac befreundet, was ihn allerdings nicht hinderte, diesen anzuschwärzen und eines Nachts aus dem Bett weg verhaften zu lassen. Kurz darauf wurde der ehemalige Günstling Karls (Karl trennte sich immer sehr schnell von seinen Favoriten, ein Umstand, den La Trémoille auch noch zu spüren bekommen sollte!) in einen Sack genäht und ertränkt. Seltsamerweise bat Giac selbst darum, daß ihm vorher die rechte Hand abgehackt würde, die er dem Teufel versprochen hätte ...

Der Weg für La Trémoille war frei. Er übernahm in der Folgezeit nicht nur die Stelle des Günstlings bei Karls VII., sondern auch gleich dessen Frau Cathérine de Clermont-Tonnerre, die sich ebenfalls durch Unmoral und Korruption auszeichnete. Richemont, der Konnetabel, war La Trémoille zwar bei der Ermordung de Giacs behilflich, fiel dann aber seinerseits in Ungnade. Aus Rache verwüstete er die Besitzungen La Trémoilles im Poitou. Danach war klar, daß La Trémoille den König daran hindern würde, den Konnetabel zu begnadigen, obwohl dieser durch Yolanda eindeutig protegiert wurde. Über das Verhältnis von La Trémoille zu Johanna ist viel geschrieben worden, wobei eindeutig die Meinung überwiegt, der Günstling sei neidisch auf die Jungfrau gewesen, hätte ihren Einfluß bei Karl untergraben und sie schließlich durch Intrigen vernichtet. Das ist unrichtig! *Ohne* La Trémoille wäre Johanna niemals eingesetzt worden. Gerade der Großkämmerer bemühte sich, die religiöse Stellung Johannas zu halten, da er sie für seine Pläne benutzen wollte. Nach dieser kurzen Abschweifung zurück nach Châteauneuf-sur-Loire!

Die Beratungen dauerten höchstens drei Tage. Der Konnetabel Richemont demütigte sich soweit, daß er sogar seinen Todfeind La Trémoille bat, wieder in Gnaden aufgenommen zu werden. Doch der König ließ ihm ausrichten, er solle nach Hause zurückkehren. Auch Johanna versuchte zu vermitteln und bat Karl um Gnade für Richemont. Sie wurde ihr zwar gewährt, aber aus »Liebe« zu La Trémoille sollte Richemont nicht am Krönungszug teilnehmen. Man kann also doch nicht von einer Begnadigung sprechen, denn gerade die Anwesenheit des Konnetabels in Reims hätte diese besiegelt ...

Wie ging es weiter? In Châteauneuf-sur-Loire oder vielleicht auch in St. Benoit fiel nun die Entscheidung gegen diejenigen Hauptleute, die Paris oder die Normandie erobern wollten, und für den Krönungszug. Karl erklärte sich plötzlich bereit, den Gang in die Champagne zu wagen. Hatte er schließlich dem Drängen Johannas doch nachgegeben? Und – warum protegierte La Trémoille den Wunsch der Jungfrau? Für ihn wie auch für Karl selbst konnte die Salbung und Krönung in Reims nicht die gleiche Bedeutung haben wie für Johanna, denn schließlich betrachtete sich Karl auch ohne Krönung bereits seit 1422 als König der Franzosen. Die Beratungen zogen sich hin. Laut Perceval de Cagny, dem Chronisten Alençons, wandten einige Berater Karls gegen den Krönungszug ein, zu viele feindliche Städte lägen am Weg. Das ist durchaus richtig, denn man mußte, um nach Reims zu gelangen, durch burgundisch verwaltetes Gebiet. Aber, so behauptet Cagny weiter, die Mannschaften erklärten, ihre Dienste umsonst leisten zu wollen, wenn nur die Pucelle sie führe. Johanna soll, laut Cagny, die Geduld verloren haben und schließlich allein von Gien aus aufgebrochen sein. Sie lagerte dann zwei Tage auf dem Feld, bis endlich am 29. Juni Karl ebenfalls von Gien aus aufbrach.

(Perceval de Cagny versucht als Chronist Alençons die Rolle seines Herrn im Zusammenhang mit Johanna stets besonders hervorzuheben. Seine Chronik zeichnet sich durch viele phantasievolle Übertreibungen aus. Obwohl Quicherat ihn als den am besten informierten Chronisten des Mittelalters bezeichnet, sollte man Cagny mit Vorbehalt lesen. Viele Legenden um Jeanne d'Arc gehen gerade auf ihn zurück.)

Wahr ist, daß Johanna der Vorhut zugeteilt war, die durch die Marschälle de Rais und Boussac befehligt wurde, und natürlich deshalb zwei Tage eher als Karl von Gien aus aufgebrochen ist. Der Grund, warum man sich nun doch zur Krönung entschloß, war weniger auf das Drängen Johannas und auf ihre Legende, die bereits im Entstehen war, zurückzuführen, sondern auf die Taktik La Trémoilles, der auf einen Vertrag mit Burgund hoffte. Als Mann der Diplomatie mußte er diesen Weg dem Krieg vorziehen. La Trémoille glaubte zu diesem Zeitpunkt an ein Zerwürfnis zwischen Philipp und Bedford wegen des Angriffs auf Orléans. Sofort nach den Erfolgen bei Jargeau und Beaugency hatte Burgund außerdem einen Boten zu La Trémoille geschickt, »um von ihm zu wissen und zu erfahren, ob der Dauphin den Willen oder die Absicht habe, die zwischen ihm und meinem besagten Herrn getroffenen Abmachungen über die Waffenruhe einzuhalten und um gleichzeitig nach dem Befinden und Konvenienz des besagten Dauphin zu fragen«. (Beaucourt II, Anmerkung 4)

Alles drängte zu einer diplomatischen Lösung, und La Trémoille mußte annehmen, daß Burgund zu einem Vertrag bereit war. Wäre die Rechnung aufgegangen, hätten die Ereignisse dem Großkämmerer recht gegeben, er würde heute als großer Diplomat in der Geschichte dastehen. Doch Burgunds Schaukelpolitik und das Doppelspiel Philipps oder, besser gesagt, das seines Kanzlers Rolin, verhinderten den Erfolg, und Bedford gewann Zeit, seine Armee wieder aufzubauen. Doch wir wollen nicht vorgreifen.

Von Gien aus gingen Einladungsschreiben an die »guten Städte«, der Krönung beizuwohnen. Darunter befanden sich auch zwei, die mit Johanna unterzeichnet waren. Der Brief an die Einwohner von Tournai hatte folgenden Wortlaut:

Jhesus-Maria

»Edle und treue Franzosen der Stadt Tournai, die Jungfrau läßt Euch wissen, daß sie die Engländer innerhalb von acht Tagen durch Sturmangriffe oder auf andere Weise aus allen befestigten Orten, die sie an der Loire besetzt hielten, vertrieben hat; es gab viele Tote und Gefangene, und man hat sie in der Feldschlacht ganz und gar geschlagen. Und erfahrt, daß der Graf von Suffolk, der Herr von Scales und der Herr John Falstof und verschiedene andere Ritter und Hauptleute gefangen wurden und daß der Bruder des Grafen von Suffolk und Glasdale tot sind. Und ich bitte Euch auch, Euch darauf vorzubereiten, zur Krönung des edlen Königs Karl nach Reims zu kommen, wo wir binnen kurzem sein werden, und kommt uns entgegen, sobald Ihr erfahrt, daß wir uns nähern. Ich empfehle Euch Gott, er möge Euch behüten und in seiner Gnade bewahren, damit Ihr den gerechten Streit des Königreichs Frankreich weiterführen könnt. Geschrieben zu Gien, am 25. Tag des Juni.«

Jehanne

Es ist sicher, daß Johanna diesen Brief nicht diktiert hat, ja ihn möglicherweise nicht einmal kannte, sondern daß es sich um einen politischen Schachzug der königlichen Kanzlei handelte:

1. Johanna hat nie von sich behauptet, allein für die errungenen Siege verantwortlich zu sein (wie sollte sie auch, sie hatte ja keine Befehlsgewalt).
2. Sie kannte die Gefangenen und wußte, daß sich wohl Talbot, aber nicht Falstof darunter befand.
3. Den Gepflogenheiten entsprechend hätte der König die Einladung zur Krönung aussprechen müssen und nicht Johanna.

Noch ein weiterer mit Johanna unterzeichneter Brief wurde von Gien abgeschickt. Das Schreiben ging aber nicht an eine der »guten Städte«, sondern der Adressat war niemand geringerer als der mächtige Herzog von Burgund, Philipp der Gute. Diese Dokumente beweisen, daß der Name Jeanne d'Arcs für politische Zwecke benutzt wurde und daß die sog. Jeanne-d'Arc-Briefe (vielleicht mit zwei Ausnahmen, nämlich dem Brief an die Engländer und dem an den Grafen Armagnac) gar nicht von ihr stammen. Die Einladung an Philipp entspricht genau dem Ziel La Trémoilles. Als Vasall des Königs konnte sich Burgund nur schwer dieser Einladung entziehen, und La Trémoille war einen Schritt weiter auf dem Wege zur französisch-burgundischen Versöhnung. Jedenfalls glaubte er das.
Am Abend des 30. Juni langte die Armee vor Auxerre an. Da die Stadt zwar offiziell zur französischen Krone gehörte, aber durch Burgund verwaltet wurde, war sie nicht sofort bereit, Karl Einlaß zu gewähren. Das Heer des Königs wollte wohl gewaltsam in Auxerre eindringen; da aber dringend Proviant benötigt wurde, einigte man sich schließlich darauf, daß die Stadt die Verpflegung stellte und dafür ungeschoren blieb. Laut Chartier soll der Bürgermeister der Stadt La Trémoille mit 2000 Golddukaten bestochen haben. Die Geschichte ist nicht sehr glaubwürdig. Warum sollte La Trémoille eine Stadt besetzen lassen, die unter der Verwaltung Philipps stand, mit dem er sich doch um jeden Preis versöhnen wollte?
Die nächste Etappe auf dem Weg nach Reims war Troyes. Hier erwarteten Karl wesentlich größere Schwierigkeiten als

vor Auxerre. Man war in Troyes Karl noch nie sehr gewogen gewesen. Wir erinnern uns: Hierher flüchtete vor Jahren die Königin Isabeau aus Paris, um zusammen mit Johann von Burgund eine Gegenregierung zu bilden; hier war der Vertrag geschlossen worden, durch den der Dauphin, wenigstens formell, seiner Rechte beraubt worden war. Nein, in Troyes war man keineswegs gewillt, jenen Karl von Valois willkommen zu heißen, der sich nach Meinung seiner eigenen Mutter nur »Dauphin nannte«. Also schrieben die Bürger von Troyes ganz schnell einen Brief nach Reims. Sie erklärten, sie wollten sich widersetzen und nur dem König von England und dem Herzog von Burgund Ergebenheit bezeugen, auch wenn die Stadt fallen sollte. Man wußte in Troyes genau, daß die kleine englische Garnison mit höchstens 6000 Mann die Stadt nicht verteidigen konnte und man sich Karl wohl oder übel öffnen mußte; aber Glück konnte sich ja wenden, und so sicherte man sich nach beiden Seiten hin ab. Nun versuchte Karl, die Stadt einzuschüchtern. Er sandte einen Brief von Brieno-l'Archvêque nach Troyes, in dem Gehorsam verlangt und das Ersuchen gestellt wurde, die Tore zu öffnen. Und, wie konnte es anders sein, zur gleichen Zeit ging ein weiterer Propagandabrief ab, der mit Johanna unterzeichnet war und in dem es kategorisch hieß, die Stadt möge sich dem »edlen König von Frankreich unterwerfen, der bald in Reims und Paris sein würde, es könnte ihn keiner daran hindern.« Wörtlich heißt es weiter:

»Getreue Franzosen, kommt alle König Karl entgegen ohne Furcht für Euer Leben noch für Eure Güter. Und wenn Ihr das nicht tut, so werden wir, das gelobe ich bei Eurem Leben, mit Gottes Hilfe in alle Städte einziehen, die zum heiligen Königreich gehören, und wer sich uns auch entgegenstellen mag, wir werden zu einem guten Frieden kommen. Gott befohlen, Gott schütze Euch, wenn es ihm gefällt. Antwortet kurz! (A Dieu vous commande, Dieu soit garde de vous, s'il lui plaît. Reponse brávement . . .) Jehanne.«

Die Bürger von Troyes waren daraufhin in heller Aufregung. Sie mußten damit rechnen, daß Karl sich jetzt, da er

sich mit ungefähr 30 000 Mann näherte, an der Stadt für den Vertrag von Troyes rächen würde. Sollte man eine Belagerung dulden oder war gar zu erwarten, daß die Stadt gebrandschatzt würde? Andererseits hatte man dem König von England und dem Herzog von Burgund Treue geschworen und mußte mit Sanktionen rechnen, wenn man wortbrüchig wurde. Man schickte schnellstens einen Kurier mit der Bitte um schnelle Hilfe nach Reims und verlegte sich auf das Verhandeln. Der mit Jehanne unterzeichnete Brief scheint die Stadtväter von Troyes ganz besonders verärgert zu haben, denn sie warfen ihn kurzerhand ins Feuer, nachdem sie sich darüber lustig gemacht hatten. (Sie hatten einen Brief erhalten von »Jehanne, la Pucelle, vrai coquarde folle, pleine de diable, lettre qui n'avit ni rime, ni raison; après avoir pris lettre d'icelle et s'en être bien moqués ils l'avaient jetée au feu sans lui faire aucune réponse. Johanna, der Pucelle, einer verrückten Närrin vom Teufel besessen, einen Brief ohne Sinn und Verstand; nachdem sie ihn gelesen und sich darüber lustig gemacht hatten, hatten sie ihn ins Feuer geworfen, ohne ihn zu beantworten.«) Quicherat, Procès IV (Rogier) . . .
Da man vor Troyes auf Widerstand stieß, setzte sich der Kronrat zusammen und beriet, was nun zu tun sei. Zwei Vorschläge wurden gemacht, nämlich einmal, die Stadt zu umgehen und direkt weiter nach Reims zu ziehen, oder die Stadt zu belagern. Laut Simon Charles und Dunois wurde auch Johanna zu den Beratungen hinzugezogen. Daß beide diese Tatsache ausdrücklich vermerken, beweist einmal mehr, daß sie sonst an den Beratungen des Kronrats nicht teilnehmen durfte. Wie üblich soll Johanna zur Tat geraten haben. Ungestüm griff sie in die Verhandlung ein und sagte etwa: »Edler Dauphin, gebt Befehl, daß die Stadt Troyes sofort belagert wird, und verliert keine Zeit mehr mit weiteren Beratungen; im Namen Gottes verspreche ich, daß ich Euch innerhalb von drei Tagen in die Stadt führen werde. Die verräterischen Burgunder werden erschrecken!« Dunois berichtet dann weiter, Johanna habe sofort mit der Belagerung begonnen, denn sie errichtete ihr Zelt in der Nähe des

Festungsgrabens, »wobei sie selbst mit größerer Geschicklichkeit verfuhr, als es zwei oder drei kriegsgeübte Soldaten vermocht hätten. Und so arbeitete sie die ganze Nacht, bis sich in der Frühe der Bischof und die Bürger von Troyes zitternd und verängstigt unterwarfen ...«
Simon Charles erzählt ähnlich wie der Bastard: »Johanna befahl, alles, was greifbar war, in die Festungsgräben zu werfen: Reisig, Brennholz, Wagen und Möbel. Hinter den Mauern von Troyes standen die verängstigten Bürger und sahen ihr Ende kommen. Überall erblickten sie das weiße Banner der Jungfrau, und nicht wenige meinten, es sei von Schmetterlingen umgeben gewesen. Die Bürger von Troyes, zu Tode erschreckt durch die Heftigkeit der Belagerung, waren bald zur Übergabe bereit.« Hinter den Kulissen hatte wohl der Bischof der Stadt, Jean Laiguisé, erfolgreiche Verhandlungen mit dem Kronrat geführt. Die Aktivitäten der Jungfrau waren ein Scheinmanöver, das diese Verhandlungen unterstützen sollte. Karl hat später den Bischof mit dem Adelstitel für seine Verdienste belohnt.
Schließlich wurde eine Gesandtschaft vor die Tore geschickt, und sie bot die Kapitulation an. Einer der Abgesandten war der etwas zweifelhafte Predigerbruder Richard, der für Johannas Schicksal eine gewisse Bedeutung erhalten sollte. Bruder Richard war ein Schüler des Predigers Vincent Ferrier. Wie dieser konnte er stundenlang, fünfzehn Stunden und mehr, predigen, ohne eine Pause zu machen. Auch Bruder Richard verfügte über eine unglaublich hypnotische Kraft, erzählte der Menge von seinen apokalyptischen Visionen und kündigte das Nahen des Antichristen an. Er berichtete, daß er in Syrien Juden getroffen habe, die nach Babylon zogen, da sie glaubten, daß nun der wahre Messias geboren sei. »Und dieser Mensch«, fuhr Bruder Richard fort, »ist niemand anders als der Antichrist!« Eine Woge der Hysterie breitete sich daraufhin aus. Schon das Wort »Antichrist« versetzte die Menschen in Panik. Wie hundert Jahre später Savonarola in Florenz, so verurteilte auch Bruder Richard allen weltlichen Tand und ließ riesige Scheiterhaufen anzünden, auf denen die Pariser Spielkarten und Würfel

ebenso verbrannt wurden wie die ausgefallenen Kopfbedeckungen der Damen. Richard ließ bleierne Münzen mit dem Namen »Jesus« herstellen, die die Leute auch bereitwillig trugen, bis der Prediger in Paris in Ungnade fiel. Man verdächtigte ihn, mit dem Dauphin verbunden zu sein. Bei Nacht und Nebel floh Richard nach Troyes, und die Pariser warfen die Bleimünzen in die Seine und nahmen alle von Richard verbotenen Lustbarkeiten wieder auf. Nun also wirkte der Mönch in Troyes. »Säet Bohnen, Leute, säet Bohnen in Menge, denn Er, der da kommen wird, wird gar bald kommen.« Diese rhetorische Schwärmerei Richards hatte die Bevölkerung so wörtlich genommen, daß tatsächlich überall Bohnen sprossen, als Karl VII. vor Troyes anlangte.

Nach der Kapitulation wurde also Bruder Richard zusammen mit einer Abordnung zu Karl gesandt. Offenbar wußte er nicht, wie er die »coquarde« des Dauphin, die Pucelle, behandeln sollte, als Heilige oder als Hexe? Vorsichtshalber besprengte er Johanna erst einmal mit Weihwasser, als er ihrer ansichtig wurde. Die rief ihm lachend zu: »Kommt bloß näher heran, ich werde nicht fortfliegen!« Sie wußte natürlich, daß Bruder Richard sie für eine Tochter Satans oder etwas ähnliches hielt. Der gute Richard schien ganz plötzlich von den Qualitäten der Jungfrau überzeugt zu sein, denn fortan zog er mit ihr und dem Heer des Königs, ein Umstand, der sich für ihn als Vorteil erwies. Von nun an hielt er in Troyes große Ansprachen zu Ehren Johannas und zu ihrer Verteidigung. An der Seite Karls durfte Johanna der Übergabe der Stadt beiwohnen. Die »Chronique de la Pucelle«, die allerdings eher ein Roman ist, der mit den tatsächlichen Ereignissen sehr sorglos verfährt, berichtet noch von einer anderen Begebenheit: Danach soll Johanna gesehen haben, wie die burgundische Besatzung, der man freien Abzug gewährt hatte, eine Anzahl französischer Gefangener mitschleppte. Voller Wut ritt sie mit ihrem Pferd unter die Burgunder und zwang sie, die Gefangenen freizugeben. Da das nicht ganz dem Kriegsrecht entsprach, zahlte Karl dann selbst das Lösegeld für seine Soldaten. Troyes war nun unterworfen und der Weg nach Reims frei! Die

nächste Stadt, Châlons-sur-Marne, versuchte gar nicht erst, sich den heranrückenden Truppen Karls zu widersetzen. Bereitwillig öffnete man ihm die Tore. Johanna erwartete hier eine Überraschung. In Châlons traf sie zwei Freunde aus Domrémy. Einem, ihrem Paten Jean Morel, schenkte sie ihr rotes Kleid, das sie bei dem Aufbruch aus ihrem Heimatdorf getragen hatte. Was mag Johanna empfunden haben, als sie ihre Freunde sah? Heimlich hatte sie vor sieben Monaten ihr Dorf verlassen, und nun ritt sie an der Seite des Dauphin nach Reims. Alles schien sich nach Johannas Wünschen zu fügen. Schon umgaben sie Legenden. Das Schicksal hatte sie weit über ihre einstigen Freunde erhoben. Sie hatte nichts mehr gemein mit dem Dorfmädchen im roten Kleid. Deshalb trennte sie sich auch von diesem Symbol ihres früheren Lebens. Es gab keine Jeannette aus Domrémy mehr, es gab nur noch Jeanne-la-Pucelle! Und doch hatte sie Angst. Hier in Châlons, nur einen Tag, bevor sie ihr Ziel, Reims, erreichte, gestand sie ihrem Jugendfreund Géradin d'Epinal, sie fürchte nichts als Verrat. Sie stand vor Reims, auf dem Höhepunkt ihres Lebens. Hatte Johanna in diesem Augenblick Ahnungen, daß sich ihr Schicksal wenden würde?
Am 16. Juli, an einem Sonnabend, kam Karl in Reims an. Die Stadt leistete keinen Widerstand. Dem König wurde eine Deputation entgegengeschickt, die die Unterwerfung der Stadt versprach. Auf englischer Seite war man höchst beunruhigt. Sollte es dieser Karl von Valois tatsächlich wagen, sich krönen zu lassen? Bedford hatte zwar schon vor einiger Zeit die Symbole der Krönungszeremonie beiseite schaffen lassen, da Heinrich VI. noch in diesem Jahre in der Kathedrale Notre Dame zu Paris zum König von England und Frankreich gekrönt werden sollte. Nur die heilige Phiole mit dem Salböl Chlodwigs lag nach wie vor unversehrt im Grab des heiligen Remigius zu Reims. Die Engländer waren wohl der Meinung, sie selbst besäßen das einzige wahre heilige Öl, nämlich das, welches Thomas Beckett einst von der Gottesmutter erhalten hatte. Möglich ist aber auch, daß Bedford sich nicht recht an die heilige Ampulle herantraute; aber die Krone Karls des Großen, der Krönungsmantel, die

Sporen des heiligen Ludwig sowie die Hand der Gerechtigkeit und die perlenbestickten Schuhe von Philipp Augustus – alles hatte Bedford nach Paris geschafft.
In Paris sah man deshalb voller Sorge den Marsch Karls nach Reims, weil Bedford um die politische Bedeutung der Krönung wußte. Nachdem er sich kaum von dem Schrecken erholt hatte, den ihm die Auflösung seiner Armee bei Patay einjagte, versuchte Bedford eine neue Truppe aufzustellen. Er wandte sich mit der Bitte nach England, ihm schnellstens Hilfe zu leisten. Zufällig hatte der Kardinal von Winchester gerade eine Armee aufgestellt, die eigentlich zum Kampf gegen die Hussiten nach Böhmen geschickt werden sollte; man beschloß, die Armee des Kardinals vorerst in den Dienst des Königs von England zu stellen. So landeten 3500 Reiter und Bogenschützen am 15. Juli in Calais und zogen sofort nach Paris. Am 10. Juli war Philipp von Burgund bereits in Paris aufgetaucht und trieb dort sein übliches Doppelspiel. Wir wissen ja, daß er an La Trémoille geschrieben hatte, ein Umstand, der diesen überhaupt zum Krönungszug bewog – nun machte er auch Bedford Zugeständnisse. Er schwor, dem Regenten die Treue zu halten, und versprach militärische Hilfe. Das ganze Theater wurde in der Kathedrale Notre Dame feierlich besiegelt. Die Hinterhältigkeit Philipps wird deutlich, wenn man sich vergegenwärtigt, daß zur gleichen Zeit einer seiner Gesandten zu La Trémoille reiste und verschiedene Bitten vortrug. Wir sehen, daß Philipp gleichzeitig mit Bedford Verträge schloß und mit La Trémoille verhandelte.
Die Tradition verlangte es, daß die Krönung an einem Sonntag stattfand. Am Sonnabend, dem 16. Juli, kam Karl in Reims an. Die Zeremonie mußte in aller Eile organisiert werden, denn bereits am folgenden Tag sollte die Krönung sein. Ein einziger Tag also, um Stadt und Kathedrale zu schmücken. Die Bevölkerung von Reims empfing den Dauphin und vor allem Johanna mit großer Begeisterung. Man jubelte ihr zu, küßte ihre Steigbügel und streute Blumen auf die Straße. Begeisterte Frauen hielten der Jungfrau ihre Kinder entgegen, damit sie sie segne.

Da es so aussah, als solle sich jetzt für Karl von Valois alles zum Guten wenden, konnte auch Philipp von Burgund nicht ganz abseits stehen. Zwar befand er sich gerade auf dem Weg zu Bedford; aber man konnte ja nicht wissen! Er sandte also vorsichtshalber eine Abordnung zur Krönung. La Trémoille sah sich schon am Ziel seiner Wünsche angelangt, als die burgundischen Herren in Reims ankamen. Karl verfehlte es dann auch nicht, dem Großkämmerer als Belohnung für seine Verdienste den Grafentitel zu verleihen.
Diese Krönung war ganz anders als alle vorhergegangenen Krönungen. Sonst hatte man Wochen, ja Monate gebraucht, um das Ereignis richtig vorzubereiten. Diesmal jagte eine hektische Nacht lang eine Aufregung die nächste. Der König mußte ohne den richtigen Mantel und ohne die Krone Karls des Großen gekrönt werden. Das würde man verschmerzen können, war doch das Wichtigste da, das heilige Öl, mit dem einst Chlodwig gesalbt wurde. Die heilige Phiole wäre als einziges unersetzbar gewesen. Zwölf Pairs des Reiches, sechs weltliche und sechs geistliche, mußten an der Krönung teilnehmen. Doch nur drei von ihnen waren in Reims erschienen: die Bischöfe von Reims, Laon und Châlons. Es fehlten die Herzöge von Burgund, Aquitanien und der Normandie, die Grafen der Champagne, von Flandern und von Toulouse und die Bischöfe von Langres, Noyon und Beauvais. Man wußte sich zu helfen; man ernannte am Morgen einfach neue Pairs. Die Herzöge von Alençon, der Graf von Clermont, die Edelleute Rais, de Maille und d'Albret wurden mit dieser Ehre betraut. So geschah also das Wunder, daß Karl nach einer einzigen Nacht über neun neue Pairs verfügen konnte.
Der Tag begann gemäß der uralten Sitte. Zwei Bischöfe gingen am Morgen zum Quartier des Königs. Karl lag angekleidet in einem verschlossenen Zimmer auf seinem Prunkbett. Die Bischöfe klopften zwei-, dreimal an die Tür. Erst beim dritten Pochen öffnete der König. Er wurde nun barhäuptig zur Kathedrale geleitet. Währenddessen gingen fünf prächtig gekleidete Edelleute zur Abteikirche von St. Rémi, um den Erzbischof zu begleiten, der das heilige Öl vom Abt von

St. Rémi erbitten sollte. Alle fünf Herren gelobten bei ihrem Leben, das heilige Gefäß sicher zu transportieren und nach der Krönung heil zur Abteikirche zurückzubringen. Am Portal von St. Rémi wurde dem Erzbischof die Phiole übergeben. Von dort bewegte sich die Prozession zum Westportal der Kathedrale.

Der Erzbischof von Reims trug das heilige Öl zum Altar, das einst ein Engel für die Taufe Chlodwigs aus dem Himmel gebracht hatte.

Karl VII. legte am Altar die rituellen Schwüre ab. Alençon reichte ihm die Waffen, und der Graf von Vendôme schlug ihn mit einem Schwert zum Ritter.

Johanna wurde die größte Ehre zuteil. Sie stand zur Rechten des Königs direkt neben dem Altar. In der Hand hielt sie ihr Banner mit dem Bild des Erlösers. So vertrat sie den in England gefangenen Charles d'Orléans. Karl wollte damit den heiligen Charakter ihrer Sendung herausstellen und die Jungfrau ehren. Es war der Höhepunkt im Leben Johannas. In diesen Augenblicken am Altar während der Krönung Karls erfüllte sich ihr Dasein. Als man später in Rouen fragte, warum ihr Banner bei der Krönung denen der anderen Feldherren vorangetragen wurde, gab sie die Antwort: »Es war in der Bedrängnis dabei, so war es auch sein gutes Recht, bei der Ehrung dabeizusein.«

Als das Öl Chlodwigs Karls Stirn berührte und ihm eine einfache schmale Krone auf das Haupt gesetzt wurde und als dann Musik und Hochrufe ertönten, brach Johanna überwältigt in die Knie. Alles hatte sie erreicht, der scheinbar unmögliche Traum eines Landmädchens war wahr geworden. Gott hat das Wunder geschehen lassen. Aufschluchzend sank sie vor dem König nieder.

»Und wer die Jungfrau gesehen hat, wie sie des Königs Knie umfaßte, seinen Fuß küssend heiße Tränen weinte, der hatte Mitleid mit ihr. Vielen kamen die Tränen, als sie sagte: ›Ehrenwerter König, jetzt ist Gottes Wille geschehen, der wollte, daß Ihr nach Reims kämet, um die verdiente Heiligung zu empfangen, und es der Welt gezeigt wird, daß Ihr der wahre König seid, dem das Königreich gehören muß.‹«

Zum ersten Mal nannte Johanna Karl nicht mehr »Dauphin«, denn nun war er der gesalbte König.

Die Geschichte von St. Rémi

Der Geburtsort Johannas trägt den Namen des gottseligen Remigius. Die Pfarrkirche steht unter dem Schutz des großen Apostels der Gallier, der, als er König Chlodwig taufte, den ersten christlichen Prinzen des edlen Hauses Frankreich, hervorgegangen aus dem Geschlecht des edlen Königs Priamus von Troja, mit dem heiligen Öl gesalbt hatte.

Die Legende des heiligen Remigius wurde folgendermaßen von den Geistlichen verbreitet:

Zu jener Zeit sah der fromme Eremit Montanus, der in der Gegend von Laon lebte, den Chor der Engel und die Versammlung der Heiligen und hörte eine mächtige und sanfte Stimme, die sagte: »Der Herr hat auf die Erde niedergeschaut, er hat das Jammern jener gehört, die in Ketten sind, er hat die Söhne jener erblickt, die zugrunde gegangen sind, und er wird ihre Fesseln zerbrechen, auf daß sein Name unter den Nationen verkündet werde und die Völker und die Nationen sich vereinigen, ihm zu dienen. Und Cilinia wird zum Heil des Volkes einen Sohn gebären.

Cilinia war alt, und ihr Gemahl war blind. Aber nachdem Cilinia empfangen hatte, gebar sie einen Sohn, und mit der Milch, mit der sie das Kind nährte, rieb sie die Augen des blinden Vaters, und er wurde sehend. Dieses von den Engeln angekündigte Kind wurde Remi genannt, was Rame, Ruder heißen soll, denn er sollte mit einem gottgefügten Ruder die Kirche Gottes steuern und hauptsächlich auf dem bewegten Meere dieses Lebens die Kirche von Reims. Der Sohn Cilinias verbrachte seine fromme Jugend in Laon und war kaum zweiundzwanzig Jahre alt, als die Bischöfe der Provinz von Reims ihm die bischöfliche Würde erteilten. Zu dieser Zeit lebten Chlodwig, König von Frankreich, und seine Ritterschaft als Heiden. Da er aber kraft des Beistands Jesu Christi einen großen Sieg über die Deutschen errungen hatte, beschloß er auf Drängen der heiligen Königin Chlothilde, vom Bischof von Reims die Taufe zu erbitten. Am Tage der Passion Christi, bevor Chlodwig und seine Barone getauft werden sollten, führte der Bischof den König und die Königin in ein dem heiligen Petrus geweihtes Oratorium. Da wurde die Kapelle plötzlich in so strahlende Helle getaucht, daß das Licht der Sonne verdunkelt ward, und inmitten dieser Helle ließ sich eine Stimme folgendermaßen vernehmen:

»Friede sei mit Euch! Ich bin es, fürchtet nichts, und haltet in Liebe zu mir.« Daraufhin prophezeite der heilige Bischof strahlenden Antlitzes wie Moses, von innerer Erleuchtung beseelt: Chlodwig und Chlothilde, eure Nachkommen werden die Grenzen des Königreiches verrücken. Sie werden die Kirche Jesu errichten und über die fremden Nationen triumphieren, wenn sie niemals von der Tugend abweichen und sich nicht von den Wegen des Heils entfernen, sich nicht in die Straßen der Sünden begeben und nicht in die Falle jener tödlichen Laster, die Reiche stürzen und die Herrschaft anderen überliefern.

Als sie dann zum Baptisterium gelangt waren, konnte der Priester, der das Salböl bringen sollte und von der Menge aufgehalten wurde, nicht bis zum Taufbecken vordringen, so daß durch besondere Absicht Gottes bei der Segnung das Salböl fehlte. Darauf hob der Pontifex die Augen zum Himmel und betete stumm und in Tränen. Alsbald schwebte eine schneeweiße Taube herab, in ihrem Schnabel ein vom Himmel gesandtes Gefäß mit Salböl. Der heilige Bischof ergriff die Phiole und besprengte das Taufwasser mit Salböl, worauf die Taube verschwand.

Seither werden die Könige von Frankreich mit dem göttlichen Öle gesalbt, das die Taube vom Himmel brachte. Das heilige Gefäß, das es enthält, wird in der Kirche des heiligen Remigius zu Reims aufbewahrt. Und mit Gottes Einverständnis ist das Salbgefäß an den Tagen der Krönung immer gefüllt.

Von Reims nach Compiègne

»Wollte Gott, mein Schöpfer, daß ich jetzt heimgehen, die Waffen niederlegen und zu meinem Vater und meiner Mutter zurückkehren dürfte . . .«

(Johanna zum Erzbischof von Reims am 11. August 1429 in Crépy-en-Valois. Aussage von Dunois im Prozeß der Rehabilitation)

Nur sieben Monate waren vergangen, seit Johanna heimlich ihr Elternhaus in Domrémy verlassen hatte. In dieser kurzen Zeit war aus dem unbekannten Bauernmädchen die gefeierte Pucelle und Heldin geworden. Vier Versprechungen hatte sie gegeben. Zwei davon hatte sie in Reims bereits eingelöst. Orléans war befreit und der König in Reims gesalbt und gekrönt. Unter dem begeisterten Volk, das den geweihten König mit begeisterten Rufen »Noel« begrüßte, wo immer er sich zeigte, befanden sich auch der aus Domrémy angereiste Vater Johannas, Jacques d'Arc, und ihr Vetter Durand Laxart. Was für Gedanken mögen Jacques d'Arc wohl bewegt haben, als er seine Tochter während der Königskrönung in Reims wiedertraf? Als sie ihn verließ und ohne seine Erlaubnis aus Domrémy aufbrach, war sie nichts als ein einfaches Bauernmädchen in einem roten Kleid. Er hatte zwar beängstigende Träume gehabt, in denen er sah, wie sie mit den Soldaten davonzog. Vielleicht dachte Jacques d'Arc auch daran, daß sich sein Traum jetzt auf eine ganz unvorhergesehene Weise erfüllt hatte. Jetzt sah er seine Tochter von allen geehrt und bewundert. Sie trug einen Waffenrock in der Farbe der Orléans, grün, und einen karmesinroten Mantel über der silbernen Rüstung und ritt ein edles Pferd. Der König selbst verkehrte freundschaftlich mit Johanna und schenkte Jacques d'Arc sechzig livres tournois, als er von seiner Anwesenheit in Reims hörte. Bestimmt hatte sich Jacques d'Arc in seinen kühnsten Träumen niemals vorgestellt, seine Tochter so wiederzusehen, und nun wird er Johanna die Flucht aus Domrémy wohl endgültig verziehen haben, nun, da er der geehrte Gast der Stadt Reims war. (Die Her-

berge, in der Jacques d'Arc in Reims wohnte, existiert noch. Folgende Inschrift kann man dort lesen: »L' an 1429 au sacre de Charles VII dans cette hotellerie appelée alors« l'Ane Rayé »le père et la mère de Jeanne d'Arc ont été logé et defrayés par le conseil de ville . . .« Hier wird sogar die Mutter Johannas genannt, die niemals in Reims war.)
Und Johanna? Es scheint, als ob mit dem Höhepunkt in Reims auch ihre Siege einen Abschluß finden. Viele Zeugen erzählten später, ihr Wesen habe sich nach der Krönung gewandelt, und ihr Glücksstern sei gesunken. Als entscheidenden Grund nennen fast alle Historiker Neid und Mißgunst der königlichen Räte, die Johannas Einfluß auf Karl VII. fürchteten. Die Wahrheit ist, daß Philipp von Burgund und sein Verbündeter, der Herzog von Bedford, den Kanzler Karls VII. La Trémoille hintergingen, so wie sie es geplant hatten. Burgunds Politik war die Ursache dafür, daß der Krönungszug mit einem diplomatischen und militärischen Mißerfolg endete.
Noch sind wir in Reims, kurz nach der Krönung Karls. Zunächst schien es, als sollte Johannas Wunsch in Erfüllung gehen. Nach dem erfolgreichen Krönungszug beschloß man, am nächsten Tag nach Paris zu marschieren, um die Hauptstadt für die Krone zurückzugewinnen. Für Johanna war sicher, daß nun die Möglichkeit bestand, Paris zum Gehorsam zu zwingen. Sie hätte dann ihr drittes Versprechen einlösen können. Drei angevinische Edelleute, die sich in Reims befanden, schrieben noch am Abend des 17. Juli einen Brief an die Königin Yolanda, in dem u. a. folgendes stand:
»Morgen wird der König abreisen und den Weg nach Paris einschlagen. Hier in der Stadt sagt man, der Herzog von Burgund sei dort gewesen und dann nach Laon zurückgekehrt, wo er sich jetzt aufhält. Gleich nach seiner Ankunft in dieser Stadt hat er zum König geschickt. Zu dieser Stunde hoffen wir, daß es vor ihrer Abreise zu einem guten Vertrag kommen wird. Die Jungfrau läßt keinen Zweifel darüber aufkommen, daß sie Paris zur Unterwerfung zwingen wird . . .«
Nach diesem Brief zu urteilen, hatte man offensichtlich be-

schlossen, Paris zu entsetzen, wollte aber vorher noch schnell einen Friedensvertrag mit Burgund schließen. La Trémoille hoffte, nachdem die Gesandtschaft Burgunds zur Krönung erschienen war, dieses Ziel auf diplomatischem Wege zu erreichen. Er konnte nicht ahnen, daß Philipp von Burgund (oder besser, sein geschickter Kanzler Nicolas Rolin) die Schiedsrichterrolle zwischen Karl und Bedford um seines eigenen Vorteils willen weiterspielen wollte und mußte. In Reims kam es für ihn darauf an, Zeit zu gewinnen, damit der Kardinal von Winchester mit seiner Armee *vor* Karl in Paris sein konnte, um die Hauptstadt für Bedford und damit für den König von England zu halten.
Nach der Ankunft der burgundischen Gesandten überreichte man ihnen einen von Johanna unterzeichneten Brief, der direkt an den Herzog von Burgund adressiert war:

Jhesus und *Maria*
»Hoher und mächtiger Fürst, Herzog von Burgund, die Jungfrau bittet Euch im Namen des Königs des Himmels, meines rechtmäßigen und obersten Herrn, daß der König von Frankreich und Ihr einen guten, festen und lang andauernden Frieden schließen möget. Vergebt Euch gegenseitig von ganzem Herzen, wie man es von guten Christen erwartet; und wenn Ihr weiter Krieg zu führen wünscht, zieht gegen die Sarazenen. Fürst von Burgund, ich bitte Euch, flehe Euch an und ersuche Euch in Demut, nicht weiter gegen das heilige Königreich Frankreich Krieg zu führen und sogleich und ohne Verzug Eure Leute, die verschiedene Orte und Festungen des heiligen Königreichs besetzt halten, zurückzuziehen. Und der edle König von Frankreich ist bereit, mit Euch Frieden zu schließen, wenn er es mit seiner Ehre vereinbaren kann, und das liegt nur an Euch. Und ich lasse Euch im Auftrag meines rechtmäßigen und obersten Herrn, des Königs im Himmel, bei Eurem Besitz, Eurer Ehre und Eurem Leben wissen, daß Ihr keine Schlacht gegen die Franzosen gewinnen werdet und daß alle, die gegen das heilige Königreich Krieg führen, gegen den König Jesus, König des Himmels und der ganzen Welt, meinen rechtmäßigen und

obersten Herrn, Krieg führen. Ich bitte Euch und flehe Euch mit gefalteten Händen an, daß Ihr keine Schlachten schlagt und uns nicht bekriegt, Ihr, Eure Leute und Untertanen; und Ihr sollt wissen, mit wieviel Truppen Ihr auch gegen uns zieht, Ihr werdet nie gewinnen, und es wäre schade um die Schlacht und um das Blut derer, die sich gegen uns stellen. Und vor drei Wochen habe ich Euch geschrieben und den Brief durch einen Herold zu Euch gesandt, um Euch zur Krönung einzuladen, die heute, Sonntag am 17. Tag des gegenwärtigen Monats Juli in der Stadt Reims stattfand: darauf erhielt ich keine Antwort und auch keine Nachricht von besagtem Herold. Gott sei mit Euch und behüte Euch, wenn es ihm gefällt; und bittet Gott um einen guten Frieden.
Geschrieben zu Reims, am 17. Tag des Monats Juli . . .«

Es ist anzunehmen, daß Johanna über den Inhalt des Schreibens unterrichtet war; man braucht sich aber nur den von Johanna diktierten Brief an die Engländer anzusehen, um sofort die Unterschiede festzustellen. Johanna in ihrer kraftvollen und impulsiven Art hätte niemals Philipp von Burgund mit solcher Demut angeredet, war er in ihren Augen doch der schlimmste Feind, von dem sie wenig später sagte, »man könne den Frieden mit ihm nur durch die Spitze der Lanze finden«. Der Ton und der Inhalt des Schreibens entsprechen ganz den diplomatischen Bemühungen La Trémoilles, der mit dem Namen der berühmten und gefürchteten Pucelle seiner Aufforderung an Burgund Nachdruck verleihen wollte. Vielleicht ist Johanna aber doch mit den Gesandten Philipps zusammengetroffen, denn sie erklärte in Rouen: Was den Herzog von Burgund beträfe, so habe sie den besagten Herzog brieflich und durch seine Gesandten gebeten, mit ihrem König Frieden zu schließen . . .
Philipps Abgesandte sollten einen Waffenstillstand erwirken und – vor allem – Zeit gewinnen, was La Trémoille natürlich nicht wußte. Da er nach wie vor das Ziel verfolgte, mit Burgund einen Friedensvertrag zu schließen, zog man nicht, wie geplant, am 18. Juli gegen Paris, sondern blieb die nächsten vier Tage noch in Reims, um mit den Gesandten

Burgunds zu verhandeln. Wertvolle Zeit ging dadurch verloren, und die Chance, Paris noch vor der Armee Winchesters zu erreichen, schwand. Wahrscheinlich wurde während dieser vier Tage ein Waffenstillstand von vierzehn Tagen vereinbart und die Einberufung der Konferenz von Arras beschlossen, deren Ergebnis von Anfang an in Frage gestellt war, wenn es Bedford gelingen sollte, seine Armee wieder zu sammeln. La Trémoille ahnte nicht, daß der Kardinal von Winchester schon mit seiner Truppe unterwegs war und Philipp das englische Heer durch burgundische Mannschaften aus der Pikardie verstärkt hatte.

Und Johanna? Sie spielte nach der Krönung kaum noch eine Rolle. In Zukunft war sie nur noch eine Marionette im Spiel der Großen. Ihre aktive Laufbahn näherte sich dem Ende. Sie selbst muß diese Wende gefühlt haben, denn nach Reims wurde sie öfters von Mutlosigkeit und Verzweiflung befallen. Ahnte sie jetzt, daß ihr Schicksal eine unheilvolle Wende nehmen würde? Fest steht, daß ihr Weg von nun an steil bergab führte, bis er auf dem Scheiterhaufen von Rouen endete.

Am 21. Juli erreichte die Armee Corbeney. Hier, in der alten Kirche St. Marcoul, fanden sich nach alter Tradition Skrofelkranke ein, die auf Heilung durch den gesalbten König hofften. Man glaubte, daß der König nach der Salbung in Reims als Zeichen seiner göttlichen Vollmachten die Macht erlangte, die sogenannte Königskrankheit zu heilen.

Nach zwei weiteren Tagen war man in Soissons. Hier wurde nun der ursprüngliche Plan, Paris zu erobern, endgültig fallengelassen und sogar beschlossen, an die Loire zurückzukehren. Alain Chartier, der Sekretär und spätere Chronist Karls, schrieb darüber: »Besagter König von Frankreich hat auf Anraten einiger Räte und mit eigenem Willen beschlossen, die Seine zu überqueren, um mit seiner Armee in sein ihm ergebenes Land jenseits der Loire zu gehen.«

Am 29. Juli war die Armee in Château Thierry, wo sie zwei Tage Quartier nahm. Karl hatte nach der Krönung auf die besondere Bitte Johannas hin aus Dankbarkeit den Dörfern Domrémy und Greux einen dauernden Nachlaß aller Steuern gewährt. Hier in Château Thierry wurde die Steuerfreiheit unterschrieben:

»Auf Bitten unserer vielgeliebten Johanna, der Jungfrau, in Anbetracht der großen, edlen und nützlichen Dienste, die sie uns geleistet hat zur Wiedererlangung unserer Herrschaft...«

(Dreihundertsechzig Jahre lang wurden alle Steuerveranlagungen mit der Randbemerkung beschieden »Néant – la Pucelle«, was heißt, »Nichts – die Jungfrau«. Erst während der Französischen Revolution wurde die Steuerfreiheit für Domrémy und Greux aufgehoben.)

Schon während des Aufenthalts in Soissons hatte man verschiedene »gute Städte« aufgefordert, sich dem König zu ergeben. Die Städte Château Thierry, Coulommiers, Crécy-en-Brie, Provins und vor allem Compiègne waren sofort ohne Widerstand dazu bereit. Doch Karl wollte die Stadt Compiègne, die für ihn besonders wichtig war, nicht einmal betreten, sondern zog weiter nach Provins, wo er bis zum 5. August blieb. Inzwischen hatte La Trémoille einen fünfzehntägigen Waffenstillstand mit Burgund geschlossen, in dem sich Philipp verpflichtete, Paris nach diesen fünfzehn Tagen kampflos zu übergeben. Es bleibt ein Rätsel, wieso La Trémoille diesen Versprechungen Burgunds immer wieder Glauben schenkte. Alle Erfahrungen der Vergangenheit hätten ihn wissen lassen müssen, daß Philipp nicht die geringste Absicht hatte, Paris aufzugeben. Tatsächlich wollte er mit den vierzehn Tagen nur Zeit für Bedford und Winchester gewinnen.

Als die Armee Karls in Provins anlangte, hatte sie einhundertzehn Kilometer in südlicher Richtung zurückgelegt. Entweder hatte La Trémoille die wirkliche Truppenstärke Winchesters überschätzt, als er Kunde von deren Ankunft erhielt, oder er glaubte fest an den glücklichen Ausgang der Verhandlungen mit Philipp, oder aber wir müssen uns der Meinung vieler Historiker anschließen, die glauben, La Trémoille sei von Burgund bestochen gewesen. Wir wissen es nicht. Eine überraschende Operation der Engländer vereitelte Karls Plan, weiter südlich bis an die Loire zu marschieren.

Als die Armee Karls über die Brücke von Bray-sur-Seine setzen wollte, dessen Bewohner dem König »Durchzug und Gehorsam« versprochen hatten, »tauchten in der Nacht vor dem geplanten Übergang zahlreiche Engländer auf, und alle, die vorrückten, um den Übergang zu wagen, wurden entweder getötet oder ausgeplündert. Somit wurde der Übergang verhindert, und die Herzöge von Bar, Alençon und Bourbon, die Grafen von Vendôme und Laval, Johanna die Jungfrau und mehrere andere Hauptleute und Edelleute waren darüber recht froh und sehr zufrieden, denn der Entschluß, den Fluß zu überqueren, war gegen ihren Wunsch und Willen gefaßt worden ...« Soweit der Chronist Jean Chartier (nicht zu verwechseln mit Alain Chartier). Man weiß allerdings nicht, woher dieser Mönch von St. Denis seine recht ungenauen Informationen gehabt hat. Wenn wir ihm trotzdem glauben wollten, hätten die Engländer die Brücke von Bray abgeriegelt und Karl mit seinen inzwischen sieggewohnten Truppen zum Rückzug nach Château Thierry gezwungen.
Das klingt unglaubwürdig, außerdem widersprechen sich die Chroniken über die Ereignisse nach der Krönung ständig. So schreibt der Pariser Protokollschreiber Fauquembergue, daß Bedford zusammen mit der inzwischen eingetroffenen Armee Winchesters Paris am 4. August bereits verlassen habe, als er vom Rückzug Karls in Richtung Seine gehört habe, um diesem bei Brie eine offene Schlacht zu liefern. Bedfords Armee marschierte danach das linke Seineufer entlang und war am 7. August in Montereau oder in Melun. Angeblich hatte Karl VII. noch in Provins von der Absicht Bedfords erfahren, gegen ihn zu kämpfen, und stellte seine Armee auf freiem Feld bei Schloß Motte de Nangis in Brie auf, um Bedford eine Schlacht zu liefern. Bedford zog dann aber, als er die wahre Stärke der königlichen Armee erkannte, nach Paris zurück. Da Karl den Gegner nicht kommen sah, rückte er am 7. April nördlich bis Coulommiers vor. Offensichtlich hatte er mit einem Vorrücken der englischen Armee südlich der Seine nicht mehr gerechnet und beschloß, von einem Überqueren des Flusses abzusehen, da

die wahre Stärke der Armee Bedfords und Winchesters nicht nur unbekannt war, sondern auch ständig überschätzt wurde. Sicher wollte Karl den Gefahren auf diese Weise entfliehen. Trotzdem bleibt es ein Rätsel, wieso die siegreiche Armee von Patay und Jargeau sich überhaupt durch die Engländer aufhalten ließ. Wenn die Geschichte mit der Brücke von Bray stimmt, konnte nur die Vorhut von Bedfords Armee die riesige Truppe Karls am Überqueren der Seine gehindert haben, da Bedford selbst ja laut Fauquembergue erst am 4. August Paris verlassen hatte und am 7. August in Montereau eintraf. Die Gründe, weshalb der Rückzug der königlichen Armee so plötzlich eingestellt wurde, waren vermutlich anderer Art. Die »guten Städte«, die sich Karl während des Krönungszuges so bereitwillig geöffnet hatten, waren sehr besorgt, als bekanntwurde, daß sich Karl in Richtung Loire zurückzog. Man befürchtete mit Recht Vergeltungsmaßnahmen Burgunds und Bedfords. Besonders die »gute Stadt« Reims war äußerst beunruhigt. Der begeisterte Empfang Karls und Johannas anläßlich der Krönung war von Burgund sicher sehr ungnädig zur Kenntnis genommen worden. Die Einwohner von Chalons-sur-Marne schlossen sich diesen Befürchtungen an. Die »guten Städte« schrieben in einem Brief an den Erzbischof von Reims, daß man nun, da der König wieder in Richtung Loire marschiere, die Vergeltung des Feindes, der sehr stark sei, fürchte. Regnault de Chartres hat nie auf diesen Brief geantwortet, wohl aber Johanna. Ihre Antwort befindet sich noch heute in den Archiven der Stadt Reims. In diesem Schreiben, das vermutlich ebenfalls nicht von Johanna selbst diktiert worden war, wird erstmalig der Waffenstillstand mit Burgund erwähnt. Der Satz, die Einwohner von Reims sollten sich nicht wundern, wenn man später als vorgesehen in Paris einziehe, spielt diskret darauf an, daß man, sollte Burgund Karl VII. die Hauptstadt nicht wie vorgesehen übergeben, noch nach Paris ziehen wollte, um die Hauptstadt gegebenenfalls mit Gewalt zu nehmen. Über diese Pläne der königlichen Kanzlei war Johanna sicher nicht unterrichtet. Obwohl geschickt in der derben und direkten Sprache Johannes abgefaßt, kann dieser Brief nicht von ihr stammen. Die Bürger von Reims sollten diskret informiert werden, daß Karl seinen Rückzug an die Loire aufgegeben hatte. Mit Johannas Unterschrift hoffte man, sie zu beruhigen:

»Meine teuren und guten Freunde, gute und treue Franzosen der Stadt Reims, Johanna die Jungfrau sendet Euch Nachricht und bittet Euch sehr, nicht an dem guten Streit zu zweifeln, den sie für das Königshaus führt; ich verspreche und gelobe Euch, daß ich Euch, solange ich lebe, nie verlassen werde. Und es ist wahr, daß der König mit dem Herzog von Burgund einen fünfzehntägigen Waffenstillstand abgeschlossen hat; nach dessen Ablauf soll er die Stadt Paris kampflos ihrem Besitzer zurückgeben; verwundert Euch nicht, wenn ich dort nicht so schnell einziehe; wieviel Waffenstillstände wurden schon geschlossen, ich bin darüber nicht zufrieden, und ich weiß nicht, ob ich sie halten werde. Aber wenn ich sie halte, so geschieht das nur um der Ehre des Königs willen, und sie werden auch das königliche Blut nicht täuschen, denn ich halte die gesamte Armee des Königs für den Ablauf dieser fünfzehn Tage, wenn sie danach keinen Frieden schließen, bereit. Darum, meine sehr teuren und besten Freunde, bitte ich Euch, daß Ihr Euch nicht sorgt, solange ich lebe. Aber ich ersuche Euch, gut Wache zu halten und die gute Stadt dem König zu erhalten; und laßt mich wissen, ob es nicht Verräter gibt, die Euch schaden wollen, und ich werde sie dann, so schnell ich kann, vernichten; und laßt mir Nachrichten von Euch zukommen. Ich empfehle Euch Gott, er halte Euch in seiner Hut.

Geschrieben am Freitag, dem fünfzehnten Tag des August, in einer Herberge auf dem Land, auf dem Weg nach Paris . . .«

Bedford hatte ebenfalls erfahren, daß die Armee Karls zurückkehrte, und schrieb am 7. August aus Montereau einen Fehdebrief, in dem es u. a. heißt: »Wir John von Lancaster, Regent von Frankreich und Herzog von Bedford tun Euch, Karl von Valois, der Ihr Euch ohne Grund König nennt, kund, daß Ihr gegen die Krone meines Herrn, des hohen und berühmten Fürsten Heinrich, des natürlichen und

rechtmäßigen Königs von England und Frankreich frevelt, indem Ihr dem gemeinen Volk sagt, daß Ihr Frieden und Sicherheit bringt. Damit verführt und betrügt Ihr das unwissende Volk, und das erreicht Ihr nur mit Hilfe abergläubischer und verdammungswürdiger Personen, wie jenes liederliche und schändliche Weib ist, das in Manneskleidung einhergeht ...« (Quicherat IV, 382)
Karl wurde aufgefordert, den Ort für eine Zusammenkunft in der Ile de France festzulegen. Dort wollte Bedford dann entscheiden, ob er ein Friedensangebot machen würde. Der Verlierer von Patay gebrauchte dem Sieger gegenüber recht anmaßende Worte. Der Brief lautet weiter:
»Wir sind immer noch geneigt, den Weg des Friedens einzuschlagen, eines weder geheuchelten, noch verfälschten, noch hinterhältig gebrochenen Friedens ... wenn durch Eure Schuld die Leiden, Nöte, Kriege, Plünderungen usw. noch zunehmen ... wir rufen Gott zum Zeugen, so tragen wir daran keine Schuld, denn wir haben nur unsere Pflicht getan und tun sie noch, und wir schlagen vor, aus Vernunft und um der Ehre willen, daß dies zuvor durch den Frieden verhindert werde oder wenn es auf andere Weise zwischen zwei mächtigen und großen Parteien nicht entschieden werden kann, durch eine Schlacht zum Ausgang komme.«
Daß Bedford die französische Armee nicht verfolgt hatte und die Konfrontation auch nicht suchte, nachdem er diesen Brief abgesandt hatte, zeigt klar, daß er die Armee Karls keineswegs unterschätzte. Er begab sich in aller Ruhe nach Paris zurück und wartete die Reaktion Karls ab. Bedford wußte selbst am besten, daß seine militärische Position schwach war. Karl aber sollte glauben, die Armee Winchesters sei zusammen mit den pikardischen Soldaten unschlagbar. Ein Ziel, das Bedford teilweise erreichte. Burgund dagegen gelang es wieder einmal, Karl und Bedford so gegeneinander auszuspielen, daß er schließlich selbst der Nutznießer zu sein schien. Am 13. August ernannte Bedford Philipp zum Statthalter von Paris. Nun stellte sich Burgund auch offiziell auf die Seite Englands und marschierte mit seinen Truppen Karl bis Senlis entgegen.

Bereits am 11. August langte Karl in Crépy-en-Valois an, wo er sein Hauptquartier errichtete. Laut Monstrelet blieb er hier bis zum 16. August und zog nicht bis Compiègne, da er über das erneute Vorrücken des Gegners unterrichtet war.
Beim Einzug in Crépy-en-Valois wurde Karl von der Bevölkerung mit großer Begeisterung begrüßt. Die Menschen warfen sich jubelnd vor ihm auf die Knie, wo immer er sich zeigte. Bei diesem triumphalen Empfang ritt Johanna zwischen Dunois und dem Erzbischof von Reims. Dunois berichtet, bei dieser Gelegenheit hätte folgendes Gespräch zwischen ihnen stattgefunden. »›Was für ein gutes Volk‹, sagte Johanna, ›niemals habe ich eines gesehen, das sich so sehr über die Ankunft eines edlen Königs freute. Wie froh wäre ich, wenn ich am Ende meiner Tage hier begraben würde!‹ Darauf antwortete der Erzbischof: ›Ach Johanna, so habt Ihr eine Ahnung, wo Ihr sterben werdet?‹ Darauf Johanna: ›Wo es Gott gefällt! Ich kenne weder Stunde noch Ort besser als Ihr. Wollte Gott, mein Schöpfer, daß ich jetzt heimgehe, die Waffen niederlege und zu meinem Vater und meiner Mutter zurückkehren dürfte, ihnen die Schafe hüten zu helfen mit meinen Brüdern. Sie wären so glücklich, mich zu sehen . . .‹« (Quicherat III, Aussage des Dunois)
Diese Äußerung, die so wenig zu dem Bild paßt, das wir uns von Johanna machen, zeugt erstmalig von Resignation und Mutlosigkeit. Sie konnte sicher nicht begreifen, weshalb der siegreiche und gekrönte König nicht geradewegs auf Paris marschierte. Die Verzögerungen, die diplomatische Gründe hatten, von denen sie nichts verstand, haben sie bestimmt verwirrt und entmutigt. Bedford hatte ja zunächst auch mit einem Sturm der königlichen Armee auf Paris gerechnet. Aber wegen der Verhandlungsbereitschaft La Trémoilles und der Unterstützung seines Schwagers Philipp konnte Bedford die Entscheidungsschlacht nicht wagen. Er konnte zunächst nur versuchen, die königliche Armee vor Paris abzuziehen. Das gelang ihm ja auch.
Am 14. August trafen beide Armeen bei Montepilloy zusammen. In Montepilloy lag auf einem Hügel ein Schloß. Von hier aus konnte das gesamte Schlachtfeld überblickt

werden. Bedford selbst bezog bei Senlis Stellung, seine Armee schickte er über den kleinen Fluß Nonette, den er als Rückendeckung benutzen wollte. Leider war die Furt sehr schmal, und die Engländer konnten nur ein oder zwei Pferde gleichzeitig sicher hinüberbringen.

»Als Loré und Xaintrailles das meldeten, beschloß man, die Engländer nach Möglichkeit an der Furt zu fassen; doch als sich die Franzosen näherten, mußten sie feststellen, daß der Feind zum größten Teil den Fluß bereits überschritten hatte.« (Morosini, Band III)

Trotzdem dauerten die Scharmützel beinahe bis zum Sonnenuntergang. Am nächsten Tag war es für die Franzosen zur Gewißheit geworden, daß eine Entscheidungsschlacht bevorstand. »Sie beichteten, hörten die Messe und bestiegen die Pferde, dann setzten sie sich in Bewegung, um den Gegner zu fassen.« (Quicherat IV, Chronik Monstrelet)

»Das Kommando der größten Heerschar übernahmen die Herzöge von Alençon und der Graf von Vendôme. Der Herzog von Bar befehligte eine andere Heerschar. Die dritte Truppenmacht, die einen Flügel bildete, befehligten die Herren von Rais und von Boussac. Eine andere Truppe, die oft ihr Operationsgebiet wechselte, um den Engländern Scharmützel zu liefern, befehligten der Herr von Albret, Johanna die Jungfrau, der Bastard von Orléans, La Hire und mehrere andere Hauptleute; und die Bogenschützen führte ihr Oberbefehlshaber, der Herr von Granville an ... der König hielt sich dicht bei seinem Heer auf, und der Herzog von Bourbon, der Herr von La Trémoille und verschiedene andere waren zu seinem Schutz da. Und der König ritt mehrmals in Sichtweite der Engländer vor sein Heer, ebenso der Herzog von Bourbon und der Herr von La Trémoille ...« (Procès Quicherat IV, Chroniken Cagny, Chartier, Monstrelet)

Obwohl, wie die Chronisten übereinstimmend berichten, prächtige und großartige Scharmützel stattfanden und es manchen Toten und Gefangenen auf beiden Seiten gab, kam es doch zu keiner Entscheidungsschlacht. Beide großen Armeen standen sich gegenüber, ohne den großen Angriff zu wagen. Bedfords Absicht war es offenbar, die Franzosen über die wahre Stärke seiner Armee zu täuschen, und die Franzosen wagten nicht, die Engländer anzugreifen. Am nächsten Morgen zogen die Truppen Karls nach Crépy-en-Valois zurück, ohne daß es zu einer Entscheidung gekommen war.

Am 18. August zog Karl nach Compiègne, dessen Einwohner ihn begeistert willkommen hießen. Hier blieb er bis zum 28. August, bis er einen für Frankreich sehr verhängnisvollen Waffenstillstand unterzeichnete. Am 15. August waren in Arras bereits die Verhandlungen für diesen Vertrag aufgenommen worden. Die französischen Gesandten unter Führung von Regnault de Chartres legten dort Philipp von Burgund »sehr weise und eingehend« das Anliegen ihrer Gesandtschaft dar. Das Angebot Karls an Philipp ging dabei so weit, daß er, der siegreiche König, sich »bis zu einem gewissen Grad für den an Herzog Johann Ohnefurcht auf der Brücke zu Montereau begangenen Mord« entschuldigte. Außerdem wurden Philipp Gebietsabtretungen angeboten, für die Lebenszeit Karls VII. Aufhebung des Lehnseides, die Gewährung einer allgemeinen Amnestie, Sühnestiftungen auf der Brücke zu Montereau und vieles mehr. Es bleibt unbegreiflich, wieso sich der Sieger von Patay, dem sich immer mehr Städte bereitwillig öffneten und der außerdem von der stärksten Armee gestützt wurde, die Frankreich in den letzten Jahrhunderten besaß, überhaupt auf derartige Bedingungen einließ, ja sie Philipp direkt anbot.

Bedford hatte natürlich ein Interesse daran, daß es zu keiner Versöhnung zwischen seinem Schwager und Karl VII. kam. Er wußte, daß es dann sehr schlecht für die englische Sache aussah. Philipp sah wie immer nur seinen eigenen Vorteil. Er war ja jetzt Gouverneur von Paris und hatte damit seine Machtposition entscheidend gestärkt. Bedford kannte seinen Schwager anscheinend besser als Herr von La Trémoille, denn er ließ Magister Jean de Touray, Bischof von Tournai, und den Vertrauten Philipps, Hue de Lannoy, zu Philipp gehen, um diesen an den Treueschwur zu erinnern, den er Heinrich VI. geleistet hatte. Schwüre dieser Art hatte Philipp während seines langen Lebens viele geleistet, ohne daß

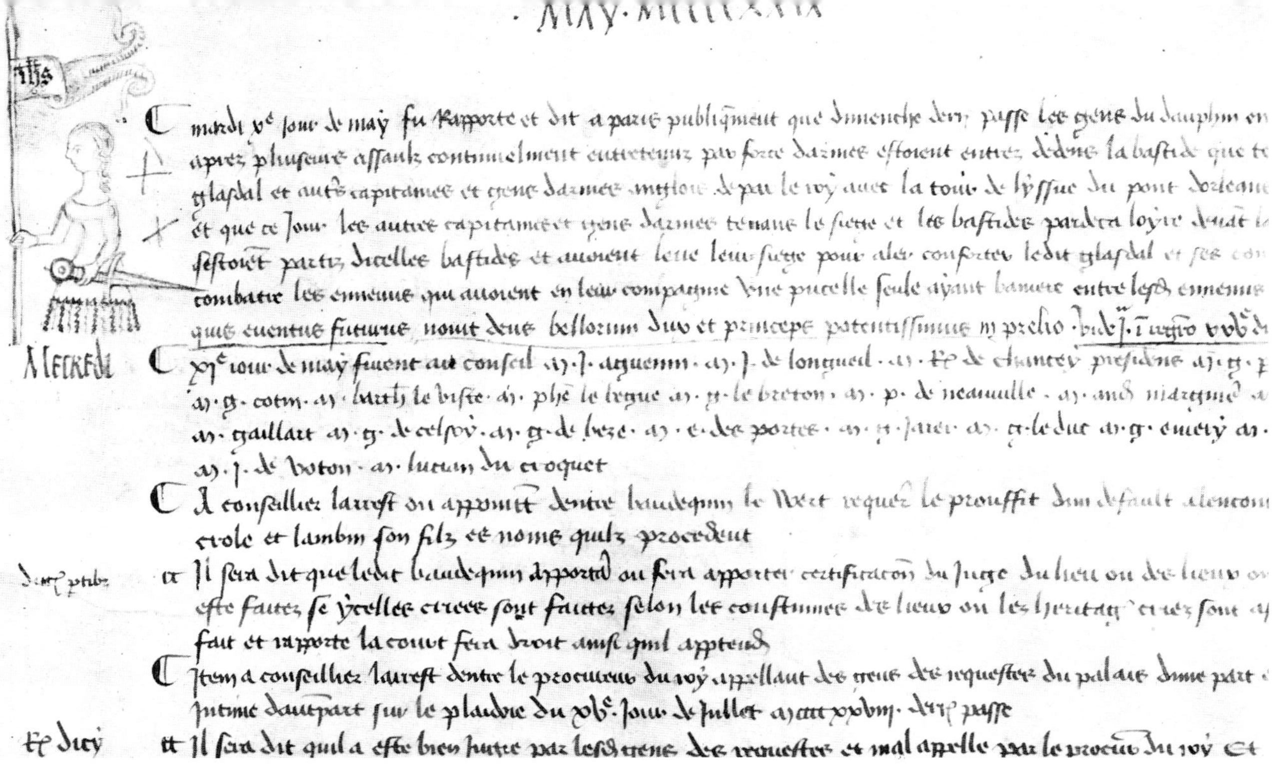

13 *Register des Pariser Parlaments (1428–36) mit dem einzigen Bild der Jeanne d'Arc, das zu ihren Lebzeiten entstanden ist (Randzeichnung des Schreibers). Paris, Archives Nationales.*

14/15 *Die Schlacht von Azincourt 1415. Charles d'Orléans und Arthur de Richemont geraten in Gefangenschaft. Zeitgenössische Darstellung.*

16 »*Wie die Franzosen nach dem Sieg bei den Tourelles nach Orléans zurückkommen*«. *Aus Martial d'Auvergne* »*Les Vigiles de Charles VII*«, *1484. Paris, Bibl. Nationale.*

sie ihn besonders behindert hätten. Diesmal empfahlen seine Räte, das günstige Waffenstillstandsangebot Karls anzunehmen. Weshalb Karl nicht genau wie in Patay, Jargeau und Orléans »mit all seiner Macht nach St. Quentin, Cornie, Amiens, Abbeville und verschiedenen anderen befestigte Städte, die ihn willig als Herrn empfangen hätten«, gezogen ist, ist nun wirklich unverständlich und hat auch zeitgenössische Chronisten schon sehr erstaunt. (Vergl. Morosini IV) Wurde die tatsächliche Macht Burgunds derartig überschätzt? Die Gesandtschaft Burgunds konnte nach langen Verhandlungen in Compiègne tatsächlich den denkbar trügerischsten und für die überlegene Partei unglücklichsten Waffenstillstand erreichen:

1. Der Waffenstillstand zwischen dem König und dem Herzog von Burgund war bis zum 25. Dezember 1429 gültig; dem König von England stand es frei, sich später anzuschließen.
2. Er erstreckte sich auf das gesamte Gebiet nördlich der Seine von Nogent-sur-Seine bis Harfleur und schloß außerdem ungefähr 15 Städte der Pikardie ein, die der französischen Partei günstig gesinnt waren.
3. Paris wurde vom Waffenstillstand ausgeschlossen; der Herzog von Burgund wurde jedoch ermächtigt, die Stadt gegen jeden Angriff des Königs zu verteidigen.
4. Außerdem wurden die Festungen und Städte, die einen Seineübergang boten, ausgeschlossen; für sie wurde der Kriegszustand beibehalten (d. h. der König verfügte nur über die Seineübergänge von Troyes und Bray-sur-Seine).

Mit diesem Waffenstillstand gelang es Burgund, Karl regelrecht zu betrügen, denn nun war es der französischen Armee unmöglich, die nördlich der Seine gelegenen Städte zu unterwerfen, von denen besonders die Städte der Pikardie bereit gewesen wären, Karl die Treue zu schwören. Jetzt konnte Philipp Bedford jederzeit zur Hilfe eilen, wenn Karl versuchen sollte, seine Hauptstadt zurückzuerobern. Für einen eventuellen Rückzug blieb der königlichen Armee nur der Übergang von Bray-sur-Seine (Revue der Normandie, Band III vom 30. Juni 1866 und Morosini IV, 336ff.). Burgund verpflichtete sich lediglich, die Franzosen nördlich der Seine die nächsten vier Monate nicht anzugreifen. So verlor Karl praktisch jede Möglichkeit, seine Hauptstadt zurückzuerlangen. Noch im vorher abgeschlossenen fünfzehntägigen Waffenstillstand war es ja vorgesehen, daß Philipp nach Abschluß dieser Tage Paris kampflos zu übergeben hatte. Inzwischen war es ihm aber gelungen, Statthalter der Hauptstadt zu werden und sich damit Bedford direkt zu unterstellen, der Karl gegenüber keinerlei Verpflichtungen hatte. Ganz unverständlich ist es – und man fragt sich, was La Trémoille wohl damit bezweckte –, daß sich Karl auch noch verpflichtete, Philipp die wichtigsten Städte der Oise während der Dauer des Waffenstillstands als Pfand zu überlassen. Es handelte sich um Pont-Saint-Maxence, Creil, Senlis und ... Compiègne. Genaugenommen überließ Karl Philipp kampflos den Weg zwischen dem Artois und der Ile de France. Die Einwohner von Compiègne leisteten erbitterten Widerstand, als sie von diesem seltsamen Vertrag hörten. Compiègne war seit Jahrhunderten der Inbegriff der Königstreue. Karl war ja auch erst vor kurzem begeistert empfangen worden, und nun fürchteten die Bürger von Compiègne mit Recht um ihre Stadt und ihr Leben. Schließlich gab man dem Drängen der Einwohner nach, und Compiègne wurde von dem Vertrag ausgenommen, d. h. nicht »verliehen«. Bereits vor Abschluß dieses Waffenstillstands wurde der Rückzug der königlichen Armee beschlossen. La Trémoille, der jetzt seine diplomatische Niederlage einsah, beschloß vermutlich nun, Paris beim Rückzug doch noch zu erobern. Wir können es als sicher ansehen, daß er über Verbindungsleute in der Hauptstadt verfügte, die der königlichen Armee die Tore öffnen wollten. Da sich Bedford nach Abschluß des Vertrages in der Normandie und Philipp sich in Corbie befanden, war der Zeitpunkt für einen Überraschungsangriff auf Paris günstig. So kam es zu dem überstürzten Angriff auf Paris am 8. September 1429, der unter einem ungünstigen Vorzeichen stand, denn eben an diesem

Tag feierte man das Fest der Geburt Mariens. Über diesen Tag und über die Zeit vorher gibt es viele verschiedene Berichte der Chronisten, aus denen sich folgende Tatsachen ableiten lassen:
Bereits am 23. August verließen Johanna und der Herzog von Alençon Compiègne, um sich auf den Weg nach Paris zu begeben. Karl VII. und der Hof blieben noch bis zum 30. oder 31. August in der Stadt, um dann erst zur Armee zu stoßen. Nachdem er Compiègne verlassen hatte, hielt sich Karl noch ein paar Tage in Senlis auf, wo er die Treueschwüre mehrerer Städte entgegennahm. Cagny, der Chronist Alençons, berichtet, daß der Herzog den zaudernden König mehrmals auffordern mußte, zu seiner Armee zu stoßen. Diese Chronik Perceval Cagnys hat Historiker immer wieder zu folgender Annahme veranlaßt: »Als Johanna und Alençon einsahen, daß Karl nicht mehr an einer Eroberung seiner Hauptstadt interessiert sei, litt besonders Johanna sehr unter der Tatenlosigkeit des Königs. Am 23. August zogen Johanna und der Herzog von Alençon mit ihren Gefährten dann ohne Willen und Wissen des Königs in Richtung Paris, um dort einen Angriff vorzubereiten. Besonders dem teuflischen Einfluß La Trémoilles war es wieder einmal zuzuschreiben, daß Karl mit der Einnahme seiner Hauptstadt zögerte.«

Demnach wäre also der Angriff auf Paris ein ziemlich eigenmächtiges Werk Johannas und Alençons gewesen. Das ist bestimmt falsch. Ein so wichtiges Unternehmen wie der Angriff auf die Hauptstadt konnte gar nicht ohne Willen des Königs geplant werden. Johanna wird über diesen Tag auch später zweimal sagen, daß sie an diesem Angriff nur auf Verlangen der Edelleute teilgenommen habe, die eine Waffentat vollbringen mußten, und daß es ohne Wissen und Willen ihrer Stimmen geschah. Außerdem besaß sie gar keine Befehlsgewalt, wurde nie zu den Beratungen des Kronrats hinzugezogen, und ihre Aussage beweist, daß man sie vor dem Angriff auf Paris nicht um ihre Meinung gebeten hatte. Wir können annehmen, daß Johanna der Vorhut un-

ter Alençon zugeteilt war, die die Aufgabe hatte, die Gegend vor dem Eintreffen der Armee auszukundschaften.
St. Denis lag zur Zeit Johannas etwa zwei Meilen vor Paris. Beherrscht wurde der Ort von der riesigen Abteikirche, die der weise Abt Suger im 12. Jahrhundert im damals modernen gotischen Stil an Stelle der karolingischen Pilgerkirche erbauen ließ. Als Johanna und der Herzog von Alençon in St. Denis einzogen, fanden sie den Ort fast verlassen vor. Die Einwohner, die von ihrem Kommen gehört hatten, hatten sich hinter die sicheren Mauern von Paris geflüchtet. Lediglich ein paar Bauern und arme Familien blieben in St. Denis. Einige forderten Johanna auf, ihre Kinder über die Taufe zu halten, und die Kinder von St. Denis reichten ihr knieend Kerzen. Johanna und Alençon lieferten gleich nach ihrer Ankunft in St. Denis ein paar Scharmützel, um die Einwohner von Paris, ähnlich wie ein paar Wochen vorher die von Troyes, einzuschüchtern. Am 7. September erschien dann endlich Karl in St. Denis, wo der Angriff für den nächsten Tag beschlossen wurde. Es ist mit einiger Sicherheit anzunehmen, daß La Trémoille und auch Karl mit der Unterstützung des Donjon von Notre Dame de Paris, Jean Tudert, rechneten, der aufgrund dieser Zusage von Karl zum alleinigen Finanzverwalter der Länder nördlich der Seine ernannt wurde. Die Bürger von Paris rechneten trotz der Ankunft Karls und der Scharmützel Alençons am 8. September nicht mit einem Angriff auf ihre Stadt. Da man an diesem Tag das Fest der Geburt Mariens feierte, meinte man, die Armagnacs würden das dritte Gebot achten. Über diesen 8. September besitzen wir einen sehr genauen Bericht vom Kanzleischreiber des Parlaments von Paris, Clément de Fauquembergue:
»Donnerstag, am Tag des 8. September 1429, Geburtstag der Mutter Gottes, versammelten sich die Krieger des Herrn Karl von Valois in großer Zahl vor den Mauern von Paris, in der Nähe des Tores St. Honoré, und hofften, das Volk in Furcht zu versetzen und dadurch die Stadt und die Einwohner von Paris mehr zu belasten und zu schädigen, als sie durch Kraft und Stärke ihrer Waffen vermocht hätten. Gegen zwei Uhr nachmittags taten sie so, als wollten sie die

Stadt Paris einnehmen. Und schnell brachten einige Leute, die sich auf dem Platz Pourceaux und in der Nähe besagten Tores aufhielten, gefüllte große Säcke und Reisigbündel herbei und warfen sie in den anderen Graben nahe der Mauer, der voll Wasser war. Zu dieser Stunde gab es in Paris viele verängstigte und wankelmütige Einwohner, die überall in der Stadt und diesseits und jenseits der Brücken schrien, daß alles verloren sei und daß die Feinde bereits in Paris wären und jeder sich zurückziehen und schnell retten solle. Und als dies Grücht beim Nahen der Feinde aufkam, verließen die Leute, die gerade der Messe beiwohnten, sehr erschreckt die Kirchen, zogen sich in ihre Häuser zurück und verschlossen die Türen. Weitere Aufregung blieb den Einwohnern von Paris jedoch erspart. Die Bürger der Stadt, die dazu beordert wurden, blieben zur Bewachung und Verteidigung der Tore und Mauern zurück, und verschiedene andere Einwohner kamen ihnen zu Hilfe und leisteten den Leuten des Herrn Karl von Valois, die sich im ersten Graben draußen auf besagtem Platz Pourceaux befanden, bis zehn oder elf Uhr abends starken Widerstand, so daß sie ohne Erfolg abziehen mußten. Und sie hatten mehrere Tote und verloren Zugpferde und Kanonen. Unter anderem wurde eine Frau, die man Pucelle nannte und die mit den anderen Feldherren die Armee des besagten Karl von Valois anführte, durch einen Pfeil am Bein verletzt. Sie hatten übrigens gehofft, Paris eher durch besagte Bedrängung und Erregung als durch Sturm oder Waffengewalt zu erobern, denn wenn sie auch jedem Mann vier oder mehr Soldaten entgegenstellen können, so hätten sie doch trotz ihrer guten Bewaffnung besagte Stadt Paris weder durch Sturm noch durch Belagerung einnehmen können, solange sie noch Lebensmittel hatte; und sie war damit noch für lange Zeit gut versehen. Die Einwohner aber erklärten sich mit der Stadt ganz einig, dem Sturm und dem obenerwähnten Unternehmen zu widerstehen«. (Fauquembergue: Procès IV, 456ff.)

In allen Berichten heißt es außerdem, die Führer dieses Angriffs hätten nur wie zum Schein gekämpft, der Angriff sei

Die Jungfrau bei der Belagerung von Paris. Holzschnitt, 16. Jh.

zu spät am Tage begonnen worden, und man hätte Paris auch an zwei viel zu weit auseinanderliegenden Punkten angegriffen. Daraus können wir schließen, daß der ganze Angriff, ähnlich wie vor Troyes, mehr ein Scheinmanöver war und daß La Trémoille sich auf seine Verbindungen zu einflußreichen Leuten in der Hauptstadt verlassen hatte. Es war schließlich klar, daß Bedford sehr schnell aus der Normandie zurückkehren würde, sobald er vom Angriff auf Paris hören würde, und auch Philipp von Burgund würde nicht zögern, der bedrängten Stadt zu Hilfe zu eilen. So mußte mit allen Mitteln versucht werden, diese beiden Mächtigen auszuschalten und Paris beim Vorbeizug mit Hilfe einflußreicher Hintermänner zu nehmen.

Johanna ahnte von diesen diplomatischen Machenschaften La Trémoilles natürlich nichts. Sie zeigte auch vor Paris noch den gleichen Mut wie vor Orléans und stürzte sich ohne Angst und Gefahr in das Kampfgetümmel. Der Bürger von Paris sagt über Johannas Rolle am 8. September aus:

»Und die Jungfrau stand mit ihrem Banner am Rand des Grabens und sagte zu den Einwohnern von Paris: ›Im Na-

men Jesu, ergebt Euch uns sogleich, denn wenn Ihr Euch nicht vor der Nacht ergebt, werden wir mit Gewalt eindringen, ob Ihr wollt oder nicht, und Ihr werdet alle gnadenlos getötet werden.‹ ›Das wollen wir sehen, du schamlose Hure‹, sagte einer. Er zielte mit seiner Armbrust direkt auf sie, und der Pfeil durchbohrte ihr Bein, und sie wich zurück.«
Trotz ihrer Verwundung wollte Johanna weiterkämpfen. Der Herzog von Alençon und Gaucourt mußten sie mit Gewalt vom Kampfplatz wegschleppen. Der Angriff auf Paris war der erste militärische Mißerfolg, den Johanna erlebte. Konnte sie noch die Schimpfworte der erregten Pariser hören, als sie neben Alençon nach St. Denis zurückritt? »Paillarde! Am heiligen Tag der Geburt der Jungfrau Maria hast du Hexe zu kämpfen gewagt!«
Am selben Abend, als es dunkel wurde, zog sich die Armee zurück. Am 10. September beschloß man, auf einen weiteren Angriff auf Paris zu verzichten, und am 13. setzte sich die Truppe in Richtung Süden in Bewegung. In der großen Abteikirche von St. Denis, wo so viele Könige Frankreichs ihre letzte Ruhe gefunden hatten und wo einst das stolze Banner der Franzosen, die heilige Oriflamme, aufbewahrt wurde, legte Johanna dem Brauch gemäß ihren Harnisch, ihren Helm und ihr Schwert nieder. Paris hatte sie nicht einnehmen können. Ihr drittes Versprechen blieb unerfüllt. Hier in der Abteikirche, vor dem Bildnis von Notre Dame und den heiligen Reliquien, als sie die Symbole ihrer Siege ablegte, streifte Johanna erstmals der Hauch ihres Schicksals. Mit ihrer Niederlage schwanden ihre Zuversicht und ihr Glück.
Am 21. September war die Armee Karls wieder in Gien an der Loire. Alençons Armee wurde verabschiedet. Perceval de Cagny berichtet, der Herzog von Alençon habe nach Maine ziehen wollen, um sein Herzogtum zurückzuerobern. Er bat darum, daß Johanna ihn begleiten dürfe, was La Trémoille abgelehnt haben soll. So kam es zu der Trennung zwischen Johanna und ihrem »Beau Duc«, ihrem vielleicht einzigen Freund. Perceval de Cagny beschreibt die Abschiedsszene zwischen Alençon und Johanna:

»La Pucelle demoura vers le Roy, moult ennuyée du departement et par especial du duc d'Alençon que elle amoit très fort et faisoit pour lui ce que elle n'eust fait pour une autre. (Die Jungfrau zürnte dem König über die Abreise [anderer Waffengefährten] auch weiterhin, besonders über die des Herzogs von Alençon, den sie sehr liebte und für ihn tat, was sie für keinen anderen getan hatte . . .)«

Alençon wollte seine Frau in Beaumont treffen. Der junge Herzog und Johanna sollten sich nie wiedersehen. War es Böswilligkeit, daß La Trémoille Johanna nicht die Erlaubnis erteilte, Alençon zu begleiten, was sicher ihr Wunsch war? Er wollte sie vermutlich zu seiner Verfügung haben, denn Johanna sollte weiter für die königliche Sache als Botin benutzt werden, um für Karl durch ihren ja auch von La Trémoille sorgfältig aufgebauten Ruhm Parteigänger in den »guten Städten« zu gewinnen. Es ist schwierig, Johannas Weg während der Zeit von der Rückkehr des Krönungszuges nach Gien bis zu ihrer Gefangennahme in Compiègne zu verfolgen, denn die Nachforschungen der Rehabilitation erstreckten sich nicht auf diese etwas ruhigere Zeit nach der Krönung. Fast den ganzen Monat Oktober nahm Johanna in Bourges bei Madame La Touroulde Wohnung, die im Rehabilitationsprozeß mit einigen pikanten Einzelheiten aus dieser Zeit aufwartete. So sagte sie u. a.

»Johanna wohnte auf Anordnung des Seigneur Albret bei mir. Sie war bei uns drei Wochen zum Schlafen, Essen und Trinken. Fast jeden Tag schlief ich mit ihr, und ich gewahrte nichts Böses an ihr. Sie beichtete häufig, ging regelmäßig zur Messe und bat mich mehrfach, in die Matutin zu gehen; auf ihr Drängen ging ich öfter mit ihr. Ich habe Johanna manchmal in der Badestube gesehen. Und ich kann versichern, daß sie jungfräulich war. Sie war ganz Unschuld. Aber im Waffenhandwerk, im Reiten und Lanzeführen war sie den besten Soldaten gleich. Und sie verwunderten sich darüber . . .

Ich erinnere mich, daß Frauen zu mir kamen, als Johanna bei mir wohnte, um ihr Gebetstäfelchen zu bringen; und andere brachten Bilder herbei, die sie berühren sollte; sie lachte

darüber und sagte: Berührt sie selbst! Eure Finger sind genauso gut wie die meinen ...«
Sonderbar, daß Madame La Touroulde aus der Tatsache, daß sie Johanna in der Badestube gesehen hat, gleich ableitete, sie sei noch Jungfrau gewesen. Madame fand Johanna »recht schlicht und einfältig«. Immerhin hat sie durch ihre Aussage im Rehabilitationsprozeß einige interessante Einzelheiten über diese Zeit in Bourges berichtet. Die Tatsache, daß Johanna die Amulette ihrer Besucherinnen nicht berühren wollte, zeigt uns, wie bescheiden sie trotz ihrer Erfolge geblieben war. Eines Tages, so erzählt Madame La Touroulde, habe ihr Johanna auch von der Untersuchung der Gelehrten von Poitiers erzählt, und fügte hinzu, Johanna habe ihnen gesagt: »Es gibt Bücher unseres Herrn, die mehr sind als die Euren.« Auch habe sie, Madame, zu Johanna gesagt: »Wenn Ihr Euch vor den Kämpfen nicht fürchtet, so geschieht dies wohl, weil Ihr wißt, daß Ihr nicht getötet werdet«, worauf Johanna antwortete: »Ich bin dessen nicht sicherer als das andere Kriegsvolk.«
Während Johanna bei den Tourouldes wohnte, machte der König nach seiner Rückkehr an die Loire eine Rundreise durch seine Städte, um mit seiner neuen Würde als gekrönter und gesalbter König zu werben. Am 15. November war der Hof dann in Mehun-sur-Yèvre, wo er die nächsten zwei Jahre blieb. Mehun-sur-Yèvre liegt ganz in der Nähe von Bourges. Karl lebte dort im damals wohl schönsten Schloß Frankreichs, das der verstorbene Herzog Jean de Berry mit Liebe, Sorgfalt und großem Kunstverstand erbauen und einrichten ließ. Karl hatte dieses Schloß von seinem Onkel geerbt. Es war sein Lieblingsaufenthalt. (Im Stundenbuch des Herzogs von Berry erscheint die Abbildung des Schlosses von Mehun-sur-Yèvre bei der Versuchung Christi. Der Chronist Froissart meint, daß selbst Christus beim Anblick dieses Kleinods in Versuchung geraten könnte.)
Inzwischen ging die hohe Politik natürlich weiter. Immer noch verfolgte La Trémoille sein Lieblingsziel, die erwünschte Versöhnung mit Burgund, und wieder einmal spielte Philipp sein Doppelspiel. Er trieb das Theater so

weit, daß er von Karl VII. einen Freibrief verlangte, um sich nach Paris zu begeben; zur gleichen Zeit schickte Philipp Boten nach Amiens, »um dem Bürgermeister und den Einwohnern die große Zuneigung zu beweisen, die er und seine Vorgänger immer für sie gehabt hätten, und bat sie, auf seiner Seite zu bleiben und seine Partei zu unterstützen, so wie es sich für gute Freunde und Nachbarn gehöre«. (Monstrelet, Band II, Kap. 67ff.) Da Amiens zu diesem Zeitpunkt in den Händen der Engländer war, kann man wieder einmal registrieren, wie falsch Philipp war.

Am 30. September war Philipp in Paris, wo er am 8. Oktober Winchester empfing. Bereits auf dem Wege nach Paris hatte Philipp die Huldigung seines Schwagers Clermont, der Statthalter der Länder nördlich der Seine war, und Regnault de Chartres entgegengenommen. Von Monstrelet wissen wir, daß Philipp und Bedford sofort nach Philipps Ankunft in Paris mehrere Beratungen über die Kriegsführung abhielten. Zum Frühling wollte man neu rüsten und die Städte, die sich auf die Seite Karls gestellt hatten, zurückerobern. Besonders Compiègne, die Stadt, die ihre Rückgabe an Philipp verweigert hatte, sollte zum Gehorsam gebracht werden. Aus Dankbarkeit verlieh Bedford seinem Schwager die Statthalterschaft für ganz Frankreich. Diese neue Würde hinderte ihn aber keineswegs, seine Einwilligung zu einem Friedensvertrag mit Frankreich zu geben. Er selbst gab an, dabei seinen Einfluß ausnutzen zu wollen, um die Engländer zu einer friedlichen Lösung zu bewegen. Am 30. Oktober fand in St. Denis eine Konferenz statt, bei der eine Versammlung zum 1. April 1430 in Auxerre zwischen den Vertretern der Parteien (Frankreich, England, Burgund) unter Vorsitz von Amadeus von Savoyen beschlossen wurde. Am 15. Oktober schrieb Philipp der Gute an den Herzog von Savoyen und bat ihn, persönlich nach Auxerre zu kommen. Wieder einmal war Compiègne der Zankapfel, und so gab die königliche Regierung, um Burgund zum Einlenken zu bewegen, bekannt, daß die Stadt eingenommen werden dürfte. Die andere Partei habe keine Gegenmaßnahmen zu befürchten. Philipp blieb selbstverständlich mit den Engländern in engstem Kontakt. Anfang Dezember 1429 legte er dann endlich die Karten offen auf den Tisch. Bereits im Oktober hatte er durch einen seiner Vertrauensleute einen geheimen Plan für ein gemeinsames Vorgehen der Engländer und Burgunds vortragen lassen. Darin hieß es u. a., der König von England sollte mit der größtmöglichen Machtentfaltung vor der geplanten Konferenz von Auxerre in sein Königreich Frankreich kommen. Gleichzeitig wolle man mit Hilfe einer großen Armee den Grafen von Armagnac zurückhalten, damit er Karl VII. keine Hilfe bringen könnte. Während sich La Trémoille über Philipps Absichten immer noch Illusionen hingab, machte dieser den Vorschlag, sich mit Richemont zu verbünden, dem er dafür die Ländereien La Trémoilles und das Herzogtum Touraine, Aunis und Saintogne versprach. Konnte man Richemont gewinnen, würde dieser die Franzosen von Westen her angreifen, während Philipp selbst vom Osten her über La Charité-sur-Loire in das Berry eindringen wollte. Wäre dieser Plan gelungen, hätte Karl sich in die Provence und in das Languedoc zurückziehen müssen. Dem König von England wäre dann das Königreich Frankreich automatisch zugefallen. Es war das Glück Karls VII., daß seine Regierung von diesen Plänen erfuhr. Um die Krönungsarmee von der Bedrohung Philipps abzuschirmen, beschloß man im Kronrat, die wichtige Stadt La Charité-sur-Loire, die durch Burgund besetzt war, zurückzuerobern. Orléans lieferte die Rüstungen, Bourges und andere »gute Städte« Proviant und Munition, und Herr Karl von Albret erhielt das Kommando über das Heer. Zunächst wollte man den kleinen Ort St. Pierre-le-Moûtiers, der ebenfalls in der Hand der Feinde war, wieder einnehmen. Johanna begleitete die Armee. Sie war sicher glücklich, dem eintönigen Leben in Bourges und Mehun-sur-Yèvre entfliehen und wieder an einer kriegerischen Handlung teilnehmen zu können. Nach einigen Tagen der Belagerung schritten die Leute d'Albrets, unter ihnen Johanna, zum Angriff und wurden zunächst zurückgeschlagen. Schließlich konnte St. Pierre-le-Moûtiers aber doch eingenommen werden. Jean d'Aulon schilderte im Rehabilitationsprozeß die Eroberung dieser Festung: »Ich war an der Ferse von einem Pfeil verwundet worden. Ohne Krücken konnte ich mich weder aufrechthalten noch gehen. Da sah ich, der ich zu Euch spreche, wie die Jungfrau mit einer nur ganz kleinen Mannschaft zurückblieb. Ich fürchtete Schlimmes, bestieg mein Pferd, hielt sogleich auf sie zu und fragte sie, was sie da so allein täte und warum sie sich nicht wie die anderen zurückzöge. Und sie? Sie nahm ihren Helm vom Kopfe und sagte zu mir: ›Ich bin nicht allein! Ich habe in meiner Gefolgschaft noch fünfzigtausend Mann. Und ich werde von hier nicht weichen, bis die Stadt unser ist!‹ Und ich versichere, daß sie in diesem Augenblick nicht mehr als vier oder fünf Männer bei sich hatte!«

Dann soll Johanna zu Aulon gesagt haben, er möge dafür sorgen, daß Reisigbündel und Leitern gebracht werden, was dann auch getan wurde; die Stadt wurde ohne Verzug genommen. Magister Regnault Thierry, der Leibarzt des Königs, war ebenfalls bei St. Pierre-le-Moûtiers dabei: »Ich habe sie bei der Einnahme von Saint Pierre-le-Moûtiers gesehen und erlebt, wie die Soldaten die Kirche plünderten und heilige Gegenstände und Schätze fortschleppen wollten. Aber Johanna widersetzte sich ihnen mit männlicher Heftigkeit und duldete es nicht.«

Das Scharmützel bei Saint Pierre-le-Moûtiers war der letzte militärische Sieg, den Johanna erlebte. Weniger Glück hatte sie bei La Charité-sur-Loire am 24. November 1429. Im Prozeß zu Rouen wird sie ihren Richtern sagen, daß hier, wie vor Paris, ihre Stimmen geschwiegen haben, also nicht mit der Belagerung von La Charité einverstanden waren. Nach einem Monat vergeblicher Belagerung zogen sich die Truppen des Königs wieder zurück. Im Januar 1430 erkannte La Charité die Oberherrschaft Karls VII. gegen ein Bestechungsgeld von 100 Goldtalern dann doch noch an.

Johanna kehrte an den Hof von Meung zurück. Im Volk begann man, an ihrer Wunderkraft zu zweifeln. Auch Johanna selbst hatte ihr strahlendes Vertrauen in die Zukunft und ihre Siegeszuversicht verloren. Schon traten, durch den Bruder Richard unterstützt, andere Visionärinnen auf den Plan, um Johanna bei Karl VII. Konkurrenz zu machen. Eine davon war Cathérine de la Rochelle. Der merkwürdige Bruder Richard, der sich Johanna seit Troyes angeschlossen hatte und zeitweilig ihr Beichtvater war, betrieb wohl, daß Cathérine ähnlich wie Johanna vom König eingesetzt würde, weil sein Einfluß bei Johanna selbst schwand. Cathérines Vision war eine weiße, mit goldenem Tuch bekleidete Dame gewesen, die des Nachts zu ihr gekommen war und ihr gesagt hatte, der König sollte ihr Herolde und Trommeln geben, um ausrufen zu lassen, daß jeder seine Schätze wie Gold und Silber herbeibringen möge. Versteckte Reichtümer, die dazu dienen sollten, Johannas Krieger zu bezahlen, würde die weiße Dame bestimmt aufspüren. Diese Cathérine de la Rochelle sollte wahrscheinlich als Visionärin für den Frieden mit Burgund verwendet werden. Sie vertrat auch die Ansicht, man solle zu Philipp gehen, um mit ihm Frieden zu schließen. Johanna hatte ja reichlich Gelegenheit gehabt, Philipps Friedenswillen und seine Machenschaften richtig einzuschätzen, und so gab sie Cathérine die berühmte Antwort, »ihr schiene, man könne den Frieden nur mit der Spitze der Lanze finden«. Eines Tages fragte Johanna Cathérine, ob die weiße Dame jede Nacht zu ihr käme, und als diese das bejahte, sagte sie: »Ich werde mit dir schlafen.« Aber in jener Nacht schlief Johanna ein, und Cathérine erzählte ihr am nächsten Tag, sie habe die weiße Dame empfangen. »Wird sie morgen wiederkommen?« fragte Johanna, und Cathérine versprach, sie werde bestimmt erscheinen. Diesmal schlief Johanna am Tag und wachte die ganze Nacht. Natürlich sah sie keine weiße Dame und riet Cathérine, sie »solle lieber zu ihrem Ehemann zurückkehren, ihren Haushalt führen und ihre Kinder erziehen«. Cathérine rächte sich später bitter an Johanna, indem sie, als Johanna schon gefangen war, in Paris erklärte, Johanna werde mit Hilfe des Teufels aus dem Gefängnis von Rouen entweichen, ihre Stimmen seien Brunnengeister.

Noch umgab Johanna der Nimbus der Gottgesandtheit. War sie es doch gewesen, die Orléans befreit und Karl zur Krönung nach Reims geführt hatte. Ende des Jahres 1429 wurde ihr deshalb ein besonderes Zeugnis königlicher Dankbarkeit zuteil, denn Karl VII. erhob Johanna, ihre Brüder und die gesamte Nachkommenschaft in den Adelsstand. In dem amtlichen Dekret, das von La Trémoille unterschrieben ist, heißt es: »Karl, König der Franzosen durch Gottes Gnaden zur ewigen Erinnerung dessen, was geschehen. Wir wollen uns dankbar zeigen für die zahlreichen und großen Wohltaten der göttlichen Macht, die uns durch unsere treue und vielgeliebte Jungfrau Johanna d'Ay (siehe Anmerkung) aus Domrémy erwiesen wurden und die sich noch, das ist unsere Hoffnung, durch das Wirken der göttlichen Gnade vermehren werden. Außerdem geschieht das in Anbetracht der lobenswerten, willigen und nützlichen Dienste, die besagte Johanna uns und dem Königreich bereits bei vielen Gelegenheiten geleistet hat und die sie uns auch, wie wir hoffen, in Zukunft leisten wird.«

(Cordier vermutet, daß bei der Schreibweise d'Ay ein Fehler des Kopisten vorliegt, während Quicherat annimmt, daß diese Schreibweise eine Folge des Lothringer Dialekts sei, da in Lothringen das A geschlossen ausgesprochen und das R verschluckt wird. In der damaligen Zeit kannte man aber kaum Nachnamen, und so taucht häufig auch die Schreibweise Darc, Trac und sogar Ay und Day auf.)

Johanna sollte anscheinend mit diesem Adelstitel, um den sie nie gebeten hatte, weggelobt werden. Für den König und für den Kronrat war ihre Mission beendet. Zum Abschied wollte man ihr nun noch den Titel geben. In dem durch die Kanzlei abgefaßten Schreiben wird ja auch deutlich unterschieden zwischen den »zahlreichen und großen Wohltaten der göttlichen Macht« und den sehr viel bescheideneren »lobenswerten willigen und nützlichen Diensten« Johannas.

Johanna hat diesen eigenartigen Akt der Dankbarkeit nicht überschätzt, sondern erkannt, daß es sich um ein mehr oder weniger nobles Abschiedsgeschenk des Königs handelte. Sie selbst hielt ihre Mission keineswegs für beendet. Im Gegensatz zu ihren Brüdern Jean und Pierre hat sie den Namen »du Lys«, der mit dem Titel verbunden war, auch nie angenommen.

Über Johannas Taten in der ersten Zeit des Jahres 1430 wissen wir nur wenig. Am 31. Januar 1430 war sie in Orléans, wo sie ein Haus kaufte oder mietete, das ihre Mutter später noch viele Jahre bewohnte, bis sie hochbetagt starb. Danach verliert sich ihre Spur bis zum März. Während dieser Zeit siedelte Johanna im Gefolge des Königs in das große Schloß Sully-sur-Loire über, das La Trémoille gehörte. Wir besitzen drei von Johanna unterzeichnete Briefe aus dieser Zeit. Zwei davon sind an die Einwohner von Reims adressiert.

Die »gute Stadt« Reims war in begreiflicher Aufregung. Anläßlich seiner Hochzeit mit Isabella von Portugal stiftete Philipp der Gute nicht nur den berühmten Orden vom »Goldenen Vlies«, sondern es gelang ihm auch, von seinem Schwager Bedford ein besonders nobles Hochzeitsgeschenk zu bekommen, nämlich die Schenkung der Grafschaft Champagne und Brie als Lehen in männlicher Erbfolge. Allerdings war dieses Geschenk mit der Verpflichtung verknüpft, diese Gebiete zunächst selbst zurückzuerobern. Es war der Traum und das ehrgeizige Ziel Philipps, sein Reich, das aus Flandern und Burgund bestand, auch territorial zu verbinden und damit das Reich Lothars, das lotharingische Zwischenreich, neu zu schaffen. Jetzt endlich ließ Philipp die Maske fallen und bemühte sich nicht mehr, La Trémoille über seine Absichten zu täuschen. Von nun an überstürzten sich die Ereignisse. Bereits am 26. oder 28. Februar belagerte Philipp Troyes; aber die gewaltsame Einnahme der Stadt mißlang. Bald darauf erließ er an seine Truppen in Flandern und Burgund den Befehl, sich für den Krieg zu sammeln. Die Hauptleute Karls VII. konnten zwar einige von Philipps kriegerischen Unternehmungen verhindern; aber selbst Amadeus von Savoyen gelang es nun nicht mehr, zwischen den Parteien zu vermitteln. Die Würfel für eine kriegerische Auseinandersetzung waren endgültig gefallen. Philipp setzte jetzt ganz offen nur noch auf das Bündnis mit Bedford, zumal die Ankunft des jungen Heinrich VI. mit einer Truppe von 2000 Mann unmittelbar bevorstand. Sein Plan war klar. Philipp wollte die Städte der Champagne besetzen und das wichtige Gebiet der Ile de France zurückgewinnen. Dazu

mußte der Zugang nach Paris durch das Tal der Oise freigemacht werden, wo die Armagnacs ja immerhin noch Compiègne, Beauvais, Senlis, Soissons und einige kleinere Ortschaften besaßen. Soweit also Philipps Plan, den er in allen Einzelheiten in einer Denkschrift an Heinrich VI. erläuterte. Die Regierung Karls VII. war auch nicht müßig. Endlich gab man sich über die wahren Absichten Burgunds keinen Illusionen mehr hin. Mehrere politische Ziele mußten verfolgt werden, wenn man den Vorsprung, den man Burgund und Bedford durch diplomatisches Fehlverhalten gelassen hatte, wieder aufholen wollte. Den Hauptleuten Karls gelang es, die Überfälle Burgunds immer wieder erfolgreich abzuwehren, so daß Philipp in den Frühjahrsmonaten des Jahres 1430 keine militärischen Erfolge erzielen konnte und sein Ziel, die Champagne und vor allem die Krönungsstadt Reims zu belagern, nicht verwirklichen konnte. Ein anderes Ziel des Kronrats war es, die »guten« Städte der Champagne, die mit einer Belagerung durch Burgund rechnen mußten, zu beruhigen. Wieder einmal bediente sich die königliche Kanzlei in den Briefen an die Stadt Reims des für die Bevölkerung vertrauenerweckenden Namens Johannas. Am 16. März 1430 wird ein Brief an die Einwohner von Reims abgeschickt, dessen aggressiver Ton und abgehackter, persönlicher Stil schließen lassen, daß sie diesen Brief selbst diktiert hat oder wenigstens seinen Inhalt kannte:
»Sehr teure und vielgeliebte Freunde, die ich gern besuchen würde. Johanna die Jungfrau hat Eure Briefe empfangen, in denen Ihr Eure Furcht, belagert zu werden, erwähnt. Ihr solltet wissen, daß das nicht geschehen wird, wenn ich ihnen entgegentreten kann; doch sollte es geschehen, daß ich ihnen nicht begegne und sie vor Euch ständen, so schließt die Tore, denn ich werde bald bei Euch sein; und wenn sie dort sind, werde ich sie zwingen, ihre Sporen so schnell anzulegen, daß sie nicht wissen, wie sie es anfangen sollen, und ihre Vernichtung wird so schnell vor sich gehen, daß Ihr bald damit rechnen könnt. Etwas anderes kann ich Euch im Augenblick nicht schreiben, aber bleibt immer gut und treu. Ich bitte Gott, er möge Euch in seinen Schutz nehmen. Ge-

schrieben zu Sully, am 16. März. Ich gebe Euch noch keine Nachrichten, obgleich sie Euch freuen würden, denn ich fürchte, daß besagte Briefe unterwegs abgefangen werden und besagte Nachrichten dann bekannt würden. (Gezeichnet: Johanna)«

Auch Karl VII. selbst unterzeichnete in diesen Tagen einen Brief an die Bürger von Reims, denn man war jetzt, nachdem Burgunds Absichten offenkundig geworden waren, sehr besorgt um die Krönungsstadt. Karl kündigt darin baldige Rettung der Champagne durch einen fähigen Heerführer an. Es handelte sich um Herrn Barbazan, den »Ritter ohne Furcht und Tadel«, wie er auch genannt wurde. Im Februar 1430 konnte La Hire diesen wackeren Krieger aus Château Gaillard, wo er auf Lösegeld wartete, befreien. Sofort nach seiner Rückkehr wurde Herr von Barbazan zum Generalstatthalter der Champagne ernannt und verteidigte dieses Gebiet erfolgreich gegen Philipp.

Der zweite Brief, der mit dem Namen Johannas an die Reimser abging, ist deshalb interessant, weil erstmals von »verräterischen burgundischen Feinden« gesprochen wird. Diese Redewendung deutet auf eine neue Beziehung zu Burgund und das Eingeständnis hin, daß die diplomatischen Bemühungen der Regierung La Trémoille nicht den gewünschten Erfolg gehabt hatten.

Ein eigenartiges Zeugnis außenpolitischer Bemühungen La Trémoilles befindet sich in der Bibliothek de l'Ecole de Chartres. Es handelt sich um einen in Johannas Namen abgefaßten Brief, der von ihrem Beichtvater Pasquerel geschrieben wurde. Empfänger dieses Schreibens war der Kaiser des Heiligen Römischen Reiches Deutscher Nation, Sigismund. Der Brief sollte den »böhmischen Ketzern« übergeben werden, als Warnung und gleichzeitig als Mahnung, von ihrem »Irrglauben« abzulassen.

Bei diesem Schreiben kann kein Zweifel darüber bestehen, daß Johanna den Inhalt nicht kannte. Sie hat sich nie für außenpolitische Belange interessiert, und es ist sogar zweifelhaft, ob sie überhaupt etwas von dem Kampf Sigismunds gegen die Anhänger von Johann Hus in Böhmen wußte. Der

Brief ist aber ein weiteres Zeugnis dafür, wie Johannas Name von der königlichen Kanzlei benutzt wurde, um politische Ziele zu verfolgen. Inzwischen konnte die Armee Winchesters, die ja ursprünglich zum Kampf gegen die Hussiten zusammengestellt worden war, mit Verspätung zu Kaiser Sigismund entsandt werden, um ihm bei seinem Kampf gegen die böhmischen Ketzer behilflich zu sein. Mit dem Hussitenbrief sollte Sigismund diskret darauf hingewiesen werden, daß er auf Hilfe aus Frankreich rechnen durfte. Gleichzeitig wollte man sich der Loyalität und Gunst des Kaisers versichern, damit dieser im Notfall auch Frankreich gegen Burgund behilflich sein würde.

Brief an die Hussiten:

Jhesus und Maria
»Vor langer Zeit schon ist mir, Johanna der Jungfrau, das Gerücht zu Ohren gekommen, daß Ihr Euch aus wahren Christen zu Ketzern, den Sarazenen gleich, gewandelt hättet, daß Ihr Religion und Kult abgeschafft und einen schädlichen und schändlichen Irrglauben angenommen hättet und Euch bemüht, ihn zu bewahren und zu verbreiten; es gibt keine Schandtaten noch irgendeine Grausamkeit, die Ihr nicht zu begehen wagt: Ihr erschüttert die Sakramente der Kirche, Ihr zerstört die Glaubensartikel, Ihr vernichtet die Kirchen, Ihr zerbrecht und verbrennt die heiligen Bilder, Ihr quält die Christen so lange, bis sie Euren Glauben annehmen. Woher stammt dieser Wahn, von welchem Irrsinn und welcher Wut werdet Ihr getrieben? Dieser Glaube, den der allmächtige Gott, der Sohn und der Heilige Geist geschaffen, unterhalten, erhöht und durch Tausende von Wundern auf tausenderlei Art bewiesen haben, wird von Euch verfolgt, und Ihr versucht, ihn zu vernichten und auszurotten. Ihr seid blind, und nicht die, welche keine Augen haben. Glaubt Ihr ungestraft zu bleiben oder wißt Ihr nicht, daß Gott, wenn er Eure gottlosen Werke nicht hindert und erlaubt, daß Ihr im Dunkeln und Irrtum verharrt, dies nur tut, weil je mehr Verbrechen und Gotteslästerungen Ihr begeht, Euch um so mehr Qualen und Strafen erwarten? Was mich

betrifft, ich wäre, um die Wahrheit zu sagen, schon zu Euch gekommen, wäre ich nicht so sehr mit dem englischen Krieg beschäftigt. Aber wenn ich nicht erfahren sollte, daß Ihr Buße tut, so werde ich vielleicht die Engländer lassen und gegen Euch ziehen, um Euren verderblichen und unreinen Irrglauben mit dem Schwert auszurotten, wenn ich nicht anders dagegen ankommen kann, und Euch Eure Ketzerei oder das Leben nehmen. Wenn Ihr es jedoch vorzieht, zum katholischen Glauben und dem Licht zurückzukehren, so schickt mir Eure Gesandten, und ich werde Euch sagen lassen, was Ihr tun sollt. Wenn Ihr jedoch eigenwillig seid und es Euch gelingt, der Verfolgung eine Weile zu widerstehen, denkt an die schlechten Taten und Verbrechen, die Ihr weiter begeht, und erwartet mich mit der stärksten irdischen und göttlichen Macht, um Euch das alles zu vergelten. (Geschrieben zu Sully, am 23. März an die Ketzer zu Böhmen. Gezeichnet: Pasquerel.)«

Für Johanna muß die Zeit in Sully-sur-Loire qualvoll gewesen sein. Jetzt, da der Kampf gegen die Anglo-Burgunder wiederauflebte, litt sie besonders unter der angeblichen Tatenlosigkeit Karls VII. und La Trémoilles. Sie fühlte sich wie eine Gefangene in dem riesigen Wasserschloß von Sully. Am 15. März war der Waffenstillstand zwischen Karl VII. und Burgund abgelaufen. Nun mußte zunächst verhindert werden, daß Philipp die Champagne zurückeroberte und die Städte der Oise unter seine Herrschaft brachte. Die Champagne konnte durch die bereits erwähnte Entsendung des Herrn von Barbazan gehalten werden. Nun mußte Philipp der Durchgang durch das Tal der Oise unmöglich gemacht werden, um den Weg nach Paris abzuriegeln. Es erwies sich jetzt als Glück, daß die Stadt Compiègne sich im August 1429 mit Erfolg geweigert hatte, als Pfand an Philipp geliehen zu werden. Das Tor zum Durchzug war Compiègne. Diese Stadt mußte unter allen Umständen gehalten werden. Ein Vertrauter La Trémoilles, Guillaume Flavy, war mit dem Schutz von Compiègne betraut. Zu Unterstützung der bedrohten Stadt wurde eine Truppe entsandt, der auch Johanna angehörte.

Anfang April brach sie mit Jean d'Aulon auf, um sich in Lagny-sur-Marne mit einigen Kriegskameraden zu vereinigen. Einige Chronisten, vor allem Perceval de Cagny behaupten, daß dieser Aufbruch ohne Wissen und Willen des Königs geschah.
»Im Jahre 1430, Ende April, war die Jungfrau sehr unzufrieden über die Kriegführung der Räte des Königs, und sie verließ den König, um sich in die Stadt Compiègne an der Oise zu begeben ...« Cagny berichtet dann weiter: »Die Jungfrau, die alles über die Art und Weise erfahren hatte, durch die der König und sein Rat das Königreich wiedererlangen wollten, war darüber sehr unzufrieden; sie fand einen Weg, sich von ihm zu trennen; ohne sich von dem König zu verabschieden und ohne sein Wissen tat sie so, als wolle sie an einem Zeitvertreib teilnehmen, und ohne zurückzukehren, zog sie zur Stadt Lagny-sur-Marne davon ...«
Der Historiker Jules Quicherat hielt Cagny für den bestinformierten Chronisten, der je über Johanna berichtet hat. Da die einschlägige Forschung bisher fast ausschließlich auf Quicherat basierte, wurde auch dieser geheime Aufbruch Johannas nach Compiègne als Tatsache hingenommen. Die Fakten widersprechen dem aber entschieden. Wenigstens La Trémoille, der mächtige Minister Karls, hätte das eigenmächtige Handeln Johannas verhindert. Da die Jungfrau im Gegensatz zur vorgefaßten Meinung vieler Historiker keine amtlichen Vollmachten innehatte, konnte sie nichts ohne den Willen La Trémoilles unternehmen. Die politischen Bestrebungen des Ministers und die vorhergehenden Ereignisse machen deutlich, daß Johanna die Truppe auf Befehl der königlichen Regierung begleitete.
Die Kunde vom Wiedererscheinen der Jungfrau verbreitete sich in Windeseile in den »guten Städten«. Die Menschen faßten wieder Mut, und bald kam es, besonders in der Ile de France, zu Aufständen gegen die burgundische Besatzung. Melun erhob sich und vertrieb die Soldaten Philipps. Ohne Widerstand konnte die Truppe Karls in die Stadt einziehen. Hier, auf den Wällen von Melun, hatte Johanna die erste Vorahnung von ihrem Schicksal. Während der Osterwoche erschienen ihr nach ihren eigenen Angaben die heilige Mar-

garetha und die heilige Katharina und sagten ihr, daß sie noch vor dem Johannistag in Gefangenschaft geraten würde. Sie solle es in guter Haltung hinnehmen, dann würde Gott ihr helfen.

»Ich bat sie, wenn ich gefangen würde, gleich sterben zu dürfen, ohne lange Qual der Gefangenschaft. Die Stimmen antworteten, ich solle alles hinnehmen, es müsse so geschehen. Aber sie sagten mir nicht die Stunde. Manchesmal habe ich sie gebeten, mir die Stunde zu nennen. Und sie nannten sie mir nicht . . .«

Anfang Mai trafen Johanna und ihre Begleiter in Compiègne ein, dessen Bewohner sich jetzt ständig durch Philipp, der sein Hauptquartier sechs Kilometer nördlich der Stadt aufgeschlagen hatte, bedroht fühlten. In Compiègne vereinigte sich der kleine Stoßtrupp, dem Johanna angehörte, mit einer großen Streitmacht, die zur gleichen Zeit dort ankam. Von Monstrelet wissen wir, daß ungefähr 2000 Mann, darunter Johanna, Pothon de Xaintrailles und Ambroisé de Loré, versucht haben, Philipps Truppen den Nachschub abzuschneiden. Die Anglo-Burgunder wurden aus diesem Grunde bei Pont-l'Evêque angegriffen, wo sie den Oise-Übergang besetzt hielten. Die Brücke konnte jedoch gehalten werden, bis burgundische Verstärkung eintraf. Johanna und die Truppe wurden zum Rückzug nach Compiègne gezwungen. Bereits am nächsten Tag kapitulierte Choisy-au-Bac. Zusammen mit dem Kanzler Regnault de Chartres und dem Grafen von Vendôme, die sich schon seit einiger Zeit in Compiègne befanden, brach Johanna nach Soissons auf. Da man nach den letzten Erfolgen der Anglo-Burgunder ständig mit der Belagerung Compiègnes rechnen mußte, fiel die Entscheidung, die Garnison nach Soissons zu verlegen. Gegen Abend des 18. Mai erreichten sie die Stadt. Hier erlebten Johanna und ihre Begleiter einen großen Schock, denn der Kommandant verweigerte der Truppe des Königs den Einlaß. Dieser Guiscard Bournel, der durch den Grafen von Clermont als Kommandant eingesetzt war, verhandelte heimlich mit Philipp von Burgund und hatte bereits zugesagt, die Stadt für 4000 Saluts d'Or zu verkaufen. Er erlaubte nur den Einzug des

Erzbischofs, des Grafen von Vendôme und der Jungfrau mit wenigen Leuten ihrer Begleitung. Die Truppe mußte auf dem Feld übernachten. Bereits am nächsten Tag wurde der Betrug Bournels offenbar. Als Johanna von dem Verrat des Hauptmanns hörte, bekam sie einen ihrer Wutanfälle und rief aus, »wenn sie den besagten Bournel in die Hände bekäme, würde sie ihn vierteilen«. Diese Drohung der Jungfrau störte den Hauptmann allerdings wenig. Sobald er die königliche Armee wieder abziehen sah, schloß er den für ihn sehr einträglichen Handel mit Burgund ab.
Am 19. Mai verließen Johanna und ihre Begleiter das ungastliche Soissons. Zunächst zogen sie nach Lagny-sur-Marne, das durch den Verlust von Soissons besonders bedroht war, und dann nach Crépy-en-Valois. Hier trennten sich Regnault de Chartres und Vendôme von der Truppe. Johanna brach zusammen mit ungefähr 400 Mann und ihrem persönlichen Stab, zu dem seit einiger Zeit auch ihr Bruder Pierre du Lys gehörte, nach Compiègne auf, nachdem am Nachmittag des 22. Mai die Nachricht durchgesickert war, daß die Belagerung der Stadt begonnen hatte. Gegen Mitternacht startete die Kavalkade in Crépy-en-Valois, um im Schutze der Dunkelheit nach Compiègne zu reiten. Es war ein gefährliches Unternehmen, aber die Truppe kam unbehelligt am Morgen des 23. Mai in der Stadt an. Hier erfuhren Johanna und ihre Freunde von Flavy, daß der Brückenkopf von Margny schon in anglo-burgundischen Händen war. Xaintrailles faßte am Tage der Rückkehr Johannas und ihrer Gefährten den Entschluß, die Gegend um Margny zu erkunden. Den Rückzug der Truppe sollte Guillaume Flavy decken. Am Flußufer wurden Boote bereitgehalten und am Brückenkopf Bogen- und Armbrustschützen aufgestellt, um das Fußvolk eventuell zu schützen. Gegen vier oder fünf Uhr am Nachmittag zog Johanna, zwischen zwei Hauptleuten reitend, zusammen mit 500 bis 600 Kriegern aus der Stadt. Angeführt wurde die Schar durch den Hauptmann Baretta. Wie schon so oft, ritt d'Aulon an der Seite der Jungfrau. Johanna trug, als sie Compiègne verließ, einen prächtigen, golddurchwirkten Brokatmantel.

Das Unglück wollte es, daß sich auch Jean de Luxembourg mit ein paar Reitern in der Nähe der Stadt befand, um zu erkunden, »auf welche Weise man die Stadt Compiègne belagern könnte«. Inzwischen hatten aber die Leute Barettas, unter denen sich auch Johanna befand, die Leute von Noyelle, die in Margny lagen, überrascht und lieferten dort ein Scharmützel. Von seinem Beobachtungsposten sah Luxemburg diesen Kampf; und er sah noch mehr, nämlich den prächtigen Mantel der gefürchteten Hexe der Armagnacs, der in der Sonne funkelte. Sofort benachrichtigte er die Burgunder in Clairy und die Engländer in Venete. Die zögerten keinen Moment und kamen bald von beiden Seiten, nämlich flußaufwärts und flußabwärts, um den Franzosen den Weg abzuschneiden. Als die Soldaten die Falle erkannten, verloren sie den Mut und flohen den Abhang hinunter zur Oise. Vergeblich rief Johanna sie zum Kampf auf. Keiner hörte mehr auf sie. Gefolgt von den Engländern rannten die Franzosen zu den rettenden Booten, die sie zurück nach Compiègne bringen sollten. Johanna und ihre Gefährten deckten den Rückzug. Aufgelöst rannten die Soldaten über die Zugbrücke und durch die Stadttore. Von seinem Beobachtungsposten auf einem der Türme sah der Kommandant Flavy ohne einzuschreiten zu. Immer noch kämpfte Johanna mit dem Mut der Verzweiflung. Sie vernahm bereits, daß man es vor allem auf sie abgesehen hatte. Der prächtige Brokatmantel hatte Johann von Luxemburg ja verraten, daß man die gefürchtete Pucelle leibhaftig vor sich hatte.
Johanna wollte sich nicht in die Stadt zurückziehen. Vielleicht hoffte sie auch, daß ihre Stimmen sich getäuscht hatten und daß sie im Kampf fallen durfte, ihr also das Martyrium in seiner ganzen Härte erspart bleiben würde. Mit Gewalt ergriffen schließlich d'Aulon und ihr Bruder Pierre die Zügel ihres Pferdes und trieben es in Richtung Brücke. Doch es war zu spät! Sofort waren sie von Feinden umringt. Die Gruppe um Johanna kämpfte verbissen und tapfer; aber die Angreifer waren in der Übermacht. Von seinem Turm aus sah Guillaume de Flavy, wie die ersten Engländer über die Zugbrücke in die Stadt Compiègne drängten. Nun blieb

ihm nichts anderes mehr übrig, als die Brücke hochziehen zu lassen. Compiègne wäre sonst verloren gewesen. Für Johanna und ihre Getreuen war es das Ende. Noch kämpften die Männer tapfer um die Jungfrau, um sie zu schützen, doch einer nach dem anderen fiel oder wurde gefangengenommen. Dann wurde Johanna gepackt. Ein Bogenschütze, der sich Lionnel nannte, ergriff sie, zerrte sie vom Pferd und warf sie zu Boden. Die Jungfrau war gefangen.

So endete ihr Ruhm am 23. Mai 1430 »dort, wo ihr das Schicksal zum letztenmal erlaubte, die Waffen zu tragen«. (Chastellain II, 49).

Zusammen mit ihrem Bruder Pierre und d'Aulon wurde Johanna in das englisch-burgundische Zeltlager gebracht. Die Jungfrau war nun in der Hand ihrer Feinde.

Die Jungfrau ist gefangen

»Es ist wahr, ich habe anderswo zu entkommen versucht, und jetzt tät ich es wohl. Jeder Gefangene hat ein Recht zu fliehen ...«

(Johanna zu Rouen am 21. Februar 1431, dem ersten öffentlichen Verhandlungstag)

Die Gefangennahme der Jungfrau rief bei den Burgundern eine ungeheure Aufregung hervor. Über ein Jahr hatte diese verdammte Pucelle, die mit dem Teufel persönlich im Bunde zu sein schien, für Siege der Valois gesorgt, hatte den schwachen Karl zur Krönung nach Reims bewegt und die bis dahin so siegreichen Engländer und Burgunder in Atem gehalten! Tausendmal hatten sie sie als Hexe bezeichnet und gedroht, sie unverzüglich zu verbrennen, sobald sie ihrer habhaft werden könnten. Und nun, als man es kaum noch zu hoffen wagte, wurde diese unmögliche Frau in Männerkleidern gefangen. Ein großer Fang, den dieser einfache Bogenschütze im Dienste des Bastards von Wendomme da gemacht hatte. So war einer der ersten Besucher der gefangenen Johanna kein geringerer als Philipp von Burgund! Der Herzog hörte von der Gefangennahme in Coudon, da er selbst nicht an den Kämpfen um Compiègne teilnahm. Die Begeisterung seiner Soldaten über den unerwarteten Fang kannte keine Grenzen. Johanna wurde trotzdem mit großer Achtung behandelt. Jean d'Aulon, der mit ihr gefangengenommen wurde, blieb bei ihr und teilte wenigstens in der ersten Zeit ihr Los. Philipp von Burgund ritt sofort nach Margny, um mit der berühmten Gefangenen zu sprechen. Er ließ sie sich nicht vorführen, sondern begab sich zu ihr, ein Beweis, daß er vor der gefangenen Jungfrau Ehrfurcht und Achtung hatte.

In Begleitung Philipps befand sich wie immer sein Geschichtsschreiber Enguerrand de Monstrelet. Trotzdem gibt es darüber, was zwischen Johanna und dem Herzog besprochen wurde, keinen Bericht. Monstrelet bemerkt nur:

»Der Herzog begab sich in ihre Unterkunft, wo er sie antraf, und wechselte einige Worte mit ihr, an die ich mich, obwohl ich zugegen war, nicht mehr erinnere.« (Monstrelet, Chroniques IV, Seite 388)
Das ist allerdings eine verblüffende Feststellung. An diese historische Begegnung des großen Herzogs und seiner Widersacherin will sich der Chronist, der im übrigen in seinem Gesamtwerk keine zweite Gedächtnislücke dieser Art zugibt, nicht erinnern? Wahrscheinlich war der Wortwechsel zwischen Johanna und Philipp für den Fürsten nicht sehr rühmlich. Nur so kann man sich den Gedächtnisschwund seines Chronisten erklären.
Am gleichen Abend noch setzte der Herzog Rundschreiben an seine Untertanen in Umlauf, um die frohe Botschaft der Gefangennahme der Jungfrau zu verkünden. Es hieß darin unter anderem:
»Der gnadenreiche Schöpfer hat uns mit der Gefangennahme der Jungfrau gesegnet . . .«
Bereits am nächsten Tag folgte ein Brief an den Herzog von Savoyen, in dem man ebenfalls lesen konnte, daß »durch Gottes Gnade die, welche man die ›Jungfrau‹ nannte, mit mehreren Hauptleuten, Junkern und anderen gefangengenommen wurde, und, wenn Karl VII. sich nicht anschicke, wahre und vollständige Zuneigung zu zeigen und mit Täuschung, Verschlagenheit und Hinterlist fortfahre, wolle er (Philipp) nichts mehr weiter tun und sich keine Mühe mehr geben, denn wir haben noch unsere Armee, die bereitsteht, sie ist sehr mächtig und für lange Zeit mit Sold versehen, darum wollen wir, mein besagter Herr (der König von England) und ich keine Zeit mehr verlieren«.
(Brief Philipps vom 25. Mai 1430, der die Verzögerung der Konferenz von Auxerre begründet und den Herzog von Savoyen von der Gefangennahme Jeanne d'Arcs in Kenntnis setzt.)
Bereits am 25. Mai wußte man, daß Johanna gefangen war, und schon einen Tag später richtete die mächtige Universität ein Schreiben an Philipp, in dem er ersucht wurde, das Mädchen dem Generalvikar des Großinquisitors auszulie-

fern. Der Generalvikar Martin Billory forderte gleichzeitig persönlich die Herausgabe der Jungfrau. Philipp erhielt folgenden Brief:

»Wir Bruder Martin, Hauptbevollmächtigter des Glaubensinquisitors im Königreich Frankreich, machen von unseren Rechten kraft unseres Amtes Gebrauch von der Autorität, die uns der Heilige Stuhl zu Rom übertragen hat, und fordern von jeder Person sofort und zum Besten des katholischen Glaubens unter Androhung der rechtlichen Strafen, besagte Johanna, die verschiedener ketzerischer Verbrechen sehr verdächtig ist, als Gefangene vor uns zu führen, damit sie vor uns und dem Untersuchungsrichter der Heiligen Inquisition erscheine und man mit Rat und Hilfe der guten Doktoren und Magister der Universität Paris und anderer würdiger Ratgeber, wie es sich gehört, vorgehen kann . . .«

Philipp von Burgund war keineswegs geneigt, dieser Aufforderung zu folgen und seine Gefangene so einfach herauszugeben. Zunächst mußte geklärt werden, wem sie nun gehörte, und das war gar nicht so einfach. Gefangengenommen hatte sie ein einfacher Bogenschütze, der im Dienste des Bastards von Wendomme stand. Der Bastard von Wendomme gehörte zu Johann von Luxemburg. Und Johann von Luxemburg war zwar Vasall Philipps von Burgund, stand aber selbst im Dienst des Königs von England.

Auch die Kirche trat auf den Plan und beanspruchte Rechte an der wertvollen Gefangenen. Johanna war in der Diözese des Bischofs von Beauvais gefangengenommen worden. Auch die Kirche hatte also ein Recht auf Johanna und konnte beantragen, ihren Prozeß zu leiten. Philipp der Gute aber dachte zunächst überhaupt nicht daran, seine Beute auszuliefern. Man konnte ja noch eine beträchtliche Summe aushandeln, bis man die Jungfrau an den König von England oder an einen anderen Interessenten verkaufte! Philipp folgte den dringlichen Aufforderungen der Universität von Paris nicht. Um sicherzugehen, daß die Jungfrau am Ende nicht von ihren eigenen Anhängern befreit würde, befahl Philipp seinem Lehnsmann Johann von Luxemburg, die Gefangene in das Schloß von Beaulieu zu bringen. Nachdem Johanna

drei oder vier Tage im Lager Philipps bei Margny verbracht hatte, wurde sie in das einige Meilen vom Lager entfernte Schloß Beaulieu im Vermaudois gebracht. Sie wurde auch hier mit großer Achtung und Zuvorkommenheit behandelt. D'Aulon durfte sie begleiten, und auch sonst tat man in dieser ersten Zeit von Johannas Gefangenschaft alles, um ihr Los zu erleichtern. Johanna hatte trotzdem Angst! Was würde mit ihr geschehen?
Eines Tages beschloß sie zu fliehen. D'Aulon war ihr wohl behilflich, als sie »zwischen zwei Balken« schlüpfte und zu entkommen versuchte, wie es etwas unklar heißt. Wahrscheinlich wollte Johanna versuchen, ihre Wächter im Turm einzusperren und dann fortlaufen.
Leider schlug der Plan fehl. »Gott hätte es diesmal nicht gefallen, wenn ich geflohen wäre«, hat die Jungfrau später einmal über diesen Fluchtversuch geäußert.

Die Menschen im Süden Frankreichs und an der Loire wurden von tiefer Trauer und Bestürzung erfaßt, als sie von der Gefangennahme Johannas hörten. Überall wurde für ihre Rettung gebetet. Die Stadt Tours ordnete öffentliche Gebete an, um für die Befreiung Johannas zu bitten. Eine große Prozession wurde abgehalten, an der die Domherren der Kathedrale barfuß teilnahmen. In allen Städten Karls wurden während der Messe Gebete für die Jungfrau gesprochen.
Auch Jakob Gélu, der Erzbischof von Embrun, sandte an Karl ein Schreiben, in dem er ihn beschwor, bei seiner Ehre alles zu versuchen, um Johanna freizukaufen. »Ich empfehle Euch«, schrieb er, »daß Ihr durch Wiedergewinnung dieses Mädchens und zum Kaufe ihres Lebens weder Mittel noch Geld, noch was immer für einen Preis sparet, wenn Ihr nicht den unauslöschlichen Vorwurf einer sehr tadelnswerten Undankbarkeit auf Euch nehmen wollt.«
Sicher besaß Karl nicht die ungeheure Summe, die er als Lösegeld für Johanna gebraucht hätte; es bleibt dennoch unverständlich, daß er offenbar gar nichts unternahm, um sie zu retten. Immerhin wäre es möglich gewesen, Talbot, der sich seit Patay in Gefangenschaft befand und seinerseits auf

Lösegeld aus England wartete, gegen die Jungfrau auszutauschen. Doch das wurde nicht einmal versucht. Auch aus anderen Gründen erscheint Karls Tatenlosigkeit unverständlich. Ein Prozeß gegen Johanna würde immer auch gegen den König gehen. Die Krönung des achtjährigen Heinrich VI. sollte noch im Jahre 1430 stattfinden. Bedford hoffte, die Salbung Heinrichs VI. könne diejenige Karls annullieren. Also mußte Johanna als Hexe und Verbündete des Teufels gebrandmarkt werden. Für Karl stand mit der Verurteilung der Jungfrau also auch die Anerkennung seines Königtums auf dem Spiel. Eine Verdammung Jeanne d'Arcs würde ihn in der Öffentlichkeit als König ohne Anrecht auf Land und Titel hinstellen. Karl aber saß untätig an der Loire, überließ die Jungfrau ihrem grausamen Schicksal und unternahm nichts zu seiner eigenen Ehrenrettung.
Nach dem mißglückten Fluchtversuch in Beaulieu wurde Johanna in das Schloß Beaurevoir gebracht, das ebenfalls Johann von Luxemburg gehörte. Hier wurde sie der Obhut dreier Damen anvertraut: der Tante Johanns, Johanna von Luxemburg, seiner Gemahlin Johanna de Béthune und seiner Stieftochter Johanna de Bar. Alle drei schlossen ihre Namensschwester sofort ins Herz und behandelten sie freundschaftlich, fast wie eine Schwester. Auch Johanna faßte offenbar eine große Zuneigung zu den Damen, die alles für sie taten, was in ihrer Macht stand. So flehte die alte Herzogin ihren Neffen sogar auf Knien an, seinem Namen doch keine Schande zu machen, indem er Johanna an Bedford verkaufte. Nur die hartnäckige Weigerung der Jungfrau, Frauenkleider zu tragen, beunruhigte die freundlichen Damen. Fortdauernd versuchten sie, sie zu überreden, die unweibliche Knabentracht abzulegen. Einmal ließen sie Johanna zwischen einem Gewand und einem Stück Stoff wählen, um ihr daraus ein Kleid anfertigen zu lassen. Die Damen wußten wohl, daß Johannas Männerkleidung zu einem Hauptanklagepunkt im Prozeß werden könnte. Sie wurden schon aus diesem Grund nicht müde, sie zu beschwören, sich fraulich zu geben und zu kleiden. Sicher tat es Johanna leid, dieses gutgemeinte Angebot abzulehnen. Später erwähnte sie im

Prozeß, sie hätte ihre Kleider eher auf Bitten dieser Damen hin gewechselt, als auf Wunsch irgendeiner anderen Dame in Frankreich, ihrer Königin ausgenommen. Gott habe es aber nicht erlaubt. Johanna sah in ihrer Kleidung *immer* ein Symbol ihrer Sendung, und in Beaurevoir hielt sie diese noch keineswegs für beendet, sondern rechnete stündlich mit ihrer Befreiung oder mit einer Fluchtmöglichkeit.

Johannas Angst, sie könnte an die Engländer verkauft werden, wuchs täglich. Eines Tages hörte sie, alle Menschen in Compiègne, die älter als sieben Jahre alt seien, sollten noch vor dem Martinstag getötet werden. Sie wollte lieber sterben, als nach solchen Morden an Unschuldigen weiterleben! Jetzt beschloß sie zu fliehen, koste es, was es wolle! Und dann kam der Tag, an dem ihr die Damen von Luxemburg weinend mitteilen mußten, daß sie an König Heinrich VI. von England verkauft sei.

Täglich mußte man nun mit der Auslieferung Johannas an den Feind rechnen. Johann von Luxemburg hatte der Versuchung am Ende doch nicht widerstehen können, das beträchtliche Lösegeld für die Jungfrau entgegenzunehmen. Er konnte 6000 Silber-Livres für Johanna in die Tasche stecken. (Ein Livre = 500 Gramm Silber oder Gold. Es gab Livre d'Argent und Livre d'Or.)

Man kann Johann von Luxemburg nicht einmal verdenken, daß er dieser Versuchung schließlich erlag. Als jüngster Sohn eines jüngsten Sohnes hatte er kein Recht auf das väterliche Erbe. Außerdem hätte er sich auch kaum weigern können, seine Gefangene an Philipp von Burgund zu verkaufen, genausowenig, wie der Herzog selbst die Auslieferung an den König von England, den er als rechtmäßigen Herrscher über Frankreich vertragsmäßig anerkannt hatte, verhindern konnte, zumal von seiten Karls überhaupt keine Anstalten zu Verhandlungen getroffen wurden.

Johanna hatte nur einen Wunsch, als sie von der Auslieferung an die Engländer hörte – zu entkommen. Täglich flehte sie ihre Stimmen an, ihr die Erlaubnis zur Flucht zu geben. Nach Johannas eigenen Aussagen verweigerten sie ihr jedoch die Zustimmung. Die heilige Katharina versicherte ihr sogar, sie würde nicht ausgeliefert werden, ohne vorher den König von England gesehen zu haben. Den wollte Johanna aber ganz und gar nicht sehen, und endlich handelte sie! Auf dem Turm des Schlosses von Beaurevoir durfte sich Johanna ungehindert bewegen und sogar auf der Brüstung spazierengehen. Wir können annehmen, daß der Turm mindestens 20 Meter hoch war und daher keine Gefahr bestand, daß die Gefangene herunterspringen würde.

»Es wird freilich dem Leser sofort auffallen, daß die Höhe des Turmes im Volksmund rasch zunahm; aber als Gegeneinwand gegen diesen augenscheinlich einleuchtenden Beweis muß ich hervorheben:

1. daß die tatsächliche Höhe niemals in zeitgenössischen Urkunden genannt wird, sondern auf einer heutigen Schätzung unter Anlehnung an Türme ähnlicher mittelalterlicher Schlösser beruht;
2. daß die einzige zeitgenössische Anspielung auf die Höhe des Turmes in den Worten ›turris altae‹ zu finden ist, eine nüchterne Bezeichnung, welche diese Höhe ohne einen Anflug volksmäßiger oder legendärer Übertreibung festlegt;
3. daß die Höhe des Turmes, wenn es – wie ich vermute – Johanna erlaubt wurde, sich unbewacht und allein auf seiner Plattform zu ergehen, derartig gewesen sein muß, daß alle Befürchtungen, sie könne herunterspringen, ausgeschlossen waren. Ich halte dafür, daß der Turm hoch war und Johanna sich allein dort aufhalten durfte; denn wäre der Turm niedrig genug gewesen, um die Gefahr ihres Absprungversuchs nahezulegen, so wäre sie in Begleitung und streng bewacht gewesen. Die fast mit Sicherheit vorhandene Brustwehr oder zumindest die Zinnen hätten einem aufmerksamen Wächter hinreichend Zeit verschafft, die Gefangene an der Ausführung zu hindern.« (J. Quicherat, Aperçus non veaux sur Jeanne d'Arc, S. 57)

Man hatte Johannas Mut und ihre Verzweiflung unterschätzt. Wenn der Turm auch hoch war, ihr blieb keine Wahl, und so empfahl sie sich Gott (ihre Stimmen hatten ihr die Flucht ja untersagt) und sprang! Sie blieb regungslos und ohne Besinnung liegen. Man kann sich die Bestürzung der Damen Luxemburg über diesen Fluchtversuch vorstellen. Zunächst glaubte man, die Jungfrau sei tot. Es kann durchaus als Unglück für Johanna gesehen werden, daß sie überlebte. Zwei oder drei Tage konnte sie keine Nahrung zu sich nehmen; dann erholte sie sich dank ihrer robusten Natur sehr schnell. Es ist immer wieder über das Wunder dieses Sprunges von Beaurevoir gerätselt worden. Wollte sich Johanna das Leben nehmen? Sie selbst hat diese Unterstellung im Prozeß zu Rouen energisch bestritten. Selbstmord galt in den Augen der Kirche als besonders schwere Sünde. Bei Johannas strenger Religiosität kann man kaum annehmen, daß sie ihrem Leben ein Ende setzen wollte. Außerdem glaubte sie ja fest an ihre Befreiung.

Außer einer Gehirnerschütterung und einer leichten inneren Verletzung hatte Johanna keinen Schaden durch den Sturz erlitten. Monate später stellte die Schwester Philipps von Burgund, die Herzogin Anna von Bedford, bei der erneuten Untersuchung von Johannas Jungfräulichkeit fest, daß sie sich beim Reiten oder durch den Sturz eine Verletzung zugezogen hatte.

Johanna blieb zunächst in Beaurevoir, doch der Kampf um ihre Person ging weiter. Der Herzog von Burgund wartete immer noch, daß Karl mit einem Lösegeldangebot an ihn herantreten würde.

Im Grunde seines Herzens war Philipp, trotz der anglophilen Politik, die er nach dem Meuchelmord an Johann Ohnefurcht mit Hilfe seines Kanzlers Rolin betrieb, immer in erster Linie Valois und damit Franzose geblieben. Er litt zeit seines Lebens darunter, in Azincourt nicht auf der richtigen, d. h. auf der Seite Frankreichs, gekämpft zu haben. Wenn sich der große Herzog auch nicht mit der Vorstellung abfinden wollte, Karl VII. könnte allein siegen, so bahnte sich doch gerade in der Zeit nach der Gefangennahme Jeanne d'Arcs ein Umschwung Burgunds auf einen französisch orientierten Kurs an. So stellt denn Chastellain auch fest: »Je mehr er vorankam, desto mehr wollte er sein französisches Herz zeigen.« (Chastellain war der bedeutendste Geschichtsschreiber Burgunds. Sein Werk mit dem Titel

»Chronique ou Livre de tous les haulx faits de la Chrestienté, souverainement de ce noble royaume de France et de ces dépendances depuis l'an vingt jusqu'à maintenant« ist von höchster Qualität und die wichtigste zeitgenössische Quelle.)
Wir sehen deutlich, daß sich in der Politik Burgunds ein spürbarer Kurswechsel anbahnte. Philipp wäre bereit gewesen, Jeanne d'Arc an Karl VII. auszuliefern, falls von dieser Seite überhaupt ein Angebot erfolgt wäre. Aber auch die Engländer entschlossen sich nun zu ernsthaften Vorschlägen, nachdem Philipp nicht auf die Forderung der Universität Paris, die Jungfrau auszuliefern, reagierte. Bedford sandte einen Mann zu Philipp, der besonders qualifiziert für diese Aufgabe war: Pierre Cauchon. Dieser frühere Rektor der Universität Paris hatte sich zur Zeit des Caboche-Terrors durch seinen vertrauten Umgang mit den Schlächtern und Abdeckern hervorgetan. Mit List und Intrigen gelang es ihm später, Bischof von Beauvais zu werden, doch mit der Rückeroberung durch Karl VII. wurde er aus seinem Amte vertrieben. Cauchon war der Prototyp des abtrünnigen Franzosen, von der Gunst der Burgunder verwöhnt und Berater des Herzogs von Bedford. Als dessen Freund und Berater verwaltete er in Abwesenheit des Kanzlers das Siegel. Er wurde gern mit geheimen Missionen betraut.
Eben dieser Mann erschien nun bei Philipp und forderte ihn auf, Johanna unverzüglich herauszugeben. Er hatte gleich zwei Schreiben bei sich; eines an den Herzog von Burgund, in dem stand, die Universität würde ihm für immer die Ehre absprechen, wenn es der Gefangenen gelänge, zu fliehen. Außerdem wurde Philipp gebeten, alles zu tun, damit die Jungfrau der Universität und damit der göttlichen Inquisition ausgeliefert würde, um »die unerträgliche Beleidigung der göttlichen Majestät zu vermeiden, die dann gegeben wäre, wenn diese Frau durch Silber oder Lösegeld befreit würde und damit für uns verloren wäre«.
Aber der Bischof Cauchon hatte noch einen zweiten Brief in der Tasche, in dem stand – man höre und staune – die gegensätzliche Aufforderung, nämlich ein Angebot des Königs

von England, Johanna für 10 000 Livres d'Or zu kaufen. Karl VII. wurde das Recht zugebilligt, »jede Person, also auch Johanna, für die gleiche Summe loszukaufen«. Das war das Lösegeldangebot für einen König! Daß Philipp es nicht sofort annahm, hatte die bereits erwähnten Gründe. Die Verhandlungen zogen sich immerhin fast vier Monate, bis Mitte November, hin. Dann wurde Johanna den Engländern schließlich übergeben. Philipps Handlungsweise ist von seinem Standpunkt aus zu verstehen. Johanna gehörte nicht einmal dem einfachen Adel an, war also weniger wert als eine Ziege, und Karl tat gar nichts, um die Jungfrau zu befreien. Selbst wenn er es gewollt hätte, wäre Herzog Philipp nun nicht mehr in der Lage gewesen, das Unheil von Johanna abzuwenden, denn seine Verträge mit England und seine Stellung bei der Geistlichkeit der Universität von Paris zwangen ihn regelrecht zur Auslieferung Johannas. Als nun, Mitte November, immer noch kein Angebot von Karl kam, gab Philipp dem Druck Bedfords nach, und Johanna ging in englischen Besitz über.

Damit war die erträgliche Zeit ihrer Gefangenschaft vorüber. Sie wurde von ihrem treuen Gefährten Jean d'Aulon getrennt und in finsteren Verliesen untergebracht. Eine starke Eskorte begleitete sie nach Rouen, denn man lebte in der ständigen Furcht, die kostbare Gefangene könnte befreit werden. Der Weg führte über St. Riquier, Drugy, Le Crotroy, St. Valéry, Eu und Dieppe. In Rouen wurde sie in einen der finsteren Türme des Schlosses Bouvreuil geworfen. Johannas Gefängnis war im ersten Stock des Turmes, der auf die Felder ging. Kaum ein Lichtstrahl drang durch die Mauerritzen. Aber das Schlimmste stand Johanna noch bevor: Rohe Soldatenhände ergriffen sie und ketteten sie an das Bett an. Johanna, die die Natur und die Freiheit so liebte, war jetzt wirklich gefangen. Ihr Martyrium begann.

17a *Orléans: Auf dieser Seite kam Johanna am 28. April 1429 an.*

17b *Die romanische Abtei St. Benoit-sur-Loire. »Und in St. Benoit-sur-Loire hatte der König Mitleid mit Johanna und riet ihr, sich auszuruhen.« (Simon Charles)*

18 *Die Dichterin Christine de Pisan feiert im Kloster die Befreiung der Stadt Orléans. Zeitgenössische Darstellung.*

19 *Johanna in Rüstung zu Pferde. Miniatur aus Ant. Durafour »Vie des femmes celèbres«. Nantes, Musée Dobrée.*

20 *Der mächtige Donjon von Beaugency. Hier war der bedeutendste Stützpunkt der Engländer an der Loire.*

Rouen – Der Prozeß – Das Ende

»Das, was immer ich gesagt und aufrechterhalten habe in dem Prozeß, das will ich aufrechterhalten auch jetzt. Wenn ich vor der Verurteilung stünde und sähe das Feuer glühen, die Reisigbündel entzündet und den Henker bereit, das Feuer zu schüren, wenn ich selbst im Feuer wäre ... ich sagte nichts anderes; ich würde, was ich im Prozeß gesagt, aufrechterhalten bis in den Tod.«

(Johanna am 23. Mai 1431 nach der Verlesung der zwölf Schuldartikel in einem Saal des Schlosses von Rouen)

Rouen, die einstige Hauptstadt der Herzöge der Normandie, war bereits im Jahre 1419 nach einem langen, erbitterten Kampf an die Engländer gefallen. Die Bevölkerung hatte unter Heinrich V. Schweres erdulden müssen. Nach der Übergabe der Stadt 1419 wurden alle Einwohner, die alt, krank oder zu jung waren, um sich selbst zu ernähren, aus der Stadt ausgewiesen und kamen auf den Wällen elend um. Die englischen Eroberer ergriffen bald von der ganzen Stadt Besitz. Sie fühlten sich hier sicherer als in Paris. Im August 1430 wurde auch der achtjährige Heinrich VI. hierher gebracht und lebte nun unter der strengen Obhut von Lord Warwick, im gleichen Schloß wie Johanna. Erst, nachdem Karl VII. im Jahre 1449 die Stadt wieder zurückeroberte, blühte sie auf und wurde durch den Seehandel reich und mächtig. Die großen Bauten der Stadt stammen erst aus dieser späteren Zeit. Als Johanna nach Rouen gebracht wurde, gab es schon einige der hohen Giebelhäuser mit ihrem schönen, freiliegenden Holzwerk, die wir noch in der Rue St. Romain finden. Auch die herrliche Kathedrale, deren wesentliche Bestandteile aus dem 13. Jahrhundert stammen, sah kaum anders aus. Mit ihrem reichen Figurenschmuck, ihren Wimpergen, ihren vielen Säulchen, die wie aus Spitze gewirkt zu sein scheinen, erinnert sie an mittelalterliche Miniaturen. Hier, in der Stadt, in der sich das Schicksal Jeanne d'Arcs vollendete, kann man heute die Vergangenheit gut wieder heraufbeschwören. Der alte Marktplatz, auf dem Jeanne d'Arc verbrannt wurde, wird restauriert. Das ergreifende Standbild von Real de Sarte mußte vorläufig dem Neubau einer Kirche weichen, die man zu Ehren Johannas an der Stelle aufbaut, an der sich einst die Kirche St. Sauveur erhob, aus der Bruder Martin Ladvenu am Tage der Hinrichtung Johannas das Kreuz holte, nach dem sie verlangte. Der Donjon des Schlosses, der sogenannte Tour Jeanne d'Arc, ist zu Beginn des 19. Jahrhunderts so stark verändert und verfälscht worden, daß seine Wirkung zumindest stark vermindert ist. Das Schloß selbst wurde 1600 gegen Ende der Religionskriege zerstört. Übriggeblieben ist nur noch der Donjon, in dem man Johanna einst mit der Folter drohte. Die Grundmauern des Turmes, in dem Johannas Gefängnis war, befinden sich heute im Hinterhof des Hauses Rue Jeanne d'Arc 102. Hier kann man in den Schacht eines tiefen Brunnens blicken, um den es viel Gerüchte gegeben hat. Auf halber Höhe des Brunnenschachtes befindet sich ein unterirdischer Gang, der genau in den Turm führt, in dem man Johanna mit der Folter drohte.

Etwa um Weihnachten 1430 wurde Johanna in das Schloß von Rouen gebracht. Sie wurde im ersten Stock eines der sieben Türme eingesperrt. Durch die feuchten Mauerritzen drang kaum ein Lichtstrahl. Fünf englische Soldaten, die sie oft schmähten und beleidigten, bewachten Johanna Tag und Nacht. Sie war ständig an einen großen Holzblock angekettet. Anfangs hielt man sie vielleicht sogar in einem Metallkäfig gefangen, in dem sie nicht aufrecht stehen konnte. Fest steht, daß Johannas Leiden furchtbar waren. Ständig gefesselt und von Wärtern umgeben, die sie verhöhnten, wurde sie wahrscheinlich nur deshalb nicht vergewaltigt, weil man sie für eine Hexe hielt. Anfangs riß der Strom neugieriger Besucher nicht ab, die die gefangene Jungfrau begaffen wollten, sich an ihren Leiden weideten und sie verspotteten. Angekettet wie ein Tier mußte Johanna die neugierigen Blicke ihrer Widersacher ertragen. Eines Tages wurde sie auch von Johann von Luxemburg und dessen Bruder, dem

Bischof von Thérouanne, sowie von Warwick und Lord Stafford aufgesucht. Johann von Luxemburg sagte ihr bei dieser Gelegenheit, er könne sie freikaufen, wenn sie das Versprechen ablegen würde, nie wieder zu den Waffen zu greifen. Das war infam, denn er hatte weder die Macht noch den Willen zu einem Freikauf. Johanna durchschaute Johann von Luxemburg und warf ihm vor, er mache sich über sie lustig. Sie wußte genau, daß die Engländer ihren Untergang beschlossen hatten, deshalb erwiderte sie hochmütig, sie wisse sehr wohl, die Engländer würden sie aus dieser Welt befördern im Glauben, nach ihrem Tode das Königreich Frankreich wieder zurückzugewinnen. »Aber«, sagte sie verächtlich, »selbst wenn ihrer hunderttausend Godoms mehr wären als jetzt, bekämen sie das Königreich nicht.« Stafford wurde über diese anmaßende Redeweise so wütend, daß er sein Schwert zog, um Johanna zu erstechen; aber Warwick verhinderte das, denn er brauchte Johanna ja lebend für den Schauprozeß, den er zu inszenieren gedachte und an dessen Ende ein Scheiterhaufen stehen sollte.

Am 28. Dezember gewährte das Kapitel der Kathedrale von Rouen dem Bischof Cauchon Stadtrecht und erkannte ihn damit als Inquisitionsrichter an. Am 3. Januar wurde er ermächtigt, der Gefangenen »wegen ihres Aberglaubens, ihrer Irrlehren und anderer Verbrechen gegen die göttliche Majestät« den Prozeß zu machen. Ein eindeutiger politischer Schachzug, denn allein die Tatsache, daß Cauchon gar nicht Bischof von Rouen war (der Bischofsstuhl war aber vakant, und Cauchon hoffte auf das Amt, für das man ihm gewisse Versprechungen gemacht hatte), rechtfertigt nicht den Auftrag an Cauchon, die Verhandlung zu leiten. So wurde dann auch das politische Ziel bald unverblümt enthüllt:

»Es ist jedoch unsere Absicht, Johanna wieder zurückzunehmen, wenn sich herausstellen sollte, daß man sie in keinem der obenerwähnten Punkte oder in anderen, die auf den Glauben Bezug haben, überführen kann.«

Johanna hatte keine Chance, den Prozeß ohne Verurteilung zu überstehen. Bedford und Warwick wollten ihr Gesicht wahren, deshalb überließen sie die Aburteilung Johannas der Kirche. Nichts konnte für die Engländer günstiger sein als eine Verurteilung der Jungfrau als Ketzerin und Abgesandte der Hölle. Es wurde aber von Anfang an festgelegt, Johanna an den König von England zurückzugeben, falls das Inquisitionsgericht keine Verbrechen gegen die Kirche feststellen konnte. In diesem Fall hätte man Johanna vor ein weltliches Gericht gestellt, um sie wegen anderer Vergehen abzuurteilen. Das Todesurteil war von vornherein beschlossen. Da das Urteil indirekt gegen den französischen König gerichtet sein sollte, galt es, den Ruf Karls VII. zu untergraben, indem die Jungfrau, die zum Symbol für Karls Krone und die Siege seiner Partei geworden war, als Ketzerin gebrandmarkt wurde.

Die Engländer, die die Administration übernahmen, inszenierten den größten und außergewöhnlichsten Ketzerprozeß in der gesamten Kirchengeschichte. Cauchon sammelte zunächst Richter und Beisitzer. Die gesamte Autorität der katholischen Kirche sollte gegen Karl VII. und seine junge Hexe aufgeboten werden. Für die Durchführung war Cauchon allein verantwortlich.

Insgesamt waren außer den beiden Richtern Cauchon und Jean le Maistre etwa sechzig Theologen und über dreißig Sonderberater und Beobachter an dem Prozeß beteiligt. Jean le Maistre war das Verfahren höchst zuwider. Er hatte vergeblich versucht, sich der Teilnahme am Prozeß zu entziehen. Da aber der Großinquisitor Jean Gravenant bei einem Prozeß in Konstanz beschäftigt war, mußte Le Maistre als sein Stellvertreter dem Prozeß vorsitzen. Cauchon scheute keine Mühe, Theologen und Juristen um sich zu versammeln, deren Einstellung er kannte und von denen er wußte, daß Johanna keine Gnade zu erwarten hatte.

Zunächst wandte er sich an die Universität von Paris, die sechs Herren entsandte: Jean Beaupère (er leitete häufig die Verhandlungen), Thomas de Courcelles (er galt, obwohl noch jung, bereits als Nachfolger des großen Jean Gerson; von ihm stammt die lateinische Fassung des Verurteilungsprotokolls), Gérard Feuillet (er war ein berühmter Theologe und ganz besonders englandfreundlich), Nicolas Midi (er hielt die letzte Predigt auf dem Altmarkt), Pierre Maurice (er war relativ neutral eingestellt und hegte durchaus gewisse Sympathien für Johanna; am 23. Mai richtete er die Mahnrede an die Angeklagte) und Jacques de Touraine (ebenfalls ein sehr berühmter Theologe). Sie waren alle berühmte Gelehrte und Theologen und erklärte Anhänger Bedfords und somit Heinrichs VI. Alle begründeten ihre Einstellung damit, der verstorbene König Karl VI. habe den Vertrag von Troyes und damit die neuen Herren anerkannt.

Cauchon wandte sich auch mit Briefen an die mächtigen Mönchsorden. Er schrieb an folgende Klöster: Fécamp, Jumièges, Saint Ouen, M. S. Michel, Le Bec, Cormeilles und an die Prioren von Saint-Lô, Rouen, Longueville und Signy, und bat um Beistand bei dem Prozeß.

Die bedeutendsten dieser Äbte waren die von Jumieges, von Mont St. Michel und der Abbé von Fécamp, von dem gesagt wurde, er sei mehr vom Haß auf Johanna und der Liebe zu den Engländern erfüllt gewesen als von der Liebe zur Gerechtigkeit. Später formulierte er den Urteilsspruch gegen Johanna, dem sich alle Beteiligten des Prozesses anschlossen.

Ein leidenschaftlicher Feind Johannas war Jean d'Estivet, der Anklagevertreter. Er wurde nicht müde, sie während des Prozesses zu beschimpfen und mit wüsten Schimpfworten zu belegen, von denen »putain« und »paillarde« noch nicht einmal die schlimmsten waren.

Es würde zu weit führen, alle Beteiligten des Prozesses zu charakterisieren. Die Liste ist lang, und alle waren mehr oder weniger entschlossen, Johanna zu vernichten. Es gab drei Schreiber: Boisguillaume, den Protokollschreiber des Prozesses, Taquel, den Schreiber der Inquisition und Manchon, den Schreiber Cauchons. Alle drei waren eingeschüchtert oder wollten uns das im Rehabilitationsprozeß glauben machen.

Zu erwähnen sind noch die beiden Dominikanerbrüder Ysambart de la Pierre und Martin Ladvenu vom Kloster Rouen. Sie waren von der Schuld Johannas ehrlich überzeugt und beschworen sie, ihren Erscheinungen abzusagen und alles zu widerrufen. Sie wenigstens rangen ehrlich um die Seele der Angeklagten und standen ihr auch mit Ratschlägen zur Seite. Als Cauchon das zu Ohren kam, schüchterte er beide Mönche mit Drohungen ein. Ysambart de la Pierre drohte er sogar, ihn in die Seine werfen zu lassen.

Dann ist noch Jean de la Fontaine zu nennen, der mehrfach die Verhöre Johannas leitete und sie ermahnte, sich der Kirche zu unterwerfen. Er war durchaus positiv eingestellt und geriet deswegen in Ungnade und mußte Rouen heimlich verlassen. Später wurde er nicht mehr zum Prozeß hinzugezogen. Die Rolle des Spions übernahm ein Kanoniker aus Rouen, namens Nicolas Loiseleur. Er verkleidete sich als Schuhmacher und gab vor, aus Lothringen zu sein. Er erwarb Johannas Vertrauen, indem er von der Heimat, an die sie mit Sehnsucht dachte, erzählte.

Sehr viel später gab er sich als Priester zu erkennen und kam mit Grüßen Karls VII., die natürlich erdichtet waren, und bat, Johannas Beichtvater werden zu dürfen. Das einsame, gefangene Mädchen glaubte an die falsche Freundschaft Loiseleurs und beichtete ihm. Sie wußte auch nicht, daß Cauchon sie ständig beobachten ließ und daß Loiseleur ihm natürlich alles hinterbrachte. (Er hatte Löcher in die Wand bohren lassen. Die Protokollschreiber mußten versteckt alles, was die Jungfrau sagte, mitschreiben.)

Soweit also Johannas Richter. Fassen wir zusammen: Sie stammten aus drei Gruppen, nämlich aus der Universität Paris, den Klöstern der Normandie und aus dem Domkapitel von Rouen. Allen war gemeinsam, daß sie Feinde Karls VII. waren und daß Johanna ihnen verhaßt war. Außerdem erschien sie ihnen dringend der Häresie verdächtig. Man hat den Richtern Jeanne d'Arcs immer wieder vorgeworfen, eine Versammlung von Marionetten gewesen zu sein, die alles taten, um die Jungfrau aus politischen Gründen zu verurteilen. Es gibt aber keinen Beweis für die Richtigkeit dieser Annahme. Die Mehrzahl der Richter war sicher aufrichtig von der Schuld der Angeklagten überzeugt.

Wie sah ein Inquisitionsprozeß aus? Die Inquisition war im 12. Jahrhundert aus den Kämpfen der katholischen Kirche gegen die Katharer und Waldenser entstanden. Unter Papst Gregor IX. wurde die Inquisition zu einer päpstlichen Einrichtung, und die Dominikaner wurden zu päpstlichen Inquisitoren bestellt. Schon Dominikus, der Begründer des Ordens, sah die Bekehrung der Ketzer (das Wort kommt von Katharer) als oberstes Ziel seines Ordens an. Schon bald hatten die Dominikaner alle wichtigen theologischen und philosophischen Lehrämter inne. Zu einem Inquisitionsprozeß *gehörte immer der zuständige Bischof der Diözese und ein Dominikaner.* Beide zusammen fungierten als Richter. Ziel eines solchen Prozesses war die Wahrheitsfindung, wobei vielfach die Folter angewandt wurde. Es gab zahlreiche kirchliche, aber auch körperliche Strafen, die dann von der weltlichen Obrigkeit vollstreckt wurden (Ecclesia abhorret a sanguine).

Bevor der Prozeß begann, wurde ein vorbereitendes Verfahren abgehalten. Es mußten zunächst Auskünfte über Johanna eingeholt werden, die dann dem Promotor (Anklagevertreter) übergeben wurden. Cauchon schickte deshalb diverse Leute nach Orléans, Domrémy usw., die möglichst kompromittierendes Material sammeln sollten. Sie hatten wenig Erfolg, denn außer einigen Klatschgeschichten brachte der Spürhund Cauchons, Nicolas Bailly, aus Domrémy nichts mit. (Er hatte über Jeanne nichts gefunden, was er nicht auch über seine Schwester zu finden gewünscht hätte, obwohl er seine Erkundigungen nicht nur in Domrémy, sondern auch in fünf oder sechs Nachbarpfarreien eingeholt hatte). Cauchon reagierte über dieses ungünstige Untersuchungsergebnis wütend. Nicolaus Bailly mußte befürchten, Cauchon würde seine Lieblingsstrafe über ihn verhängen und ihn in einem Sack in die Seine werfen lassen. Seine Recherchen wurden während des ganzen Prozesses mit keinem Wort erwähnt, und er erhielt keine Bezahlung für seine Bemühungen.
Nun mußte auch noch festgestellt werden, ob Johanna tatsächlich noch Jungfrau sei, wie sie behauptete. Man glaubte,

der Teufel schlösse mit einem Mädchen nur einen Pakt, wenn er sie vorher der Jungfernschaft beraubt hatte. Schon in Poitiers war Johanna untersucht und als Jungfrau anerkannt worden. In Rouen nahm die Herzogin von Bedford diese hochnotpeinliche, aber wichtige Untersuchung vor. Die Herzogin erkannte Johanna ebenfalls als jungfräulich an. Man erzählt, der Herzog von Bedford hätte dieser Untersuchung heimlich durch ein Loch im Fußboden zugesehen. Das ist zwar nicht verbürgt, aber durchaus möglich, denn Bedford befand sich zur Zeit dieser Untersuchung Jeannes gerade in Rouen. Johannas Virginität war bewiesen, also konnte sie demnach auch nicht mit dem Teufel im Bunde sein. Cauchon setzte nun gefälschtes Belastungsmaterial gegen sie ein. In Johannas Gefängnis wurde ein regelrechtes Spionagesystem eingerichtet, an dem sich außer Loiseleur auch der Anklagevertreter Jean d'Estivet beteiligte, der Johanna in allen möglichen Verkleidungen besuchte. Dabei saßen immer zwei Notare im Nebenraum und schrieben alles auf, was die unglückliche Gefangene ihren Besuchern erzählte. Nicolas Loiseleur soll die Täuschung sogar so weit getrieben haben, daß er Johanna als heilige Katharina erschien. In der Maske des Schuhmachers aus Lothringen warnte er sie vor den Richtern und empfahl ihr, die Ratschläge der Richter nicht zu befolgen, da es ihr sonst schlecht ergehen würde.

Loiseleur stachelte Johanna zum Widerstand auf, um sie bei den Richtern herabzusetzen. Cauchon, der alle diese Machenschaften anbefohlen hatte, fand seine Rechtfertigung in den Worten des Apostel Paulus: »Ich habe nichts Böses getan, sondern List gebraucht, Euch zu überraschen.« (II. Korinth. CH XII, V. 16)

Am 19. Februar 1431 lag die erste Zusammenstellung aller Angaben vor, und man beschloß, Johanna öffentlich der Ketzerei anzuklagen.

»Und weil sie von mehreren des Aberglaubens, falscher Lehren und anderer Verbrechen der Beleidigungen göttlicher Majestät für verdächtig gehalten, erkannt und verschrien worden ist, sind wir inständigst ersucht worden durch den hochwürdigsten Herrn Bischof von Beauvais, Unseren lieben und getreuen Ratgeber, kirchlichen Richter und zuständigen Ordinarius, der besagten Jeanne, weil sie in dem Gebiet und in den Grenzen seiner Diözese gefangen und ergriffen worden ist; und ebenso aufgefordert von Unserer liebwerten Tochter, der Pariser Universität, also wollen Wir diese Jeanne überlassen, übergeben und ausliefern dem genannten hochwürdigen Herrn, um sie über die genannten Fälle zu vernehmen und zu verhören und nach den Bestimmungen und Vorschriften des göttlichen und kanonischen Rechtes gegen sie vorgehen; beruft also diejenigen, die zu berufen sind ...«

Mit diesem Brief des englischen Königs vom 3. Januar wurde Cauchon beauftragt, Johanna den Prozeß zu machen und abzuurteilen. Am 21. Februar 1431 begann in der königlichen Kapelle des Schlosses zu Rouen die erste öffentliche Sitzung des sogenannten einleitenden Gerichtsverfahrens. Den Vorsitz führte Cauchon, da der zweite Richter, Jean le Maistre, sich erst später, gegen seinen Willen, dazu gesellte. Es waren 43 Beisitzer anwesend, darunter der Promotor Jean d'Estivet, die Herren Jean de la Fontaine und Jean Beaupère sowie die Notare Boisguillaume und Guillaume Manchon.
Johanna erschien an diesem Morgen das erste Mal vor ihren Richtern. Jean Massieu, der Gerichtsbüttel aus dem Domkapitel zu Rouen, führte sie in die Kapelle. Ihr Anblick in dem schwarzen, jetzt sicher zu weit gewordenen Jünglingsgewand löste unter den Beisitzern einen Schock aus. Die mosaischen Gesetze verboten Frauen, in männlichem Gewand aufzutreten. (Eine Frau soll nicht Männersachen tragen und ein Mann soll nicht Frauenkleider anziehen; denn wer das tut, der ist dem HERRN, Deinem Gott ein Greuel. 5. Mose, Kap. 22. V. 5)
Die Frage nach dieser Kleidung wird auch in den verschiedenen Verhören immer wieder auftauchen. Johannas Weigerung, Frauenkleider zu tragen, wird schließlich sogar zu einem Hauptanklagepunkt des Prozesses. Am 21. Februar

wirkte Johanna nahezu infam. Die Beisitzer erwarteten ein durch lange Kerkerhaft eingeschüchtertes und geschwächtes Mädchen. Statt dessen gab sich die junge Gefangene selbstbewußt als die Persönlichkeit, die noch vor einem Jahr die Soldaten des Königs angefeuert und begeistert hatte. Schon die ersten Worte Johannas machten klar, daß sie bereit war zu kämpfen, daß ihre Richter kein leichtes Spiel mit ihr haben würden. Als nämlich Cauchon, wie es üblich war, Johanna aufforderte, den Eid auf die Evangelien zu leisten und nur die lautere Wahrheit zu sprechen, leistete sie sofort Widerstand und antwortete:

»Ich weiß nicht, worüber Ihr mich befragen wollt. Ihr könntet mich zufällig auch nach Dingen fragen, die ich nicht sagen möchte . . .«

Ein problematischer Anfang, zumal Johanna noch hinzufügte, daß sie über die Offenbarungen, die Gott ihr gemacht habe, niemals gesprochen, noch sie irgend jemandem außer Karl enthüllt habe: ». . . ich werde auch hier nichts sagen, und wenn man mir den Kopf abschlagen sollte; ich erfahre diese Dinge von meinem Ratgeber und ich habe nicht das Recht, sie einem anderen Menschen zu verraten. In acht Tagen aber werde ich wissen, ob ich sprechen darf . . .«

Johanna wußte natürlich, daß sie sich vor Gericht über das traditionelle göttliche Zeichen äußern sollte. Deshalb machte sie gleich zu Anfang klar, daß sie über ihre Offenbarungen nicht sprechen wollte. Wir können annehmen, daß sie Karl kein Zeichen gegeben hatte; wegen dieses Punktes wollten ihre Gegner sie der Ketzerei bezichtigen. Auf die weiteren Fragen des Gerichts antwortete sie bereitwillig. Sie gab Auskunft über ihren Vater und ihre Mutter, ihre Paten und über alles, was sie, seitdem sie nach »Frankreich« gekommen war, getan hatte (zur Zeit Johannas bezeichnete man als Frankreich nur die Gebiete der Ile de France und das Land um die Loire). Schließlich wurde Johanna gestattet, den Eid in gemilderter Form abzulegen. Knieend, beide Hände auf dem Evangelium, schwor sie: »Ich schwöre, die Wahrheit über das zu sagen, was man mich über den Glauben fragen wird . . .«

Aus der Aussage des Protokollschreibers Guillaume Manchon wissen wir, daß es an diesem ersten Verhandlungstag sehr lebhaft zuging. Immer wieder wurde Johanna durch Zwischenrufe unterbrochen. Als Cauchon die Jungfrau aufforderte, das Vaterunser aufzusagen, widersetzte sie sich ihm aufs Neue. Trotzig antwortete sie, sie wolle das Gebet nur aufsagen, wenn Cauchon zuvor ihre Beichte anhören würde. Ein unbegreifliches Ansinnen, wo Johanna doch wußte, daß der Bischof sie vernichten wollte. Wahrscheinlich versuchte sie nur, Zeit zu gewinnen.
Im Verlauf der Sitzung wurde der Tumult größer, die Debatte heftiger. Immer wieder wurde die Angeklagte unterbrochen. Das Gremium erörterte auch die Frage, ob Johanna in ein kirchliches Gefängnis gebracht werden sollte oder nicht. Da aber das Gericht von den Engländern stark unter politischen Druck gesetzt wurde, wies man diesen Vorschlag zurück, und Cauchon forderte Johanna auf, ihr Gefängnis im Schloß nicht zu verlassen oder das etwa nur zu versuchen; anderenfalls würde sie der Ketzerei angeklagt. Daß das ohnehin das Ziel dieses Prozesses war, wußte niemand besser als die Gefangene selbst. Trotzig antwortete sie: »Ich erkenne das Verbot nicht an. Wenn ich entkäme, so könnte mir niemand vorwerfen, daß ich mein Wort gebrochen hätte. Und ich erhebe Einspruch gegen die Fesseln und Fußeisen, die man mir angelegt hat.«
Cauchon antwortete darauf, sie habe ja mehrfach versucht zu fliehen, aus ebendiesem Grunde sei sie gefesselt.
»Ich weiß, daß Ihr mein Feind seid«, antwortete die Jungfrau. »Es ist wahr, ich habe anderswo zu entkommen versucht und jetzt tät ich es wohl. Jeder Gefangene hat ein Recht zu fliehen!«
Man kann sich den ohnehin cholerischen Bischof von Beauvais vorstellen, als er diese selbstbewußte und für eine »eingeschüchterte« Gefangene freche Antwort hörte. Der Prozeß schien schwieriger zu werden, als Cauchon und seine Helfer vermutet hatten. Wütend befahl er, die Gefangene zurück in den Kerker zu bringen! Unter Tumult endete dieser erste Verhandlungstag.

Die nächste Sitzung fand in der Rüstkammer des Schlosses statt. Da der erste Verhandlungstag so heftig verlaufen war und alle Äußerungen Johannas durch Zwischenrufe unterbrochen worden waren, beschloß man, die Gerichtssitzungen lieber in einem kleineren Saal und vor einer ausgewählten Zuschauermenge abzuhalten. Cauchon fürchtete wohl auch, daß unter einem größeren Publikum Sympathisanten der Jungfrau sein·könnten. Die Art, wie der Bischof von Beauvais den Prozeß führte, machte allen Beteiligten klar, daß es ihm und seinen englischen Auftraggebern unbedingt auf eine Verurteilung Johannas ankam. Wir haben schon erwähnt, daß sich der stellvertretende Großinquisitor Jean Le Maistre zunächst weigerte, überhaupt am Prozeß teilzunehmen. Freunden gegenüber hatte er geäußert, ihm graue vor diesem Amt. Le Maistre wußte aber auch, daß Cauchon kein Erbarmen kannte, wenn man sich seinem Willen widersetzte. Auch der Inquisitor war nur ein schwacher Mensch, also nahm er an ... Nicolas de Houppeville wagte es dagegen tatsächlich, Cauchon die Stirn zu bieten. Mutig teilte er ihm schon während der vorbereitenden Sitzungen mit, daß er, der Bischof von Beauvais, gar nicht das Recht habe, Johanna zu verurteilen, denn ihre Angelegenheiten seien bereits von seinem Vorgesetzten, dem Erzbischof von Reims, entschieden worden. Es handele sich vielmehr um einen politischen Prozeß, und man gäbe sich nur den Anschein, in einer reinen Glaubensangelegenheit zu verhandeln.

Dieses mutige Auftreten bekam Houppeville schlecht. Ein paar Tage später wurde er verhaftet. Cauchon drohte, ihn in der Seine ertränken zu lassen. Glücklicherweise gelang es dem Abt von Fécamp, ihn zu retten, bevor das Urteil vollstreckt werden konnte. Houppeville tauchte darauf unter und trat erst beim Rehabilitationsprozeß wieder auf.

Noch ein Gelehrter widersetzte sich Cauchon, nämlich Jean Lohier, ein angesehener Geistlicher aus der Normandie. Gleich zu Anfang der Verhöre forderte Cauchon ihn auf, ein Gutachten über den Prozeß abzugeben. Nach einigen Tagen Bedenkzeit erschien Lohier bei Cauchon und erklärte, der Prozeß sei ungültig. Lohiers Erklärung hat folgenden Wortlaut:

»Der Prozeß ist nicht gültig, weil er nicht die gebräuchlichen Formen wahrt, weil er an einem abgeschlossenen Ort gehalten wird, in dem Schloß, wo die Beisitzer nicht die volle und ganze Freiheit haben, ihre volle und ganze Meinung zu sagen, weil man darin die Ehre des Königs von Frankreich aufs Spiel setzt, für den sie Partei ergriffen hat, weil man ihn nicht vorgeladen hat zu erscheinen noch aufgefordert, sich vertreten zu lassen, weil keine vorbereitende Unterrichtung über die Anklage stattgefunden hat, endlich, weil die Angeklagte, die ein einfaches und unwissendes Mädchen ist, so vielen gelehrten Herren und Doktoren über so hohe Dinge und hauptsächlich, was ihre Offenbarungen angeht, nicht antworten kann.«

Cauchon geriet über diese Kritik in helle Wut. Lohier könne ja in Rouen bleiben und das Verfahren beobachten. Der zog es aber vor, die Stadt schnell zu verlassen, um sich dem Zorn des Bischofs von Beauvais zu entziehen. Die Ablehnung einiger führender Geistlicher zeigt, daß es sich um kein übliches Inquisitionsverfahren handelte, sondern der Prozeß nur vor dem politischen Hintergrund zu verstehen ist.

Der zweite Verhandlungstag begann wieder damit, daß Cauchon Johanna aufforderte, den Eid zu leisten. Wieder weigerte sich die Angeklagte. Sie habe das schon gestern getan, das müsse genügen. Die weiteren Verhöre an diesem Tag übernahm Jean Beaupère, ein ausgesprochen englandfreundlicher Geistlicher. Als er Johanna aufforderte, die Wahrheit auf alle Fragen zu sagen, entgegnete sie schroff: »Wenn Ihr genau wüßtet, wer ich bin, würdet Ihr nicht wünschen, daß ich mich in Euren Händen befinde. Alles, was ich tat, habe ich den Offenbarungen zu danken.«

Zunächst stellte Beaupère in dieser zweiten Sitzung einige ganz belanglose Fragen über das Alter Johannas, wie oft sie gebeichtet habe usw. Dann kam er gleich auf das Zeichen und die Offenbarungen zu sprechen. Bereitwillig antwortete Johanna und gab eine genaue Darstellung ihrer Geschichte, wobei sie ein rührend sehnsuchtvolles Bild von Domrémy zeichnete. Dann berichtete sie über den Tag, an dem sie zum ersten Male die Stimme hörte. Furcht habe sie zunächst gehabt und sich die Erscheinung nicht erklären können. Die Stimme sei von einer großen Helligkeit begleitet gewesen. Erst nachdem sie dreimal zu ihr gesprochen habe, hätte sie geglaubt, die Stimme eines Engels zu erkennen.

In der vierten öffentlichen Sitzung, am 27. Februar, erwähnt Johanna dann, daß dieser Engel der Erzengel Michael gewesen sei, der von den beiden Heiligen Katharina und Margaretha begleitet wurde. Alle drei habe sie mit eigenen Augen gesehen. Der heilige Michael habe sie vieles gelehrt und ihr schließlich aufgetragen, Frankreich zu retten und dem bedrängten Dauphin Karl zur Hilfe zu kommen. Die heilige Katharina und die heilige Margaretha hätten sich ihrer angenommen und ihr häufig Rat erteilt. Auf die Frage Beaupères, wie sich die Heiligen voneinander unterschieden hätten, antwortete Johanna: »Ich erkenne sie an der Art, wie sie mich grüßen.«

In allen sechs öffentlichen Verhören wurde das Problem der Stimmen wiederaufgegriffen. Schließlich drehte sich der Prozeß um drei Hauptanklagepunkte: Die Stimmen, das Zeichen und die Männerkleidung. Die unaufhörlichen Fragen nach der Körperlichkeit der Heiligen erscheinen uns heute nahezu dreist. Auf die Frage, ob der heilige Michael nackt gewesen sei, gab Johanna die berühmte, schlagfertige Antwort: »Meint Ihr, Gott habe kein Geld, ihn zu kleiden?« Der Richter wollte natürlich darauf hinaus, die Erscheinung des heiligen Michael sei die eines gefallenen Engels gewesen. (Als aufgeklärter Theologe glaubte Cauchon nicht unbedingt an die Existenz des Erzengels, von dem er wußte, daß er nie auf Erden gelebt habe.) Als man Johanna fragte, ob die heilige Margaretha englisch gesprochen habe, antwortete sie in aller Unschuld: »Warum sollte sie englisch sprechen, da sie nicht auf seiten der Engländer ist.«

Die Richter drangen immer häufiger in Johanna, etwas über die Gestalten der Heiligen preiszugeben. Sie verteidigte sich äußerst geschickt und schlagfertig. Wenn sie auf eine Frage nicht antworten wollte, so sagte sie einfach, »Passez outre«, was so viel heißt, wie »Übergeht das, fahrt fort« oder auch »das gehört nicht zu Eurem Prozeß«.

Das Interesse an der Körperlichkeit der Heiligen ist nur aus der Zeit heraus zu verstehen. Aberglaube und Furcht vor der Hölle bestimmten die Vorstellungen der Menschen. Wenn Johanna ausgesagt hätte, der heilige Michael sei nackt gewesen, wäre diese Erscheinung bestimmt als Teufelswerk gesehen worden.

Tatsächlich glaubte Johanna so fest an die Existenz ihrer Stimmen wie an Gott, und sie glaubte, sie seien zu ihrem Heil gesandt. Dieser unbedingte Glaube an die Göttlichkeit ihrer Sendung, ihre feste Überzeugung, sie sei zu Unrecht angeklagt und würde von Gott gerettet werden, mögen Johanna die Kraft und den Mut gegeben haben, den Ablauf des Prozesses so aktiv zu verfolgen und sich so geschickt und selbstverständlich zu verteidigen. Da sie bis zum Schluß des Prozesses an ihre Befreiung glaubte, konnte sie sich ihren kämpferischen Geist bewahren. Dank ihrer intellektuellen Gaben erkannte sie meist auch die Gefahren hinter den einzelnen Fragen. Nur von Feinden umgeben, führt sie einen einsamen Kampf gegen ihre Richter und paßt sich den Spielregeln des Prozesses sehr schnell an. Einmal fragt Beaupère Johanna, ob sie in der Gnade Gottes sei. Diese Frage war schrecklich und sollte Johanna in ein auswegloses Dilemma bringen. Wenn sie mit »ja« geantwortet hätte, wäre sie des Hochmuts bezichtigt worden. Ein »nein« hätte dagegen bedeutet, daß sie zugab, nicht von Gott beschützt zu sein. Einer der Beisitzer, Jean Lefèvre, sprang dann auch auf und rief: »Das ist eine schreckliche Frage! Die Angeklagte ist nicht verpflichtet, sie zu beantworten!« Johanna aber beschämte an diesem Tage alle und vor allem Beaupère, indem sie die bescheidene, unsterbliche Antwort gab: »Wenn ich es nicht bin, möge mich Gott dahin bringen, wenn ich es bin, möge mich Gott darin erhalten! Ich wäre der traurigste Mensch auf Erden, wenn ich mich nicht in der Gnade Gottes wüßte . . .«

Von Boisguillaume wissen wir, daß die Beisitzer von dieser Antwort so überrascht, teilweise sogar ergriffen waren, daß sie an diesem Tage nicht mehr viel unternahmen. Beaupère nahm zwar das Verhör wieder auf, stellte aber nur noch ein

paar belanglose Fragen über die Kindheit in Domrémy, den Eichenwald und über den Baum der Feen. Die nächsten öffentlichen Sitzungen verliefen wieder stürmisch. Um Johanna zu verwirren, gingen die mit der Vernehmung beauftragten Richter sehr schnell von einer Frage auf die andere über. Johanna beklagte sich mehrfach darüber, begegnete aber diesen Tricks, mit denen man sie in Widersprüche verwikkeln wollte, mit stets wacher Intelligenz, einem ausgezeichneten Gedächtnis und mit erstaunlich schlagfertigen Antworten. Während der fünften öffentlichen Sitzung wurde sie gefragt, welchen Papst sie für den richtigen halte. Johanna parierte sofort und antwortete mit gespielter Naivität: »So gibt es zwei?« Es war den Rechercheuren Cauchons gelungen, in Johannas Vergangenheit etwas aufzutreiben, was ihr wirklich Schwierigkeiten machen konnte. In einem Brief hatte der Graf von Armagnac sie gefragt, welcher der wahre Papst sei, Martin V., Clemens VII. oder Benedikt XIV.? (Der Graf von Armagnac hatte, obwohl das Konzil von Konstanz Papst Martin V. als Papst gewählt hatte, nacheinander die Gegenpäpste Clemens VII., der in Peniscola in Spanien lebte, und Benedikt XIV., der nur von einem einzigen Kardinal gewählt war, anerkannt. Papst Martin rächte sich, indem er den Conte d'Armagnac am 4. März 1429 für schismatisch und rückfällig erklärte. Erst ein Jahr später erlangte Armagnac die Verzeihung des Papstes.)
Johanna hatte dem Grafen schreiben lassen, daß sie ihm auf die Frage, welcher der drei Päpste der wahre sei, im Augenblick keine Antwort geben könne, daß sie derzeit zu sehr mit der Kriegsführung beschäftigt sei, aber sobald sie in Paris wäre, würde sie den Grafen wissen lassen, welchem der Päpste er glauben solle. Diese Antwort konnte ihr nun als ketzerisch ausgelegt werden. Sie erkannte die Gefahr auch, und entsprechend vorsichtig war ihre Antwort. Johanna erklärte, sie hätte damals nicht gewußt, was sie dem Grafen antworten sollte, sie mußte aber den Boten schnell wieder fortschicken, da andere drohten, ihn ins Wasser zu werfen. Sie selbst, fügte sie hinzu, halte daran fest und glaube, daß wir unserem Herrn, dem Papst, der in Rom ist, gehorchen

müßten. Sie schwöre dies mit ihrem Glauben! Johanna wurde auch über ihren ersten berühmten Brief an die Engländer befragt, zu dessen Inhalt sie sich mit Ausnahme dreier Wendungen bekannte. Dann folgten noch einige für uns recht belanglose Fragen, z. B. über das Schwert von Fierbois und das Schwert von Lagny, von dem Johanna sagte, es sei gut gewesen zum Hauen und Fleddern. Hier wollte man ihr Grausamkeiten nachweisen; ebenso mit der Frage nach dem Tod des Franquet d'Arras, dessen Hinrichtung Johanna zugestimmt hatte. Cauchons Spürhunde waren sehr fleißig gewesen. Alles, aber auch alles, was der Angeklagten zum Schaden gereichen oder ihr negativ ausgelegt werden konnte, kam zur Sprache! Ob sie eine Alraune habe, fragte sie einmal der Richter. Johanna leugnete das entschieden: »Ich habe keine Alraune, noch habe ich je eine gehabt.«

»Habt Ihr sagen hören, wozu die Alraune diene?«

»Ich habe sagen hören, sei sei unter der Erde in der Nähe des Baumes, von dem wir sprachen (gemeint ist der Baum der Feen bei Domrémy). Man sagt, sie ziehe das Geld an! Aber ich glaube nicht daran. Meine Stimmen haben mir nie etwas darüber gesagt.«

Natürlich wollte man mit dieser Frage nach der Alraune, die uns recht überflüssig vorkommt, Johanna nachweisen, daß sie eine Hexe oder mit dem Teufel im Bunde sei, denn im Mittelalter glaubte man, daß nur solche Menschen Mandragora besitzen könnten, die mit dem Teufel im Bunde waren. Dann kam man auf das angeblich vom Tode erweckte Kind von Lagny zu sprechen. Johanna hatte damals mit allen Jungfrauen von Lagny um die Seele eines Kindes gebetet, das ohne Lebenszeichen und ganz schwarz auf die Welt kam. Nach den Gebeten der jungen Mädchen soll das Baby plötzlich angefangen haben zu atmen. Es gähnte und konnte noch die christliche Taufe empfangen, bevor es endgültig starb. In Rouen wollte man Johanna nachweisen, sie stellte sich mit Christus auf eine Stufe, indem sie vorgab, Kinder die bereits tot waren, wieder zum Leben erwecken zu können.

Die Taktik der Richter zeichnet sich deutlich ab. Fest ent-

schlossen, Johanna straucheln zu lassen und sie zu verderben, wurden alle diese Dinge vorgebracht. Sie soll mit Geistern unter dem Feenbaum ihrer Heimat Umgang gehabt, mit Alraunen gezaubert, die Rechtmäßigkeit des Papstes in Frage gestellt und sich mit göttlichen Vollmachten geschmückt haben. Doch Johanna bestritt alle diese furchtbaren Anklagen guten Gewissens. Im Laufe der fünften Sitzung sagte sie, daß »die, welche ihr das Leben nehmen wollen, vielleicht auch vor ihr dahingehen werden«. Zu diesem Zeitpunkt glaubt sie noch ganz fest an ihre Befreiung.
Im Verlauf der Verhöre erkrankte Johanna, vermutlich an einer Fischvergiftung. Cauchon hatte ihr einen Karpfen schicken lassen, und noch am gleichen Abend wurde Johanna krank und erbrach sich. Ärzte wurden gerufen, denn man befürchtete, daß Johanna vorzeitig sterben könnte. Handelte es sich um einen Vergiftungsversuch? Hatte der Bischof von Beauvais doch so etwas wie Mitleid mit der Angeklagten verspürt und wollte sie davor bewahren, den Verbrennungstod zu erleiden? Nach den Vorstellungen der damaligen Zeit war ein verbrannter Körper auch für die Ewigkeit gestorben, d. h. das Feuer nahm ihm die Möglichkeit, am Jüngsten Tag wieder aufzuerstehen. Oder war dieser Vergiftungsanschlag durch jemanden aus der Umgebung Karls VII. inszeniert? Wenn den Richtern durch das Ableben Johannas die Möglichkeit genommen würde, sie als Hexe zu brandmarken, konnte auch Karls Krönung nicht mehr in Frage gestellt werden; schließlich ging dieser Prozeß ja vor allem gegen Karl. Die Engländer hätten dann das Nachsehen gehabt, denn Bedford bereitete schon die Krönung Heinrichs VI. vor. (Der englische König wurde tatsächlich noch im Jahre 1431 in Notre Dame zu Paris zum König von Frankreich gekrönt.) Die Engländer und vor allem der Ankläger Jean d'Estivet sahen durchaus die Gefahr, die auf sie zukäme, wenn Johanna den Ablauf des Prozesses nicht überleben würde. »Benediktine« konnte es auch nicht lassen, die kranke Johanna gemein zu beschimpfen, als er sie in diesem erbärmlichen Zustand vorfand, so als sei sie an ihrer Krankheit selbst schuld: »Putain gaillarde! C'est toi qui as mangé

des harengs et autre choses à toi contraires.« (»Leichtfertige Hure! Du hast Heringe gegessen und andere Sachen, die du nicht verträgst!«) Es war für Johanna eigentlich ein Unglück, daß sie sich dank ihrer robusten Natur wieder erholte. Als sie nach drei Tagen Pause wieder zum Verhör erschien und Beaupère sie fragte, wie es ihr an den Tagen, an denen sie krank war, ergangen war, brach der Spott sofort wieder aus ihr heraus, und sie antwortete: »Ihr seht doch, wie es mir geht, ich habe mich so wohl befunden, wie es mir möglich war!«

Während der vierten Sitzung ging es hauptsächlich um die Stimmen. Wieder bestand Johanna fest darauf, daß ihr ihre Heiligen leibhaftig erschienen: »Ich habe sie mit meinen Augen gesehen, wie ich euch alle sehe.« Außerdem verwies sie auf das Protokoll zu Poitiers, in dem viele ihrer Antworten bereits aufgeschrieben seien. Das Protokoll von Poitiers war aber bereits während des Prozesses verschwunden. Wahrscheinlich hatten dabei auch Cauchon und seine Helfer die Hand im Spiel. Das Auftauchen der Protokolle von Poitiers hätte unter Umständen den ganzen sorgfältig inszenierten Prozeß in Frage gestellt.

Abermals ging es um die Männerkleidung. Beaupère fragte, ob Gott es gewesen sei, der Johanna geboten habe, Männerkleidung anzulegen. Darauf Johanna: »Das Gewand ist gleichgültig; es ist nebensächlich. Ich habe diese Kleider auf keines Menschen Rat angelegt noch irgend sonst etwas getan, was nicht auf Gottes Geheiß und seiner Engel gewesen wäre.« Gerade die Tatsache, daß Johanna die Männerhosen seit dem Aufbruch aus Vaucouleurs niemals abgelegt hatte, wurde als schweres Vergehen angesehen. D'Estivet behandelte diese Kleiderfrage allein in sechs (!) Anklagepunkten. Die Männerkleidung wurde als Verkehrung der natürlichen Ordnung und als Ungehorsam gegen die Kirche hingestellt. Immer wieder wiederholten die Richter die Fragen nach Johannas Kleidung, um sie in Widersprüche zu verwickeln.

Im fünften öffentlichen Verhör kam man dann wieder auf die Stimmen und die Erscheinungen der Heiligen zu sprechen. Unaufhörlich prasselten alle diese Fragen auf Johanna her-

ab. Ob sie die Gesichter der Heiligen sehen könnte, ob sie Haare hätten, ob das Haar lang herabwalle und dergleichen mehr. Johanna antwortete auf alles, so gut sie es vermochte. Doch ihre Antworten ließen sich trotz der Bemühungen der Richter nicht mit einer Schuld verknüpfen, die sie der kirchlichen Gerichtsbarkeit ausgeliefert hätte. Die ganze Liste der hinterhältigen Fragen, z. B. ob Johanna Ringe besessen und damit Kranke geheilt habe und ob ihr ihre Stimmen Versprechungen gemacht hätten, daß sie gerettet werden würde, sollte beweisen, daß diese Stimmen nicht von den von der streitbaren Kirche anerkannten Heiligen sein konnten, sondern lügnerischen Geistern der Hölle gehören mußten.
Im Laufe dieses fünften öffentlichen Verhörs gelang es Cauchon dann aber doch, Johanna in eine gefährliche Antwort zu treiben. Einmal hatte sie nämlich erwähnt, die heilige Margaretha und die heilige Katharina nähmen ihr öfter die Beichte ab. Nun war es vom Standpunkt der streitbaren Kirche eine Sünde, Geistern zu beichten. Cauchon griff das sofort auf und fragte Johanna hinterhältig, ob sie denn nicht wisse, hiermit eine Todsünde begangen zu haben.
»Ich weiß nicht, ob ich darin gewesen bin. Aber ich glaube nicht, daß ich eine Todsünde begangen habe. Gott gebe, daß ich nie darein gefallen bin. Er gebe, daß ich nie etwas vollbringe oder vollbrachte, was meine Seele schwer belasten würde.«
Allein diese Antwort war schon so etwas wie eine Todsünde. Cauchon konnte an diesem Tage triumphieren. Mit einer eher belanglosen Frage, ob Karl VII. in Reims eine Krone gehabt habe, die auf das Zeichen hinweisen sollte, endete an diesem Tage die Verhandlung.
Auch in der letzten öffentlichen Sitzung am 3. März drängten die Richter in Johanna, mehr über die körperliche Gestalt ihrer Heiligen preiszugeben.
»Ich habe euch gesagt, was ich weiß, und ich werde euch nichts anderes antworten. Ich habe den heiligen Michael und die heiligen Frauen erblickt, und ich weiß wohl: Es sind die Heiligen des Paradieses.« Auf die Frage, ob der heilige Michael und der heilige Gabriel wirkliche Personen sind,

antwortete Johanna in aller Unschuld: »Ich habe sie mit meinen eigenen Augen gesehen und ich glaube an ihr Dasein ebenso fest wie an Gott.«
Als man Johanna dann fragte, ob ihre Erscheinungen sie hätten wissen lassen, daß sie befreit würde, wich sie zunächst aus mit der Bemerkung, dies gehöre nicht zum Prozeß; aber dann brach es doch aus ihr heraus: »Ja wahrhaftig! Sie haben mir gesagt, ich würde befreit; aber ich weiß weder Tag noch Stunde, wann ich herauskommen werde.«
Im Verlauf dieses Verhörs kam der Richter dann noch auf Catherine de la Rochelle zu sprechen, die Johanna aus Rache angezeigt hatte, weil sie behauptet hatte, die Erscheinung Catherines, eine weiße Frau, nicht gesehen zu haben. Catherine behauptete daraufhin vor der Pariser Universität, die angeblichen Heiligen Johannas seien zwei Brunnengeister.
Die Zeit Johannas war vom Glauben an Hexenwahn, Fanatismus und Verfolgung geprägt. Nur vor diesem Hintergrund ist der Prozeß zu verstehen. Lustbarkeiten, die uns heute ganz harmlos erscheinen, wie zum Beispiel der Tanz der Dorfjugend um den Feenbaum oder das Trinken aus einer Quelle, genügten schon, um Menschen dem Verdacht der Hexerei auszuliefern. Hinter den frommen Bildern auf Johannas Banner vermutete man zauberische Beschwörungsformeln und auf dem Kreuzeszeichen des Schwerts von Fierbois das Zeichen des Bösen. Allein das Gerücht, daß Schmetterlinge von ihrem Banner abgenommen worden waren, brachte viele Beisitzer des Gerichts zum Schaudern, denn Schmetterlinge galten als elbische Orakeltiere. Selbst dem Gewebe der Fahne und dem Metall der Ringe schrieb man magische Kräfte zu. Und hatte Johanna nicht versucht, sich das Leben zu nehmen, als sie vom Turm zu Beaurevoir sprang? Es kann nicht verwundern, daß unter den Theologen, die über Johanna zu richten hatten, viele waren, die von ehrlichem Entsetzen über die Angeklagte ergriffen wurden. Andere waren von ihren treffenden und mutigen Antworten überrascht und konnten ihr ihre Bewunderung nicht versagen. Als zum Beispiel Beaupère Johanna einmal fragte, ob sie je an einem Ort gewesen sei, wo Engländer getötet wur-

den, antwortete sie: »In Gottes Namen, ja. Wie sanft sprichst du. Warum verlassen sie nicht Frankreich und gehen in ihr eigenes Land zurück!« Ein hoher englischer Lord, der zum Gefolge Heinrichs VI. gehörte, sprang auf, und es hätte nicht viel gefehlt, und er hätte applaudiert. »In der Tat eine prächtige Frau! Wenn sie nur Engländerin wäre, sie stünde nicht hier«, war sein Kommentar. Solche Sympathiekundgebungen für Johanna waren bestimmt nicht im Sinne Cauchons.

Die sechs öffentlichen Verhöre hatten dem Gericht bisher wenig eingebracht. Trotz aller Bemühungen Cauchons, Johanna der Ketzerei, Zauberei und Hexerei zu bezichtigen, konnten keine ausreichenden Beweise dafür erbracht werden. Die Persönlichkeit Johannas tritt uns während dieser ersten sechs öffentlichen Verhöre deutlich entgegen. Ihr unerschütterliches Sendungsbewußtsein und auch ihr Glaube an ihre Befreiung erleichterten es ihr, die in den Fragen verborgenen Fallstricke zu erkennen und sie geschickt zu parieren. Mehr als einmal wehrte sie sich mit unerwarteten Gegenangriffen und verwirrte ihre Richter durch überlegene Einfachheit. Wollte sie auf eine Frage nicht antworten, versuchte sie auszuweichen oder Zeit zu gewinnen, indem sie die Beantwortung in der nächsten Woche versprach.

Die Entscheidung nach dem sechsten Verhör vom 3. März, Johanna künftig im Gefängnis zu befragen, »ohne dazu die große Zahl der Beisitzer zu bemühen«, ging bestimmt von dem Gedanken aus, daß Johanna sich ohne Zuschauer, die ihr wenigstens teilweise Sympathien entgegenbrachten, noch einsamer und verlassener vorkommen mußte. So glaubte Cauchon den Willen der Angeklagten brechen zu können, um sie nachher um so leichter zu bezwingen. Vom 4. bis 9. März versammelte Cauchon bedeutende Gelehrte und Rechtssachverständige zur Beratung der Aussagen der Angeklagten. Man beschloß erneute Vernehmungen über die strittigen Einzelfragen. Mit der Durchführung der Verhöre wurde Jean de la Fontaine beauftragt.

Diese Verhöre wurden in der gleichen Weise wie die vorhergehenden geführt. Allerdings zeigte Johanna jetzt öfters

Ermüdungserscheinungen. Ohne den Kreis ihrer Zuschauer verloren ihre Antworten an Frische, ein Ziel, das Cauchon ja auch erreichen wollte.
Nebensächliche Fragen wurden wieder mit den Hauptanklagepunkten zusammengebracht: die Abreise aus Domrémy gegen den Willen der Eltern, der Sprung von Beaurevoir, der Angriff auf Paris an einem Festtag, die Belagerung von La Charité, die Hinterlegung ihrer Rüstung in St. Denis, der Heiratsprozeß zu Toul usw. Bezüglich der »Stimmen« konnten auch die Sonderverhöre nichts Neues bringen. Die Aufrichtigkeit Johannas in ihren Antworten ließen den Richtern in diesem Punkt nur die Möglichkeit zu lügnerischen Behauptungen.
Was die Männerkleidung betraf, blieb Johanna dabei, daß sie sie nicht gegen »Weiberkleidung« tauschen wollte. Da sie sich dem ausdrücklichen Befehl widersetzte, die Männertracht abzulegen, konnte dieser Punkt endlich auch zum eigentlichen Stein des Anstoßes werden, der sie am Ende auf den Scheiterhaufen brachte.
Das Problem des Zeichens wurde während der geheimen Verhöre ebenfalls immer wieder angeschnitten. Man wollte durch die permanente Frage nach dem »göttlichen Zeichen« vor allem Karl VII. treffen, der sich nach dem Urteil seiner Zeitgenossen schwer versündigt hätte, wenn er Johanna ohne dieses Zeichen der Gottgesandtheit nach Orléans geschickt hätte. Während der öffentlichen Verhöre beantwortete Johanna alle Fragen nach dem Zeichen entweder aus weichend, oder sie wehrte sie ab, so gut sie es vermochte. Einmal antwortete sie zum Beispiel auf die Frage Beaupères, ob sie über dem König einen Engel gesehen habe: »Verschont mich! Übergeht das!« Und nach den Fragen über die Offenbarungen Karls VII.: »Erwartet jetzt von mir keine Antwort oder schickt zum König, er wird euch antworten . . .«
Als Beaupère weiter in sie drang und mit der Frage kam, warum der König Johanna Glauben schenkte, erwiderte sie: »Er hat verläßliche Zeichen empfangen und den Rat der Geistlichkeit und . . . ihr werdet sie (die Offenbarungen Karls) von mir nicht hören in diesem Jahr.«

Bereits in der ersten geheimen Verhandlung im Kerker Johannas, am 10. März, gelang es Jean Fontaine, eine genauere Beschreibung des Zeichens zu erhalten:
»Was war das für ein Zeichen, das Euer König empfing?«
»Es ist schön und schätzenswert, glaubwürdig und gut und das Kostbarste, das es gibt ... es wird tausend Jahre und mehr bestehen. Es ist in der Schatzkammer des Königs.«
Als Fontaine in sie drang, mehr über dieses Zeichen zu sagen, antwortete Johanna: »Ich sage euch darüber nichts weiter; man vermöchte kaum etwas so Reiches wie das Zeichen zu beschreiben. Und das Zeichen, das euch fehlt, ist, daß Gott mich aus euren Händen befreit; das wäre das sicherste, das er euch zu schicken wüßte.« Diese heikle Frage war damit durchaus nicht erschöpft und wurde deshalb wieder aufgegriffen. Jetzt, während der geheimen Verhandlungen, hatten die Richter eine größere Chance, Johanna endlich das Geständnis zu entlocken, daß sie vor Orléans kein Zeichen gegeben hatte. Durch zähe Beharrlichkeit wurde im Laufe dieser neun Sonderverhöre Johannas Schweigen schließlich gebrochen. Vor dem aussichtslosen Dilemma, entweder zu lügen oder zuzugeben, kein Zeichen gegeben zu haben und damit ihre Sendung in Frage zu stellen, ließ sich Johanna im Laufe dieser Verhöre dazu hinreißen, eine allegorische Geschichte zu erzählen. So erklärte sie nacheinander, daß das Zeichen schön, ehrenhaft und glaubwürdig sei, daß es gut sei und das Kostbarste, das es gebe. »Es wird tausend Jahre und mehr bestehen. Es ist in der Schatzkammer des Königs.« Dann: »Es war ein Engel von Gott gesandt und von niemand anderem, der das Zeichen dem König übergab.« Sicher mit einem Seitenhieb auf den fragenden Richter fügte Johanna noch hinzu: »Und die Geistlichen hörten auf, mich zu bedrängen, sobald sie das Zeichen erkannt hatten.«
Zusammenfassend erzählte Johanna folgende Geschichte: »Ein Engel, der von Gott und keinem anderen gekommen war, überreichte dem König das Zeichen, und sie (Johanna) fragte den König, nachdem alle den Engel gesehen hatten, ob er denn zufrieden sei, und der König antwortete ›ja‹. Daraufhin habe sich Johanna vor dem Engel verbeugt und sei

niedergekniet. Schließlich habe der Engel dann dem König gesagt, man solle sie einsetzen, dann würde das Land bald befreit werden. Der Engel, der besagtes Zeichen überbrachte, sei derjenige gewesen, der ihr zuerst erschienen war.«
Am 13. März gelang es dem Richter dann, von Johanna noch eine genauere Beschreibung des Zeichens zu bekommen: Jetzt erzählte sie, ein Engel sei von oben und in das Gemach des Königs gekommen. Als er vor den König kam, machte er ihm Ehrenbezeugungen und verneigte sich. Dann sagte er, der König erhalte das gesamte Königreich Frankreich mit der Hilfe Gottes und vermittels ihrer (Johannas) Anstrengungen zurück. Als der Engel kam, begleitete sie ihn über die Treppe zum Gemach des Königs. Johanna habe dann zu Karl gesagt: »Sire, hier ist Euer Zeichen, nehmt es an.« Außer ihr hätten auch noch andere den Engel gesehen, z. B. der Erzbischof von Reims, die Herren von Alençon und Charles de Bourbon. Der Engel übergab dem König die Krone aus feinstem Gold. »Das Zeichen war, daß der Engel den König bestätigte, und er sagte ihm, er gewänne das ganze Königreich Frankreich mit Gottes Hilfe und durch das Werk Johannas zurück, der er Krieger geben und sie nach Orléans entsenden solle, sonst würde er nicht so bald gesalbt und gekrönt werden.«
Man fragte Johanna dann, warum der Engel überhaupt erschienen sei: »Er kam um einer großen Sache willen; in der Hoffnung, daß der König dem Zeichen glaubte, und daß man endlich aufhöre, sie, Johanna, zu quälen, und um den Einwohnern von Orléans Hilfe zu bringen und auch wegen der Verdienste des Königs und des Herzogs von Orléans ... Und der König glaubte den Geistlichen, die dabei waren, und dem Zeichen der Krone ... und die Geistlichen erkannten durch ihre Gelehrsamkeit und weil sie Geistliche waren, daß es ein Engel war ...«
Dies ist ungefähr die Geschichte, die Johanna schließlich ihren Richtern erzählte. Diese glaubten davon kein Wort. Vierzehn Tage später las man ihr die siebzig Artikel der Anklage vor. Sie ging ausführlich darauf ein, diese ganze Geschichte von dem Zeichen sei nur »eine lügnerische Erfin-

dung dieser Johanna im Auftrage des Teufels oder sei ihr von diesem Dämon als gauklerische Erfindung vorgeführt worden, damit er von ihrer Neugier profitieren könnte, da sie sich in Dinge mische, von denen sie nichts verstehe und die nicht ihres Standes seien.«

»Sie habe über das dem König gegebene Zeichen nur gesprochen, weil sie die Geistlichen dazu gezwungen hätten«, rief Johanna voller Bitterkeit aus. Am Morgen ihrer Hinrichtung, als sie befürchten mußte, daß man ihr die Eucharistie versagen würde, gab sie dann zu, die ganze Geschichte von dem Engel und der Krone erfunden zu haben: »Ich selbst war der Engel, der zum König sagte, er werde in Reims gekrönt, wenn er mich einsetzt.« Sehr viel später, im Rehabilitationsprozeß, wird die Tatsache, daß Johanna mit dieser Erzählung versucht hatte, ihrer Sendung eine symbolische Form zu geben, ausdrücklich vom Verteidiger der Mutter und der Brüder Johannas gerechtfertigt: »Sie hat nicht gelogen, als sie sagte, ein Engel habe dem König ein kostbares Zeichen gebracht, denn wenn die Lüge auch nicht erlaubt ist, so ist es doch gestattet, die Wahrheit den Umständen und dem Ort gemäß durch eine schöne Dichtung oder eine Wertumschreibung zu verkleiden, und da ein Engel der Mittler dieser Sendung ist, d. h. ein Gesandter Gottes, konnte sie sagen, sie wäre selbst der Engel, der von Gott gesandt sei, um dem König die Krone und die Friedenspalme zu bringen, an der er sich jetzt erfreut, und damit log sie durchaus nicht, sondern sie drückte sich sehr vorsichtig aus. Und wenn sie sagte, daß der Engel der heilige Michael gewesen sei, so sagte sie das nicht aus Verschlagenheit, da sie doch versicherte, sie habe im Auftrag des heiligen Michael gehandelt.«

Noch immer waren die Richter mit den drei Hauptanklagepunkten nicht so recht weitergekommen. Am Nachmittag des 14. März versuchten sie dann, Johanna zu überzeugen, daß sie im Stande der Todsünde sei. Als ihre angeblichen Sünden wurden aufgezählt: »Du hast Paris an einem Feiertag angegriffen!

Du hast das Pferd Monseigneurs de Senlis genommen!

Du hast dich vom Turm zu Beaurevoir gestürzt!
Du trägst Männerkleider!
Du hast den Tod des Franquet d'Arras gebilligt!«
Johanna verteidigte sich, so gut sie es vermochte, gegen jeden Punkt dieser ungeheuerlichen Anklage. Am nächsten Tag sagte sie ihren Richtern: »Die Geistlichen sollen meine Antworten genau überprüfen; dann möge man mir sagen, ob sich etwas darin findet, das gegen den christlichen Glauben verstößt. Wenn ich etwas getan habe, das böse und gegen den christlichen Glauben ist, den unser Herr verordnet, so wolle ich es nicht aufrechterhalten und wäre bestürzt, dawider zu handeln.«
Am 17. März beschlossen die Richter, von Johanna ein Bekenntnis des Gehorsams gegenüber der Entscheidung der Kirche zu verlangen. Das war bei allen Inquisitionsprozessen üblich. Ihre Richter erklärten dann, Johanna müsse *zwei* Kirchen unterscheiden, die »ecclesia triumphans« und die »ecclesia militans«. Die erste sei die Kirche der Heiligen, der Engel und der geretteten Seelen, die zweite aber die Kirche des Papstes, der Kardinäle, der Prälaten und der Geistlichkeit, also die Kirche, die auf Erden sichtbar kämpfe. Die Frage sei nun, ob Johanna sich der *streitbaren* Kirche unterwerfen wolle. Johanna antwortete, daß ihr alles, was sie getan, von Gott eingegeben worden sei: »Mit allen meinen Kräften und so gut ich es zu verstehen glaube, führe ich Gottes Befehle aus, die mir durch meine Stimmen bekanntgegeben werden; und sie befehlen mir nichts, ohne daß Gott es gutheißt.« Als sie von neuem aufgefordert wurde, sich dem Urteil der streitbaren Kirche zu unterwerfen, erwiderte sie:
»Ich bin zum König von Frankreich gekommen durch Gott und die Jungfrau Maria, die Heiligen des Paradieses, die siegende Kirche in der Höhe. Auf deren Befehl bin ich gekommen. Dieser Kirche unterwerfe ich alle meine Handlungen, die ich vollbracht habe oder vollbringen werde. Was meine Unterwerfung unter die streitbare Kirche angeht, so kann ich darauf im Augenblick nichts anderes sagen.«
Dieser 17. März ist der erregendste Tag des ganzen Prozesses. Johanna, durch Krankheit geschwächt, spürte zum er-

stenmal das Nahen des Todes. Sie wußte jetzt, daß sie umsonst kämpfte und auf jeden Fall verurteilt werden würde. Ihr Mut war gebrochen, ihre körperliche Widerstandskraft ließ nach. Hilflos und alleine den Richtern ausgesetzt, die hinter jeder ihrer Taten Verbrechen und Todsünden sahen, verzweifelte Johanna. Noch einmal versuchte Jean de la Fontaine, ihr den Unterschied zwischen der triumphierenden und der streitbaren Kirche zu erläutern. Guillaume Manchon, der als Protokollführer zugegen war, sagte darüber im Prozeß der Rehabilitation: »Sie verwechselte die Kirche mit dem Tribunal der Theologen; nach Ansicht aller verstand sie nicht, um was es ging, obgleich Jean de la Fontaine und zwei Predigermönche sich bemühten, sie über die Pflicht ihrer Unterwerfung unter die Kirche aufzuklären.«

Daß Jean de la Fontaine Mitleid mit dem kranken und verzweifelten Mädchen hatte und wenigstens versuchte, sie über die Struktur der Kirche und über die theologischen Spitzfindigkeiten aufzuklären, kam ihn teuer zu stehen. Als Cauchon hörte, wie freundlich der Richter mit Johanna war, wurde er wütend. Laut Manchon mußte Jean de la Fontaine ebenfalls Rouen verlassen und wurde bis zum Schluß des Prozesses nicht mehr hinzugezogen. Für Richter, die Sympathien für die Angeklagte zeigten, war im Gremium des Bischofs von Beauvais kein Platz.

Aber noch war La Fontaine mit dem Verhör beauftragt und kam wieder einmal auf die Männerkleidung zu sprechen. Man hatte Johanna gerade jetzt, während der Passionszeit, verboten, die Messe zu hören, zu beichten und die Eucharistie zu empfangen. Da sie seit ihrer Kindheit gewohnt war, mehrmals am Tag zu beten, und ihr ganzes Tun von den frommen Handlungen bestimmt war, muß es besonders hart für sie gewesen sein, daß man ihr alle Tröstungen der Religion verweigerte. Jetzt, da sie sich an der Schwelle des Todes wußte, faßte sie ihren ganzen Mut zusammen und antwortete auf die Frage, ob sie das Frauenkleid, das man ihr anbot, nehmen würde, damit sie zur Messe gehen könne:

»Wenn ihr mich zur Hinrichtung führen müßtet und ich dort die Kleidung ausziehen müßte, so bitte ich euch um die

Gunst, mir ein Frauenhemd und eine Kopfbedeckung für mein Haupt zu gewähren.« Und mit plötzlichem Vertrauen: »Aber ich glaube nicht, daß mich unser Herr so tief fallen läßt; ja, ich glaube, daß mir durch ein Wunder Gottes bald Hilfe kommen wird.« Wenn sie so fest behaupte, daß sie die Männerkleidung auf Geheiß Gottes trüge, warum verlange sie dann für den Tod ein Frauengewand, wollte der Richter wissen. Darauf gab Johanna die rührend schamhafte Antwort: »Es genügt, wenn es lang ist.«

Johanna überwand ihre Mutlosigkeit rasch wieder. Bereits am Nachmittag, als die Richter noch einmal auf ihre kriegerischen Taten zu sprechen kamen, hatte sie sich wieder in der Gewalt. Der Richter kam bald wieder auf die entscheidende Frage des Vormittags zurück und fragte Johanna:

»Ihr habt zu Monseigneur de Beauvais gesagt, daß ihr ihm und seinen Beisitzern antworten wollt, wie Unserem Heiligen Vater dem Papst selbst ... Glaubt Ihr, gehalten zu sein, dem Stellvertreter Gottes, dem Papst, die volle Wahrheit auf alle Fragen des Glaubens und des Gewissens zu sagen?«

»Bringt mich vor den Papst. Ihm will ich auf alles, was ich soll, Antwort geben.«

Die Richter waren bestürzt. Hätte Johanna auf dieser Appellation an Rom bestanden, wozu sie das Recht hatte, der ganze Prozeß wäre zusammengebrochen. Doch Rom war weit, und der Richter ging schnell auf eine andere Frage über.

Auch bei den elf Geheimsitzungen verteidigte sich Johanna äußerst geschickt. Aber sie übersah jetzt öfter die Fallen, die ihr gestellt wurden, so zum Beispiel, als Cauchon sie fragte, ob sie sicher sei, gerettet und nicht zum höllischen Feuer verdammt zu werden. Ihre Antwort: »Ich glaube fest, was meine Stimmen mir gesagt haben, daß ich gerettet werde; ich glaube es so fest, als ob ich schon im Paradies sei.« Die Geistlichen mußten diese Worte als prahlerisch und ketzerisch empfinden und meinten dann auch, das sei eine Antwort von großem Gewicht. Der Kreis der Verdammnis zog sich immer enger um die Angeklagte. Nach außen hin gaben sich die Richter wohlwollend und so, als hätten sie tatsächlich die Absicht, Johanna vor dem Feuer zu retten. Trotzdem

war sie während der Verhöre mit schweren Fesseln an ihre Pritsche gekettet, und wenn sie nicht gerade verhört wurde, war sie auch noch den Anpöbelungen der englischen Bewacher ausgesetzt. Hinter der Milde und den freundlichen Ermahnungen der Richter verbargen sich doktrinäre Starrheit und theologische Spitzfindigkeiten. Hexenwahn und Korruption beherrschten die Geistlichen und Gelehrten der Universität Paris, die über Johanna zu Gericht saßen.
Johanna wußte nun, daß sie keine Chance hatte und ihr Todesurteil bereits beschlossen war. Mehrfach griff sie nun Cauchon persönlich an: »Ihr nennt Euch meinen Richter, ich weiß nicht, ob Ihr es seid. Aber hütet Euch, daß Ihr nicht falsch richtet, denn Ihr begebt Euch damit in große Gefahr.«
Am 18. März 1431 versammelten sich mehrere Mitglieder des Tribunals im Erzbischöflichen Palais. Cauchon gab einen kurzen Bericht über die Befragungen, Aussagen und Antworten der Angeklagten, die dann in einer Reihe von Artikeln zusammengefaßt werden sollten. Am 24. März verlas dann Guillaume Manchon in Johannas Gefängnis dieses Protokoll. Johanna erkannte die Richtigkeit an und ergänzte lediglich, ihr Zuname sei d'Arc oder Romée. Cauchon versuchte noch einmal, sie dazu zu bewegen, die Männerkleidung abzulegen: »Gebt mir Frauenkleider«, rief Johanna, »daß ich heimgehe zu meiner Mutter; und ich werde es anlegen, aber nur, um aus dem Kerker herauszukommen; bin ich erst außerhalb, so will ich Rat einholen, was ich tun soll.«
Selbst als Cauchon am 25. März versprach, Johanna dürfe zu Ostern kommunizieren, wenn sie die Kleidung wechsle, lehnte sie ab. Danach wurde der Offizialprozeß abgeschlossen.
Am Dienstag, dem 27. März, unterbreitete der Promotor d'Estivet (oder Benedictine) dem Tribunal die Anklage, die siebzig Punkte umfaßte. Sie sollten Johanna vorgelesen werden. Falls sie die Antwort verweigerte, sollten die fraglichen Artikel als anerkannt und eingestanden gelten. Sämtliche Gelehrten, die der Sitzung beiwohnten, waren sich darin einig, daß die »Visionen und Stimmen« Johannas nur ihrer

21 *Das mittelalterliche Schloß Loches. Hier fand die zweite oder dritte Begegnung zwischen Johanna und dem Dauphin Charles statt.*

22a *Die Brücke bei Beaugency.*

22b *Sully-sur-Loire: Das Schloß von George de la Trémoille. Johanna lebte hier im März 1430.*

23 *Die Kathedrale von Reims.*

24 *Chateau de Talcy.*

Einbildung entsprungen oder bestenfalls Gaukeleien der Hölle waren. Schon am nächsten Tag wurde Johanna dann vor das vollständig versammelte Tribunal geführt. Wie zu Beginn des Prozesses waren die Richter Cauchon und Jean Le Maistre von ungefähr vierzig Beisitzern umgeben. Cauchon erklärte Johanna zu Beginn der Verhandlung, das Gericht habe sich in Anbetracht ihres Mangels an Bildung und ihrer Unfähigkeit, der Verhandlung in all ihren komplizierten und diffizilen Einzelheiten zu folgen, aus Barmherzigkeit entschlossen, ihr zu gestatten, daß sie sich aus *seinen* Reihen eine oder mehrere Personen als Rechtsbeistand aussuchen dürfe. Johanna lehnte diesen scheinheiligen Vorschlag sofort ab; aber ihre Angriffslust erwachte noch einmal, und sie antwortete voller Stolz: »Dafür, daß Ihr mir in bezug auf mein Leben und unseren Glauben Ratschläge erteilen wollt, danke ich Euch und der ganzen Versammlung; aber ich habe nicht die Absicht, anderen Rat als den Unseres Herrn anzunehmen.« Nun wurden die siebzig Artikel der Anklagerede vorgelesen, in denen man Johanna als Hexe, Zauberin und falsche Prophetin, Lästerin Gottes, Kriegshetzerin, Verführerin von Volk und Fürsten und dergleichen mehr schuldig sprach. Johanna hörte sich diesen Sermon ruhig an, bestritt aber die Auslegung ihrer Aussagen und forderte, man solle sich an das halten, was sie im Laufe des Prozesses gesagt habe.

Am Karsamstag, den 31. März wurde Johanna noch einmal aufgefordert, sich der streitbaren Kirche zu unterwerfen. Sie lehnte es ab, der weltlichen Kirche Rechenschaft über ihre Sendung und ihre Taten zu geben, und berief sich ausschließlich auf Unseren Herrn, dessen Gebot sie immer befolgen wolle. (Diese Aussage Johannas nahm G. B. Shaw auf, als er Johanna als erste Protestantin der Geschichte bezeichnete.) Als dann die Frage kam, ob sie sich nicht der Kirche auf Erden, die durch den Heiligen Vater, die Kardinäle und Erzbischöfe, Bischöfe und Prälaten der Kirche repräsentiert würde, unterwerfen wolle, kam die (tödliche) Antwort: »Ja, aber ich muß GOTT zuerst gehorchen!« Mit dieser Weigerung, sich der streitbaren Kirche zu unterwerfen, hatte Johanna ihr Urteil gesprochen. Ihre Verurteilung war nun nur noch eine Frage der Zeit oder besser, eine Formsache. In der Epoche Johannas wurden andere Menschen wegen viel geringfügigerer Vergehen als Ketzer verurteilt und hingerichtet. Das Osterfest muß für die Gefangene furchtbar gewesen sein. Jetzt wußte sie, daß sie endgültig verloren war. Hilflos im dunklen Kerker, von Soldaten umgeben, die sie anpöbelten und verhöhnten, ohne den Trost der Kirche, lebte sie in Todesangst. Kamen ihr erstmals Zweifel? Warum erschienen ihre Heiligen nicht, um sie zu befreien, wie sie es so oft versprochen hatten? Hatte sie sich am Ende doch getäuscht, und waren ihre Stimmen nur Einbildung, nur Ausgeburten ihrer Phantasie? Wo waren ihre Waffenbrüder, ihre Eltern, ihre Brüder. Warum tat der König nichts, um sie zu befreien?

Am Montag nach Ostern und an den darauffolgenden Tagen prüften die Mitglieder des Tribunals die vom Promotor vorgelegten Schuldartikel, die Protokolle und die Aussagen der Angeklagten. Die Mitglieder des Gerichts zogen die siebzig Punkte auf insgesamt zwölf Artikel zusammen und legten sie anderen Doktoren und Gelehrten beider Rechte, die aus Paris gekommen waren, vor. Selbstverständlich kamen alle sechzehn Doktoren und sechs Lizentiaten zu dem Schluß, die Erscheinungen, derer sich die Angeklagte rühmte, seien unglaubwürdig. Einige verlangten, Johanna solle ihrer Irrlehre und härtnäckiger Häresie abschwören, andere wollten sie gleich der weltlichen Gerichtsbarkeit übergeben. Man einigte sich darauf, einige »heilsame« Ermahnungen an Johanna zu richten, um sie auf den richtigen Weg zurückzuführen.

Doch Johanna war krank. Die Anstrengungen des Gerichtsverfahrens, die ständige Angst im Kerker hatten sie so geschwächt, daß die Engländer schon fürchteten, sie würde am Ende eines natürlichen Todes sterben. Ärzte wurden gerufen, und Warwick, dem ja sehr daran gelegen war, Johanna lebend und gesund auf den Scheiterhaufen zu bringen, genierte sich nicht, den Arzt zu bitten, sich ihrer (Johannas) anzunehmen, denn der König wolle um nichts in der Welt,

daß sie eines natürlichen Todes sterbe. Der Promotor fiel wieder mit wüsten Schimpfwörtern über das kranke Mädchen her. Johanna hatte hohes Fieber, und die Ärzte schlugen vor, sie zur Ader zu lassen.
»Seid dabei auf der Hut«, warnte Warwick, »sie ist gewitzt und imstande, Selbstmord zu begehen.«
Über zwei Wochen war Johanna krank, dann erholte sie sich wieder, und Cauchon meinte, es sei nun Zeit, die »heilsamen Ermahnungen« an sie zu richten. Er besuchte mit einigen anderen Herren Johanna in ihrem Gefängnis, um sie zu bedrängen, sich doch der Autorität der Kirche zu unterwerfen. Johanna, die sich dem Tode nahe fühlte, dankte zunächst für die Ermahnung, sagte aber dann: »Ich scheine durch diese Krankheit in Todesgefahr zu sein. Wenn es Gottes Wille ist, daß ich sterbe, dann bitte ich darum, die Beichte ablegen und meinen Heiland empfangen zu dürfen und in geweihter Erde begraben zu werden.« Für Cauchon waren das ganz neue Töne. Nun endlich hoffte er, Johanna soweit zu haben, daß sie wenigstens angesichts des Todes bereit war abzuschwören. Entsprechend war auch seine Antwort:
»Wenn Ihr der Sakramente der Kirche teilhaftig sein wollt, so müßt Ihr Euch wie eine gute Christin der heiligen Kirche unterwerfen. Die Heilsmittel der katholischen Kirche werden Euch nur gewährt, wenn Ihr Euch der Kirche unterwerft.« Johannas Antwort verriet, daß sie zwar durch Krankheit geschwächt, aber immer noch bereit war zu kämpfen:
»Wenn mein Leib im Gefängnis stirbt, so nehme ich an, daß Ihr ihn in geweihte Erde legen laßt. Wenn Ihr es nicht verfügt, dann vertraue ich auf unseren HERRN.«
Die zweite Mahnrede (Exhortatio Caritativa) fand vor dem ganzen Tribunal wieder in einem Raum des Schlosses statt. Magister Jean de Chatillon war beauftragt, eine allgemeine Ermahnung über den Gehorsam an Johanna zu richten, den die Gläubigen dem christlichen Glauben schulden. Mit Johannas Genesung war auch ihr kämpferischer Geist zurückgekehrt. Auf die Frage des Magisters, ob sie gewillt sei zu glauben, den Artikel »Unam sanctam ecclesiam« zu halten und sich der kämpfenden Kirche zu unterwerfen, sagte Jo-

hanna: »Ich glaube an die Kirche auf Erden, und ich glaube nicht, daß die kämpfende Kirche Fehler und Irrtümer begehen kann. Meine Worte und Taten aber unterbreite ich Gott, der mich selbst zu allen meinen Handlungen gezwungen hat.«
Sofort ließ Chatillon die freundliche Maske fallen und erklärte ihr unverblümt, wenn sie nicht an die Kirche und den Artikel »Unam sanctam ecclesiam catholicam« glauben wolle, wäre sie eine Ketzerin und würde mit dem Feuer bestraft. Sie erwiderte:
»Ich kann Euch nichts anderes sagen; und wenn ich das Feuer sähe, so sagte ich das gleiche und täte nichts anderes.«
Johanna hatte schon einmal gesagt, sie wolle sich dem Urteil des Papstes beugen; aber niemand war daran interessiert, sie nach Rom auszuliefern, ja diese Möglichkeit auch nur in Betracht zu ziehen. Johanna sollte in Rouen verurteilt werden, das war man dem Auftraggeber des Prozesses, König Heinrich VI., schuldig.
Nach einigen Bemerkungen über die Männerkleidung behauptete Jean de Chatillon, die Offenbarungen Johannas seien Einbildungen, das dem König gegebene Zeichen eine Lüge. Schließlich fragte er sie noch, ob sie sich eventuell der Kirche von Poitiers unterwerfen wolle. Johanna erkannte die Falle, die hinter diesem Angebot verborgen war, und entsprechend war ihre Antwort: »Glaubt Ihr, mich auf diese Art zu fangen und an Euch zu ziehen?« Chatillon drohte ihr an, sie verbrennen zu lassen, aber sie antwortete ihm zornig: »Ihr könnt das, was Ihr jetzt sagt, daß Ihr es tun wollt, nicht ausführen, ohne daß es Euch selbst an Leib und Seele sehr übel ergehen würde.«
Mit dieser trotzigen Antwort endete die Sitzung.

Cauchon mußte einsehen, daß er Johanna durch Überredung niemals dazu bringen würde, ihre vermeintlichen Irrtümer einzugestehen. In den Handbüchern der Inquisition wurde in so einem Fall die Anwendung der Folter empfohlen. Johanna wurde am 9. Mai von Jean de Chatillon und einer Gruppe von Richtern und Theologen in einen großen

Raum im Donjon des Schlosses geführt, wo sie vom Henker und seinen Folterknechten erwartet wurde, die bereits ihre furchterregenden Werkzeuge bereithielten. Johanna erblickte die Folterwerkzeuge, das schreckliche Streckbrett, die glühenden Kohlebecken, die Schrauben, Zangen und Eisen. Cauchon hielt ihr angesichts dieser entsetzlichen Dinge eine feierliche Ansprache, die so etwas wie ein Resümee ihrer »Verbrechen« darstellte:
»Johanna, seht, alle Anwesenden sind bereit, Euch der Folter zu übergeben, um Euch auf den Weg und zur Erkenntnis der Wahrheit zurückzuführen, und daß Ihr dadurch das Heil der Seele und des Leibes erlangt, das durch Eure lügnerischen Erfindungen ernstlich gefährdet ist.« Johanna aber richtete sich auf. An diesem Tag zeigte sie noch einmal ihren ganzen Mut, als sie antwortete:
»Wahrhaftig, selbst wenn Ihr mir die Glieder brechen und die Seele vom Leib trennen würdet, ich könnte Euch nichts anderes sagen. Und würdet Ihr mich zum Reden zwingen, ich würde immer sagen, daß Ihr mich durch Gewalt zum Reden gebracht habt.« Dann fügte sie noch hinzu, ihre Stimmen sagten ihr, wenn sie wolle, daß Unser Herr ihr helfe, solle sie sich ihm ganz anvertrauen. Cauchon wurde nun zornig. Er hatte die Folterung Johannas gewünscht, um sie endlich zur Vernunft zu bringen. Da er aber seinen, wie er glaubte, bisher so gut geführten Prozeß nicht gefährden wollte und inzwischen sah, daß ihm die Folterung Johannas nichts nützen würde, beschloß man, an diesem Tag von der peinlichen Befragung der Angeklagten abzusehen. Noch war Cauchon aber gewillt, die Folterung nachzuholen. Er bestellte deshalb am Abend des 12. Mai dreizehn Gelehrte und beriet mit ihnen, wie man weiter mit der Jungfrau verfahren wollte. Die Qualen der Tortur wären für Johanna von geringem Nutzen, entschieden die Geistlichen. Mit Ausnahme von Albert Morel, Thomas de Courcelles und Nicolas Loiseleur, die sich *für* die Folterung als Arznei für die Seele der Angeklagten aussprachen, meinten alle anderen, es sei weder nötig noch tunlich, Johanna der Folterung zu unterwerfen. Das war kein plötzliches Mitleid mit der Angeklag-

ten, sondern sie sollte möglichst gesund und kräftig bleiben für den Scheiterhaufen. Warwick hatte ja schon während der Erkrankung Johannas zu den Ärzten gesagt, daß sein König wolle, daß sie gesund verbrannt würde. Schließlich hatte man sie teuer genug für diesen Zweck gekauft.
Inzwischen hatte die Pariser Universität, »entbrannt von nicht geringem Eifer für den Glauben, gewissenhaft, reiflich und feierlich« ihr Urteil abgegeben und dies in einer öffentlichen Urkunde übermittelt. Die Universität bestätigte die Vollmachtschreiben, die Akten und die Aufstellung der zwölf Schuldartikel »durch die berühmten Doktoren der Heiligen Theologie, unsere Schüler, die Magister Jean Beaupère, Jaques de Touraine, Nicolas Midi. Nachdem wir ihre Ausführungen zu Ende gehört hatten, beschlossen wir, Euer hochwürdigen Herrlichkeit höchsten Dank zu zollen, weil sie sich keineswegs des gepriesenen Werks verdrießen läßt, zum Lobe Gottes und zum Ruhm des rechten Glaubens sowie zur heilsamen Erbauung des gesamten gläubigen Volkes«.
Die Doktoren der theologischen Fakultät waren anscheinend ganz besonders gelehrt. Sie glaubten nämlich, die »Geister der Hölle« zu kennen, die die irregeleitete Johanna für den heiligen Michael, die heilige Margaretha und die heilige Katharina gehalten hatte. Es waren »Belial«, der Dämon der Unbotmäßigkeit, »Satan« höchstpersönlich und der blöde »Behemont«. Die Fakultät der Rechte entschied, daß Johanna, die im Glauben irrte und lügnerische Wahrsagerei betrieb, noch einmal mildtätig ermahnt und verwarnt werden sollte. Wenn sie sich aber weigerte, den Irrtum zu bekennen, müsse man sie dem weltlichen Arm überlassen, damit sie die gerechte Strafe empfinge.

Am 23. Mai wurde Johanna noch einmal in einen großen Raum des Schlosses geführt, wo sie von Cauchon und neun Beisitzern empfangen wurde. Hier hörte sie nun die große Anklage. Der Domherr Pierre Maurice las den lateinischen Text und übersetzte ihn der Angeklagten. In zwölf Punkten waren nun die »abscheulichen Verbrechen« Johannas zusammengefaßt. Alles, was Johanna getan und gedacht hatte, ja alles was ihr teuer und wertvoll war, war hier als vom Teufel eingegeben hingestellt. Johanna wurde als die grausamste und gefährlichste Ketzerin aller Zeiten bezeichnet. Danach hielt Pierre Maurice eine Rede, in der er sie ermahnte, ihr Leben und ihre Seele dadurch zu retten, daß sie ihre Irrtümer eingestehe und sich der Kirche unterwerfe. Er endete mit der ernsten Drohung, daß, wenn sie starrsinnig bleibe, die Verdammung ihrer Seele gewiß sei und die Vernichtung ihres Leibes wahrscheinlich. Es scheint, als ob die ganze theologische Autorität noch einmal gegen Johanna aufgeboten wurde. Doch trotz ihrer Angst, trotz ihrer Krankheit und den seelischen Torturen, denen sie ausgesetzt war, blieb Johanna fest. Entsprechend war ihre Antwort:

»Das, was ich immer gesagt und aufrechterhalten habe in dem Prozeß, das will ich aufrechterhalten auch jetzt. Wenn ich vor der Verurteilung stünde und sähe das Feuer glühen, die Reisigbündel entzündet und den Henker bereit, das Feuer zu schüren, wenn ich selbst im Feuer wäre ... ich sagte nichts anderes; ich würde, was ich im Prozeß gesagt, aufrechterhalten – bis in den Tod.«

Der Protokollführer Manchon war über diese mutige und kraftvolle Antwort so erstaunt, daß er an den Rand seines Registers schrieb: RESPONSIO SUPERBA – eine vortreffliche Antwort.

Der nächste Tag, der 24. Mai, war der Schicksalstag Johannas. Frühmorgens führte sie Jean Beaupère aus dem Gefängnis. Unterwegs beschwor er sie noch einmal, sich zu unterwerfen und alles, was sie bisher getan hatte, zu widerrufen. Auf einem Karren wurde Johanna zum Friedhof bei der Abtei von Saint Ouen gebracht. Unterwegs gesellte sich der Spion und falsche Freund Loiseleur zu ihr, der ihr einflüsterte: »Wenn Ihr tut, was ich Euch sage, werdet Ihr gerettet sein, und Ihr werdet es gut haben und nicht schlecht; sondern Ihr werdet der Kirche übergeben werden.«

Der Friedhof war voll von Menschen. Alle wollten dabei sein, wenn die »Hexe der Armagnac« ihre Sendung widerrief oder ihre Strafe auf dem Scheiterhaufen erlitt. Für die vornehmen Persönlichkeiten waren zwei Tribünen errichtet. Auf der einen saß Guillaume Erard mit seinen Sekretären, dem die Aufgabe zufiel, am heutigen Tage die Mahnrede an die Angeklagte zu richten. Auf der anderen saß die ganze Prominenz: der Kardinal von Winchester als Vertreter des englischen Königs, die Bischöfe von Beauvais, Noyon und Norwich sowie 21 weitere Theologen und Magister. Ganz in der Nähe dieser beiden Tribünen war ein Scheiterhaufen errichtet, und an dessen Fuß standen der Henker und seine Helfer bereit, die Angeklagte sofort hinzurichten.

Um die Tribünen wimmelte es von englischen Soldaten. Johanna mußte die Plattform betreten, auf der Guillaume Erard saß, der sofort mit seiner Mahnrede begann, in der er sie ein Monstrum, eine Hexe und eine Ketzerin nannte. Es ist nicht anzunehmen, daß Johanna diesen Sermon überhaupt noch aufnahm. Sie war zu sehr in Todesangst. Guillaume Erard hatte seinen Text den zwölf Anklagepunkten entnommen. Zum Schluß griff er den König von Frankreich an.

Pathetisch rief er: »Oh Frankreich, wie wirst du mißbraucht. Stets bist du die Heimat des Christentums gewesen, jetzt aber billigte Karl, der sich dein König und Herrscher nennt, jedoch ein Ketzer und Abtrünniger ist, die Worte und Werke dieses unwürdigen und schändlichen Weibes.« Das Erstaunliche geschah. Johanna, die fast die ganze Anklagerede unbeteiligt angehört hatte, schien noch einmal Kraft zu schöpfen. Für einen Moment war sie wieder die alte Jeanne d'Arc, als sie dem Prediger folgende Worte entgegenschleuderte: »Bei meinem Glauben wage ich zu behaupten und bei Strafe des Todes zu beschwören, daß er der trefflichste aller Christen ist und daß niemand den Glauben und die Kirche liebt wie er.«

Danach forderte Erard Johanna auf, sich der Kirche zu unterwerfen. Noch einmal versuchte sie standhaft zu bleiben und antwortete: »Was die Unterwerfung unter das Urteil der Kirche angeht, so habe ich schon geantwortet. Was mein Tun betrifft, so möge man es vor den Heiligen Vater, den

Papst in Rom, bringen, auf welchen ich mich nächst Gott berufe. Meine Worte und Werke habe ich auf Gottes Geheiß vollbracht. Ich lege sie niemandem zur Last: weder dem König noch einem anderen; und wenn daran ein Falsch ist, so fällt es auf mich und auf niemanden anderen zurück.«
Nun wurde Johanna gefragt, ob sie nicht alle ihre Worte und Taten, die von den Richtern für sündig erklärt seien, widerrufen wolle.
Wieder stiftete ihre Antwort Verwirrung: »Ich überlasse es Gott und der Entscheidung unseres Heiligen Vaters, des Papstes.« Wieder der Appell an den Papst. Das kam höchst ungelegen. Nach den Gesetzen der Kirche konnte die Angeklagte verlangen, daß ihr Fall in Rom vorgetragen werde. Dann hätte es für den Prozeß nicht günstig ausgesehen. Der Papst konnte kein Interesse an einer Verurteilung Johannas haben, weil er sich den König von Frankreich nicht für alle Zeiten zum Gegner machen konnte. Seit Philipp dem Schönen wußten die Päpste, was das nach sich ziehen konnte.
Was also sollte man tun? Man erklärte Johanna, der Heilige Vater könne nicht von so weit hergeholt werden. Es sei auch nicht erforderlich, zu ihm zu gehen, denn die anwesenden Richter hätten ja die Autorität, über Johannas Fall zu richten, und die Kirche würde gewissermaßen durch sie repräsentiert. Inzwischen wurde der Pöbel unruhig. Man war schließlich gekommen, um die Hexe brennen zu sehen oder wenigstens ihren Widerruf zu hören, und fühlte sich enttäuscht. Erard zeigte Johanna ein vorgeschriebenes Papier und forderte sie unverblümt auf zu widerrufen. Johanna war am Ende ihrer Kraft und vollkommen geschwächt und entmutigt. Sie kannte nicht einmal das Wort »Widerruf«. Verzweifelt rief sie: »Ich rufe die allumfassende Kirche an, ob ich widerrufen soll oder nicht.« Erard verlor die Geduld: »Entweder du widerrufst sofort, oder du wirst verbrannt.«
Nun wurde Johanna von allen Priestern bedrängt, ihre Unterschrift unter den vorbereiteten Widerruf zu setzen. Loiseleur, der falsche Freund, spielte jetzt den Versucher und flüsterte Johanna ins Ohr: »Vernichte dich nicht selber – unterschreibe.« Sie schwieg verwirrt. Vielleicht erblickte

sie jetzt auch erstmals mit Bewußtsein den gräßlichen Schandpfahl und die Henker, die schon auf sie warteten. Dann vernahm sie eine Stimme: Cauchon las ihr Todesurteil vor: »Dreifach sind die Gründe, aus denen wir Dich als exkommuniziert und zur Hexe erklären und den Spruch fällen, daß wir Dich aufgeben und der weltlichen Gerichtsbarkeit übergeben; als ein Glied Satans bist Du von der Kirche verstoßen. Somit ...« Da brach Johanna zusammen. Ihre Kräfte waren verbraucht. Langsam sagte sie: »Ich unterwerfe mich.« Dann, sie wolle alles tun, was die Kirche ihr auferlege, und unterwerfe sich in allen Dingen den Richtern und unserer Mutter, der Heiligen Kirche.
Nun wurde durch Jean Massieu eine Abschwörungsurkunde verlesen. Es hat den Anschein, als ob dieses Dokument ganz kurz gewesen ist und nicht mehr als sechs oder sieben Zeilen enthielt. Es war wohl eine Abschwörungsformel ohne nähere Einzelheiten. Von den Berufungen und Offenbarungen Johannas kam wahrscheinlich nichts darin vor. Aber es stand drin, daß Johanna versprechen müsse, niemals mehr Männerkleidung zu tragen. Nun soll sich folgendes zugetragen haben:
Die Zuschauer, meist englische Soldaten und der Pöbel, der nie fehlte, wenn ein so sadistisches Schauspiel wie eine Ketzerverbrennung zu erwarten war, sahen sich getäuscht. Steine flogen auf die Tribüne, auf der der Bischof von Beauvais saß. Es wird auch berichtet, Warwick habe Cauchon angeschrien, er lasse die Angeklagte entwischen und der ganze Prozeß sei nur eine Farce gewesen. »Ihr lügt«, schrie Cauchon. Er war so aufgebracht, daß er sein Manuskript zu Boden schleuderte und wütend darauf herumtrampelte.
Mitten in diesem Tumult wurde Johanna das Dokument mit der gekürzten Abschwörungsformel vorgelesen. Lächelnd wiederholte sie das Gehörte. Sie war mit ihren Nerven und mit ihrer Kraft am Ende. Immer wieder wurde sie von nervösem Lachen und Weinkrämpfen geschüttelt, als sie von Magister Erard noch einmal aufgefordert wurde, zu unterschreiben. Einige Zeugen behaupteten, sie habe mit einer Null unterzeichnet, wieder andere glaubten gesehen zu ha-

ben, es sei ein Kreuz gewesen oder Magister Erard habe ihr die Hand geführt und sie habe das Dokument mit »Jehanne« unterzeichnet. Es sollte sich aber nicht mehr um das kurze, nur sechs Zeilen lange Schriftstück gehandelt haben, das Maurice vorgelesen hatte. Während des allgemeinen Tumults soll der Privatsekretär des englischen Königs, Lawrence Calot, das Dokument gegen ein anderes, viel längeres ausgetauscht haben.

Widerruf:
Ich, Jehanne, die Jungfrau genannt, armselige Sünderin, bekenne, daß ich abtrünnig war und irrgläubig; nachdem ich die Fallstricke der Irrtümer, in denen ich befangen war, erkannt habe, bin ich durch die Gnade Gottes zu unserer heiligen Mutter, der Kirche, zurückgekehrt; damit man sehe, daß ich nicht nur scheinbar, sondern aufrichtigen Herzens und guten Willens zurückgekehrt bin, bekenne ich, daß ich schwer gesündigt habe, indem ich lügnerisch vorgab, Offenbarungen und Erscheinungen von Gott, durch die Engel, die heilige Katharina und die heilige Margaretha gehabt zu haben, andere verführte, und, indem ich leichtfertig und töricht glaubte, abergläubisch wahrsagte, Gott und die Heiligen lästerte, das göttliche Gesetz, die Heilige Schrift und die kanonischen Verordnungen übertrat, unanständige Kleider trug, die Haare nach Männerart geschnitten gegen alle Schicklichkeit des weiblichen Geschlechtes, daß ich auch Rüstung trug in großer Anmaßung, auf grausames Blutvergießen aus war und sagte, ich hätte alles auf Befehl Gottes, der Engel und der oben genannten Heiligen getan, und ich hätte darin recht gehandelt und nicht gefehlt; daß ich Gott und seine Sakramente verächtlich gemacht habe; daß ich Aufruhr erregt und Götzendienerei getrieben, indem ich die bösen Geister verehrte und anrief.
Ich bekenne auch, daß ich abtrünnig gewesen bin und auf mancherlei Weise im Glauben geirrt habe. Diesen Vergehen und Irrtümern schwöre ich aufrichtigen Herzens ohne Verstellung ab, verabscheue sie, verleugne sie und wende mich ab von ihnen. Durch die Gnade Unseres Herrn und durch

die heilige Lehre und Euren und der Magister guten Rat bin ich auf den Weg der Wahrheit zurückgekehrt. In allen genannten Dingen unterwerfe ich mich der Züchtigung, der Besserung und der vollkommenen Entscheidung unserer heiligen Mutter, der Kirche, und Eurer großen Gerechtigkeit. Auch schwöre und verspreche ich meinem Herrn, dem heiligen Petrus, dem Fürsten der Apostel, und seinem Statthalter, unserem Heiligen Vater, dem Papst in Rom, und seinen Nachfolgern und Euch, Ihr Herren, Monseigneur Herr Bischof von Beauvais, Euch geistlicher Bruder Jean le Maistre, Stellvertreter des Herrn Inquisitors in Sachen des Glaubens, als meinen Richtern, daß ich nie mehr, weder auf Überredung noch sonstwie, zu den oben genannten Irrtümern zurückkehren werde, von denen es Unserem Herrn gefallen hat, mich zu befreien und zu erretten; sondern für immer in der Einheit unserer heiligen Mutter, der Kirche, und im Gehorsam unseres Heiligen Vaters, des Papstes in Rom, bleiben werde.

Und dies sage ich, versichere und beschwöre ich bei Gott, dem Allmächtigen, und bei Seinen Heiligen Evangelien. Und zum Zeichen dessen habe ich dieses Schriftstück mit meiner Unterschrift versehen.

Johanna hat somit nicht gewußt, was sie ahnungslos unterschrieben hat. In diesem Dokument bekannte sie nun, Hexenkünste betrieben und Umgang mit Teufeln gehabt zu haben, eine Lästerin Gottes, eine Aufwieglerin und blutgierig etc. gewesen zu sein. Außerdem verpflichtete sie sich, niemals mehr Männerkleidung anzulegen. Nachdem man Johannas Unterschrift, oder was immer als solche gelten mochte, unter dem Dokument hatte, verkündete Cauchon das andere, für diesen Fall vorgesehene Urteil:

»Im Namen des Herrn, Amen. Endlich, nach häufiger, liebevoller Ermahnung und langem Harren bist Du durch Gottes Beistand in den Schoß der heiligen Mutter, der Kirche, zurückgekehrt und hast, wie Wir annehmen, mit reuigem Herzen und ehrlichem Glauben widerrufen und Deinen in öffentlicher Predigt verworfenen Irrtümern samt aller Ketzerei

mit eigener Stimme und mündlicher Rede abgeschworen. Den kirchlichen Vorschriften gemäß sprechen Wir Dich hiermit von den Banden des Kirchenbannes, durch welche Du gefesselt warst, los, vorausgesetzt, daß Du wirklich reuigen Herzens und ehrlichen Glaubens zurückkehrst und befolgst, was Wir Dir auferlegen.
Weil Du Dich jedoch gegen Gott und die heilige Kirche freventlich vergangen hast, verurteilen Wir Dich endgültig und unwiderruflich – unter Vorbehalt Unserer Begnadigung und Strafermäßigung – zur Übung heilsamer Buße zu dauerndem Kerker beim Brot der Schmerzen und beim Wasser der Traurigkeit, damit Du dort das Begangene beweinst und das Beweinte fürder nicht mehr begehst.«
Im Prozeß der Rehabilitation berichteten sechs Zeugen von einem wahren Aufstand auf dem Friedhof. Danach soll die Menge aufgebracht die Estrade gestürmt haben. Söldner warfen sich auf die erregten Menschen, die vor Enttäuschung, daß die Hexe nicht verbrannt wurde, tobten. Cauchon mußte den Tumult überschreien. Johanna, die trotz der schweren Strafe nun glaubte, die Kirche hätte ihr vergeben, rief: »Ihr Fürsten der Kirche, führt mich in euer Gefängnis, aber laßt mich nicht mehr in den Händen der Engländer.«
»Bringt sie in das Verlies, aus welchem sie kam«, schrie Cauchon. Johanna mußte den Karren besteigen, der sie in ihr Gefängnis im Schloß zurückbrachte, wo sie wieder angekettet wurde und dem Haß und den Pöbeleien ihrer englischen Wächter ausgesetzt war. Am Nachmittag desselben Tages begaben sich Cauchon und der Inquisitor Jean Le Maistre in Begleitung von fünf oder sechs Geistlichen in den Kerker, um Johanna zu eröffnen, daß Gott ihr an diesem Tage große Gnade gewährt und die Geistlichen ihr viel Barmherzigkeit erwiesen hatten. Deshalb schicke es sich jetzt, daß Johanna sich demütig unterwerfe und dem Urteilsspruch gehorche. Sie solle ihre Irrtümer und Erfindungen vollständig aufgeben und nie wieder rückfällig werden. Wenn sie je wieder rückfällig würde, könne sie die Kirche nicht mehr in Gnaden aufnehmen und müsse sie ganz fallenlassen. Außerdem solle sie ihre Männerkleider ablegen

und Frauenkleider anziehen, so wie es ihr die Kirche befohlen habe. Johanna soll darauf geantwortet haben, sie wolle gern Frauenkleider anlegen und sich den Männern der Kirche in allem unterwerfen.
Man gab ihr dann Frauenkleider, die sie sofort anlegte, und rasierte ihr Haar, das sie nach Männerart geschnitten trug, ganz ab. Johanna glaubte immer noch, sie würde in ein kirchliches Gefängnis überführt werden, wo ihre Wächter Priester waren, die ihr erlauben würden, öfter die Messe zu hören und zu beichten; aber sie mußte in ihrem alten Gefängnis bleiben, wo die Roheit der englischen Wächter noch zunahm. Mehrmals wurde sie blutig geschlagen, und die Soldaten versuchten, ihr Gewalt anzutun. Bald wagte sie überhaupt nicht mehr zu schlafen, da ihr mit der Männerkleidung der letzte Schutz genommen war.
Schon am 27. Mai, drei Tage nach der Szene auf dem Friedhof, verbreitete sich das Gerücht, Johanna habe wieder Hosen angelegt. Sowie Cauchon das hörte, kam er am 28. Mai zu ihr in das Gefängnis, um zu erfahren und mit eigenen Augen zu sehen, was er wohl zunächst nicht glauben wollte. Als Cauchon und die Priester, die ihn begleiteten, in das Gefängnis traten, kam ihnen Johanna tatsächlich in Männerkleidung entgegen.
Nachdem sie auf dem Friedhof von Saint Ouen einen begreiflichen Schwächeanfall hatte und nicht mehr Herr ihrer selbst war, muß Johanna verzweifelt gewesen sein, als ihr bewußt wurde, daß sie aus Angst vor dem Feuer ihre Berufung verraten und ihre Stimmen verleugnet hatte. Drei Tage nach der Szene von Saint Ouen hatte sie sich wieder in der Gewalt. Mit den Männerkleidern zog sie nicht nur das Symbol ihrer Sendung an, sondern wußte auch, daß sie damit ihr eigenes Todesurteil sprach. Auf die Frage Cauchons, wer sie geheißen habe, die Männerkleidung wieder anzulegen, entgegnete sie:
»Ich selbst. Freiwillig. Ich trage sie lieber als Frauenkleider.«
Und auf die Frage, ob sie ihre Stimmen wieder gehört habe:
»Wenn ich sagen würde, Gott hatte mich nicht gesandt, so würde ich mich selbst verdammen. Meine Stimmen haben

mir seither gesagt, daß ich eine große Schlechtigkeit begangen, als ich gestand, ich hätte nicht mit gutem Recht gehandelt. Es war aus Angst vor dem Feuer ... Was ich widerrufen habe, war wider die Wahrheit. Ich will lieber meine Buße auf einmal tun und sterben, als noch länger die Leiden des Gefängnisses zu ertragen.«
Das war wieder die alte Johanna, die lieber mutig den Tod erleiden, als sich selbst verraten wollte. Der Schreiber Boisguillaume, der zugegen war, machte abermals eine Notiz am Rande seines Registers, die lautete RESPONSIO MORTIFERA – todbringende Antwort.

Am Dienstag, den 29. Mai, versammelte sich das Tribunal in der Kapelle der erzbischöflichen Residenz. Hier beschloß man nun, daß Johanna als rückfällig zu betrachten und der weltlichen Macht zur Verbrennung zu übergeben sei (Ecclesia abhorret a sanguine – die Kirche verabscheut Blut).
Am 30. Mai erschienen die beiden Dominikanermönche Toutmouillé und Ladvenu in aller Frühe bei Johanna, um sie auf den Tod vorzubereiten. Toutmouillé berichtete im Rehabilitationsprozeß, er habe die Frage nach Johannas Stimmen noch einmal aufgegriffen. Sie soll gesagt haben, sie begreife nun, daß sie getäuscht worden sei. Auf die Frage, ob sie glaube, die Stimmen seien gute oder böse Geister gewesen, soll sie geantwortet haben:
»Ich weiß nicht, ich unterwerfe mich der Kirche.«
Martin Ladvenu teilte Johanna mit, sie werde noch am gleichen Tag lebendig verbrannt werden. In einem Verzweiflungsanfall rief Johanna darauf weinend: »Oh, daß man mich so schrecklich und grausam behandelt! Ach, daß heute mein Leib, den ich niemals besudelt habe, verzehrt und zu Asche werden soll! Ach, lieber würde ich mich siebenmal köpfen als so verbrennen lassen! Ach, wenn ich bloß von den Leuten der Kirche und nicht von meinen Feinden bewacht worden wäre, dann wäre es mir niemals so übel ergangen. Vor Gott dem höchsten Richter klage ich meine Wächter und die Leute, die diese zu mir hereinließen, wegen

der Überfälle und Gewalttaten an, denen sie mich ausgesetzt haben. «

Als Cauchon in diesem Moment eintrat, klagte sie ihn an: »Bischof, ich sterbe durch Euch – und ich werde Euch vor Gott dafür verantwortlich machen.« Das waren die letzten Worte des Protestes, dann wurde Johanna ruhig. Bruder Ladvenu nahm ihr mit Erlaubnis des Bischofs die letzte Beichte ab und gewährte ihr die Kommunion. Johanna empfing den Leib des Herrn »mit tiefer Andacht, unter heißen Tränen und unsäglicher Demut«, sagte Bruder Martin Ladvenu im Rehabilitationsprozeß. »Ich verließ sie nicht mehr, bis sie ihre Seele aufgab. Fast alle Umstehenden weinten vor Mitleid, besonders der Bischof von Thérouanne. Ich zweifle nicht, daß sie als gläubige Christin gestorben ist, und ich wollte, meine Seele wäre dort, wo die ihre ist.

Bis zum Ende ihres Lebens blieb sie dabei, ihre Stimmen seien von Gott, und alles, was sie getan, habe sie auf Gottes Geheiß hin vollbracht. Ihre Stimmen hatten sie nicht getäuscht und ihre Offenbarungen kamen von Gott.«

Kurz nach dem Verbrennungstod Johannas hatte sich der fromme Bruder noch anders geäußert. Er bestätigte zwar auch, daß sich Johanna auf Christus als ihren Retter berufen und die Hostie unter Tränen entgegengenommen hatte, sie habe aber zugegeben, daß ihre Stimmen sie getäuscht hätten und daß sie selbst der Engel gewesen sei, der als Zeichen die Krone gebracht habe. Die beiden anwesenden Notare sollen sich allerdings geweigert haben, diese letzten Seiten des Protokolls der Nachverhöre zu unterschreiben, da Johanna diese Aussage wohl nur aus Angst gemacht hatte, man könnte ihr die Eucharistie verweigern.

Gegen neun Uhr morgens wurde Johanna auf einem Karren, gefesselt und von achtzig englischen Soldaten begleitet, zum alten Marktplatz gebracht. Ihr Weg war gesäumt von einer riesigen Menschenmenge, die sie johlend verhöhnte. Einige aber weinten voller Mitleid für dieses junge Mädchen, das sein Leben für seinen Glauben, für sein Land, das es so liebte, und für den König von Frankreich, dem es so treu gedient hatte, hingeben mußte. Wie eine verurteilte Verbre-

cherin mußte Johanna auf dem Wege zum alten Markt eine mitraähnliche Mütze tragen, auf der stand:
KETZERIN – RÜCKFÄLLIGE – ABTRÜNNIGE – GÖTZENANBETERIN.
Auf dem alten Markt waren, wie eine Woche vorher auf dem Friedhof von St. Ouen, zwei Tribünen errichtet. Riesengroß und drohend war der Scheiterhaufen um den Schandpfahl herum aufgeschichtet. Auf der einen, sehr hohen Tribüne saßen die Würdenträger der Kirche, unter ihnen als Vertretung des englischen Königs der Kardinal von Winchester und der Bischof Cauchon, auf der zweiten Tribüne saßen die anderen Richter und Theologen, die am Prozeß beteiligt waren. Johanna mußte auf einem hohen Gerüst Platz nehmen, das sich gegenüber der Tribüne von Cauchon und dem Kardinal befand. Der Pariser Theologe Nicolas Midi ermahnte Johanna das letztemal. Er hielt eine sehr lange Predigt, die von dem Pauluswort ausging: »Wenn ein Glied an etwas leidet, leiden alle Glieder mit.« Johanna mußte diese langatmige Predigt im Stehen, angesichts des Scheiterhaufens, der besonders hoch war, über sich ergehen lassen. Alle Anwesenden sollten die Möglichkeit haben, die Hexe brennen zu sehen und sich an ihrem Leiden zu weiden. Dem Henker sollte die Möglichkeit genommen werden, die Angeklagte zu erwürgen, um so ihre Leiden abzukürzen.
Nach Beendigung der Predigt ermahnte Cauchon Johanna noch einmal, erlaubte aber, daß ihr die Dominikanerbrüder Ysambart de la Pierre und Martin Ladvenu bis zuletzt Beistand leisteten.
Ein letztes Mal betete Johanna. Dabei soll sie sogar ihren König in Schutz genommen haben: »Alles, was ich im guten oder bösen tat, habe ich aus eigenem Antrieb getan, mein König hat mich nicht dazu gezwungen.« Noch im Angesicht des grausamen Todes, der auf sie wartete, dachte sie an den König, der nichts unternommen hatte, sie zu retten. Grenzenlos allein, war sie in ihrer letzten Stunde nur von Feinden umgeben. Trotzdem wandte sie sich der Volksmenge zu und rief:
»Euch alle, die ihr hier steht, bitte ich, mir das Böse zu ver-

zeihen, das ich euch angetan habe. Auch ich vergebe euch das Böse, das ihr mir angetan habt. Und ... ihr Priester lest jeder eine Messe für mich.« Ungefähr eine Stunde betete Johanna so. Überall hörte man das Schluchzen der ergriffenen Menge, ja sogar Cauchon und viele seiner Priester sollen Tränen vergossen haben.

Ohne Vollstreckungsbefehl wurde Johanna dem Henker übergeben, denn einige Engländer wurden bereits ungeduldig, murrten und fingen an zu rufen: »Nun Priester, glaubt Ihr, wir wollen hier zu Mittag essen.«

Weinend stieg Johanna die Stufen des Scheiterhaufens empor bis an den Fuß des Schandpfahls. Das Gerüst war aus Gips und so hoch, daß der Henker Mühe hatte, sein Werk zu vollenden. Seine rohen Hände ketteten Johanna an – dann war sie allein. Einige Engländer brachen in Gelächter aus, als sie mit lauter Stimme die heilige Katharina und die heilige Margaretha anrief. Dann bat sie um ein Kreuz. Ein englischer Soldat reichte ihr zwei zusammengebundene Hölzer. Sie küßte dieses grobe, kleine Kreuz und hielt es an die Brust. Bruder Ysambart de la Pierre holte aus der nahe gelegenen Kirche St. Sauveur ein geweihtes Kreuz und hielt es ihr vor das Gesicht, solange er konnte. Als Johanna vom Scheiterhaufen auf Rouen blickte, rief sie: »Ach Rouen, Rouen, ich fürchte sehr, du wirst leiden müssen für meinen Tod. (Ah, Rouen! j'ay grant paour que tu ayes à souffrir de ma mort.)« (Procès Band III. Aussage von Guillaume de la Chambre). Als dann die Flammen knisterten und emporloderten, packte Johanna für einen Augenblick das Entsetzen. Mehrmals rief sie laut »Jesus, Jesus«; es waren die letzten Worte, die man von ihr vernahm.

»Meist sagen mir meine Stimmen, daß ich durch einen großen Sieg befreit würde; und dann sagen sie mir: ›Nimm alles auf dich. Hab keine Angst vor deinem Martyrium, du wirst am Ende in das Paradies eingehen‹«, sagte Johanna am 14. März zu ihren Richtern. Sie hatte recht. Jetzt erfüllte sich, was ihr prophezeit war, das Martyrium und das Paradies.

Die Dame von Armoises – Die Antilegende

»Meine Stimmen sagen mir, daß ich durch einen großen Sieg befreit werde, aber ich weiß weder Tag noch Stunde.«
(Johanna im Prozeß zu Rouen am 3. März 1431)

Fünf Jahre nach dem qualvollen Feuertod der Jeanne d'Arc auf dem alten Marktplatz von Rouen trat in Metz eine etwa dreißigjährige Frau auf, die behauptete: »Ich bin Johanna die Jungfrau.«

Damals ging bereits das Gerücht um, die Pucelle sei gar nicht verbrannt, sondern in letzter Sekunde vor dem Flammentod gerettet worden. So mancher war bereit, an ein Wiedererscheinen der Retterin Frankreichs zu glauben. Idole dürfen nicht sterben. Darin unterschied sich die Zeit Johannas nicht von der unsrigen.

Ihr sicheres Auftreten und eine gewisse Ähnlichkeit mit Johanna verschafften der Abenteuerin, die sich als Jeanne d'Arc ausgab, bald Anhänger. Die Brüder Johannas, Jean und Pierre, reisten, als sie vom Auftauchen dieser Dame hörten, sofort nach Metz und ... schlossen sie gerührt in die Arme! Sie glaubten wirklich, oder gaben sich geschickt den Anschein zu glauben, sie hätten ihre tote Wunderschwester, der sie Titel und Ansehen verdankten, wiedergefunden. Für die Herren du Lys war es ein verlockender Gedanke, es könnte in Zukunft wieder Manna für sie regnen. Die Herren befanden sich außerdem in argen Geldschwierigkeiten, da für Pierre du Lys, der mit Johanna zusammen in Compiègne in Gefangenschaft geraten war, erst kürzlich eine beträchtliche Lösegeldsumme aufgebracht werden mußte.

Aber nicht nur die Brüder glaubten Johanna wiederzuerkennen, sondern auch einige Edelleute, die bei der Krönung in Reims zugegen waren, zum Beispiel Nicola Louve. Der königliche Kämmerer hatte einst in der Kathedrale neben Johanna gestanden. Da die Jungfrau damals Karl VII. gebeten hatte, diesen Nicola Louve zum Ritter zu schlagen, glaubte der ehrenwerte Mann nun, seiner »Wohltäterin« einiges schuldig zu sein und stellte ihr sofort nach ihrem Wiedererscheinen in Metz eine Ausstattung zusammen. Er stiftete Beinschienen, der Gouverneur der Stadt Metz ein Pferd. So ausgerüstet, begab sich die angebliche Johanna zu Elisabeth von Görlitz, der Herzogin von Luxemburg, einer Tante Philipps des Guten. Die Herzogin nahm sie mit offenen Armen auf und adoptierte sie später sogar. Der Haken dabei war nur, daß Elisabeth von Görlitz die wahre Jeanne d'Arc nie gesehen hatte und deshalb kaum beurteilen konnte, ob sie es wirklich mit Johanna zu tun hatte. Bei der Herzogin von Luxemburg lernte die falsche Johanna Ulrich von Württemberg kennen, mit dem sie sich bald anfreundete. Durch seinen Einfluß wurde sie wenig später in den Erbstreit um den Bischofssitz von Trier gezogen. Was die wahre Jeanne d'Arc nie getan hätte, tat nun ihre »Nachfolgerin«. Sie bezog eindeutig Stellung für Uldarich, der durch Ulrich von Württemberg unterstützt wurde, und gegen Raban, den das Konzil bevorzugte. Das rief den Großinquisitor Kalteysen von Köln auf den Plan, der nun die »wiederauferstandene« Jeanne d'Arc verfolgte und ihr mit einem Inquisitionsprozeß drohte. Sie rettete sich in die Arme ihrer Gönnerin Elisabeth von Görlitz, die sie schnell mit dem Edelmann Robert des Armoises verheiratete, um neuen Schwierigkeiten vorzubeugen. Fortan nannte sie sich »Jungfrau von Frankreich« und trug das Wappen der Jeanne d'Arc.

Man könnte diese ganze Erscheinung vergessen und die Dame des Armoises als das abtun, was sie wahrscheinlich war, nämlich als Schwindlerin, wenn sie nicht von so vielen Zeitgenossen, die die wahre Jeanne d'Arc gekannt hatten, anerkannt worden wäre. Nachdem die Brüder Jean und Pierre ihre wiedergefundene Schwester gerührt in die Arme geschlossen hatten, reisten sie nach Chinon und Orléans, um vom Wiedererscheinen Johannas zu berichten. Sie wurden von den Stadtvätern und der Regierung fürstlich belohnt. So speiste Jean du Lys am 5. August 1436 zusammen mit einigen Notabeln der Stadt Orléans und begab sich anschließend zum König nach Loches, der ihm zur Belohnung für die gute Nachricht 100 Francs schenkte. Jean du Lys er-

hielt allerdings nur 20 Francs vom Schatzamt, da Karls Kassen wieder einmal leer waren; die Stadt Orléans zahlte ihm 12 Francs.
Im Jahre 1438 reiste ein Neffe Johannas, ein gewisser Cœur du Lys, mit einem Brief der Dame von Armoises zum König. Für seine Bemühungen erhielt er Brot, Wein, Birnen und sechs Pfund in Gold von der Stadt Orléans. Im Sommer 1439, zehn Jahre nach der Befreiung der Stadt, zog Mme. des Armoises persönlich umjubelt in Orléans ein und nahm an vielen Festlichkeiten teil, die ihr zu Ehren veranstaltet wurden. Orléans, die Stadt, die Johanna am meisten verehrt hatte, machte der Totgeglaubten, Wiedererschienenen ein fürstliches Geschenk, nämlich 200 Pfund in bar. Kein Geringerer als Dunois, der berühmte Bastard von Orléans und Vertreter Karls VII., der Johanna sehr genau gekannt hatte, bewilligte diese ungeheure Summe.
Dunois war eine Persönlichkeit, die sich niemals von Gefühlen, sondern immer nur vom Verstand leiten ließ. Ein deutlicher Beweis dafür ist seine Aussage im Prozeß der Rehabilitation vom 22. Februar 1456. Geschickt paßte Dunois seinen Bericht an die Ziele dieses Verfahrens an, indem er der religiösen Rolle Johannas einen sehr breiten Raum gab. Als Vertreter Karls VII. vertrat Jean d'Orléans zeit seines Lebens die Interessen des Königs, und eben diesen Interessen diente er auch, als er die Dame von Armoises angeblich anerkannte.
Die Verurteilung Johannas wurde durch ein apostolisches Tribunal ausgesprochen, bei dem der Papst durch den Großinquisitor vertreten war. Wir haben mehrmals darauf hingewiesen, daß es eines der Hauptziele des Prozesses war, indirekt Karl VII. zu verurteilen, was ja auch gelang. Seit 1431 mußte der König der Franzosen mit dem Makel leben, seine Krone einer rechtmäßig verurteilten Hexe und Abgesandten der Hölle zu verdanken. Die Verurteilung Johannas bedeutete eine große Beeinträchtigung der religiösen Bedeutung der Krönung von Reims; das wirkte sich auf die Stimmung im Volk aus. Im Jahre 1437 konnte Karl endlich seine Hauptstadt Paris wieder in Besitz nehmen. Schon damals er-

wog er, den Prozeß Jeanne d'Arcs wieder aufrollen zu lassen, um seine Unrechtmäßigkeit zu beweisen. Es ging ihm dabei weniger um die Ehrenrettung Johannas als um sein eigenes Prestige. Die Verhandlungen mit dem Apostolischen Stuhl erwiesen sich als äußerst schwierig. Noch immer hatte der Papst dem König von Frankreich nicht verziehen, daß die französische Geistlichkeit während des Konstanzer Konzils gegen Martin V. und für das avignonesische Papsttum gestimmt hatte, während sich der König von England immer zu Rom bekannt und es nach besten Kräften unterstützt hatte. Es liegt auf der Hand, daß der Papst kein Interesse daran haben konnte, den König von England vor den Kopf zu stoßen, indem er einem Rehabilitationsprozeß im Falle Jeanne d'Arc zustimmte. Ganz schwierig wurde die Situation, als im Jahre 1439 die »Pragmatische Sanktion von Bourges« verkündet wurde, in der eine Reihe von Grundsätzen festgelegt wurden, die man später als die Freiheiten der gallikanischen Kirche bezeichnete. Sie beinhalteten eine weitgehende Autonomie der Kirche Frankreichs und sahen die Ernennung der Bischöfe, Äbte und Priester, also des gesamten Klerus, unter Ausschluß des Papstes vor, dessen Oberhoheit nur in Fragen des Glaubens und des Dogmas anerkannt wurde. Da der Papst diese »Pragmatische Sanktion« nie akzeptierte, war es zeitweilig für Karl VII. unmöglich, eine Ehrenrettung Johannas durchzusetzen. (Rom ließ es sich achtzig Jahre später einiges kosten, damit die »Pragmatische Sanktion von Bourges« im Jahre 1516 mit dem Konkordat von Bologna wieder aufgehoben wurde.)
Das Auftauchen der Dame des Armoises kam Karl deshalb sehr gelegen. Da die Berichte ziemlich unklar sind, kann es sogar sein, daß die Dame des Armoises allerhöchste Weisung erhalten hatte, sich als Johanna auszugeben. Nun wird die Großzügigkeit von Dunois auch verständlich, und die Brüder Jean und Pierre, die sich in ewiger Geldnot befanden, waren froh, daß die Zeit des Ruhmes und des Reichtums zurückkehren sollte. Das Volk zu täuschen war nicht schwer: Johanna wurde, da man sie nicht rehabilitieren konnte, wieder zum Leben erweckt. Es ist eine belegbare historische

Tatsache, daß sowohl die Dame des Armoises als auch die Herren du Lys für ihre Dienste ansehnlich belohnt wurden. Jean du Lys war inzwischen zum Nachfolger Robert de Baudricourts in Vaucouleurs ernannt worden. Als er den Posten aufgab, erhielt er eine ansehnliche Summe als Geschenk von Karl. Pierre du Lys erbte eine ganze Insel in der Loire und bekam nach dem Tode seiner Mutter, Isabelle Romée, deren Rente auf Lebenszeit überschrieben.

Im Jahre 1450 wurde die Dame des Armoises als verstorben gemeldet; bezeichnenderweise zum gleichen Zeitpunkt, als Karl VII. eine amtliche Untersuchung einleiten ließ, um das Wiederaufnahmeverfahren des Prozesses Jeanne d'Arc einzuleiten. Die Dienste der Dame des Armoises wurden nicht mehr benötigt, denn Papst Nikolaus V., der sich der Rehabilitation widersetzt hatte, da er jeden Zweifel an der Unfehlbarkeit der Inquisition ausschließen wollte, war gestorben. Sein Nachfolger, der Borgia Calixtus III., gab die Erlaubnis, den Fall neu zu untersuchen, nachdem der König von Frankreich Rom finanzielle Mittel zum Kampf gegen die Türken zugesagt hatte. Die Brüder Johannas traten im Prozeß der Rehabilitation feierlich als Kläger auf. Spätestens zu diesem Zeitpunkt war keine Rede mehr von der falschen Johanna, die vor kurzem ja noch gelebt hatte; dabei hätten sich die Richter von Rouen, die des Justizmordes angeklagt waren, dieses Faktum bestimmt nicht entgehen lassen.

Selbst die Dame des Armoises hat diverse Nachfolgerinnen gefunden. Im Laufe der Jahre tauchten mehrere Damen auf, die von sich behaupteten, die wiederauferstandene Jeanne d'Arc zu sein. Eine von ihnen lebte eine Zeitlang am Hofe des berüchtigten Gilles de Rais und nahm an seinen Orgien teil, bevor sie nach Paris ging. Dort begab sie sich in die Universität. Ihr Pech war, daß dort noch viele Theologen saßen, die die wahre Jeanne d'Arc gekannt hatten und sich noch gut an sie erinnerten. Die Schwindlerin, sie hieß Claude, wurde gefangengenommen und mußte am Pranger zugeben, daß sie nicht mit Jeanne d'Arc identisch war. Sie hatte zwei Kinder, war also keine Jungfrau, und kam aus Rom. Mit Jeanne d'Arc, aber auch mit der Dame des Armoises

hatte sie nichts zu tun. Leider werden die Dame des Armoises und ihre Nachahmerinnen selbst von Historikern immer wieder verwechselt.
Vor einigen Jahren tauchten bei Renovierungsarbeiten am Schloß Jaulny bei Metz unter einer Kalkschicht die Wappen von Robert des Armoises und Jeanne d'Arc, also das Wappen der Dame des Armoises auf. Dieser Fund erregte großes Aufsehen. Obwohl die Tatsache, daß diese Wappen unter einer Kalkschicht gefunden wurden, für eine Fälschung und einen Betrug spricht, da die Familie des Robert des Armoises das Wappen der echten Jeanne d'Arc nie heimlich verdecken hätte lassen, gab dieser Fund Anlaß zu vielen Spekulationen.

1963 erschien die deutsche Ausgabe des Buches »Johanna sagt euch ewig Lebewohl – Das Ende einer Legende« von André Guérin und Jack Palmer-White, das erneut jene Theorie aufgreift, die bereits im Jahre 1893 durch Thomassin widerlegt wurde. Die Autoren behaupten, Johanna sei gar nicht die Tochter der Eheleute Darc aus Domrémy, sondern der uneheliche Sproß des Herzogs von Orléans und der Königin Isabeau de Bavière, an der die Geschichtsschreibung ohnehin kein gutes Haar läßt. Was lag also näher, als die schwarze Königin der französischen Geschichte noch schwärzer zu machen. Hier setzt die Schlußfolgerung des Buches an:
»Johanna war in der Tat die Jungfrau von Orléans, aber nur von Vatersseite her.
Ihr Vater war der Herzog Ludwig von Orléans.
Es ist nicht verwunderlich, daß man sie, lange ehe sie die belagerte Stadt zum erstenmal sah, bereits die Jungfrau von Orléans nannte. Weil ›Jungfrau‹ (Fräulein) soviel wie ›junge Dame‹ bedeutet und Orléans soviel wie aus dem Hause Orléans.
Johanna war also die Halbschwester des Herzogs Charles von Orléans, und nun wird verständlich, weshalb sie so von ihm und seinem Fall besessen war. (Er war in England im Gefängnis.)

Sie war auch die Halbschwester von Dunois, und jetzt wissen wir, weshalb sie es gewagt hat, ihn zu rügen.
Johann von Alençon hatte die Tochter des Herzogs Karl geheiratet und war Johannas angeheirateter Neffe, und diese Verwandtschaft erklärt ihre Haltung ihm gegenüber.
Als Mitglied der Familie Orléans hatte Johanna jedes Recht, die Wappenfarben der Orléans zu führen und die Nesselblätter der Orléans zu tragen. Und es war völlig in Ordnung, daß sie geringeren Mitgliedern der Familie sowie deren Freunden und Angestellten Befehle erteilte.
Mütterlicherseits war sie die Jungfrau von Frankreich. Diese Bezeichnung, die in den Akten und Urkunden, die mit ihrer Heirat mit Robert des Armoises zusammenhängen, häufig auftaucht, besagt nichts anderes als ›die junge Dame aus dem Hause Frankreich‹ oder, wie der Herzog von York sie bei Shakespeare anredet, ›Damsel of France‹.
Ihre Mutter war Isabella von Bayern, Königin von Frankreich, Gemahlin Karls VI.
Sie war also die Halbschwester Karls VII. Und im Licht dieser Verwandtschaft wird alles Wunderbare oder Seltsame in der Beziehung der beiden plausibel. Wir haben festgestellt, daß Johanna es vermied, das Wappen ihrer väterlichen Familie zu führen, sondern das ihr von Karl VII. verliehene Wappen führte, das sich von seinem eigenen nur durch den Bastardbalken unterschied. Diese Wahl ist ganz natürlich: Das Haus Frankreich steht selbstverständlich über dem Haus Orléans. Sie war eine königliche Prinzessin, und dieser Rang erklärt ihre Stellung und ihr Verhalten bei feierlichen Anlässen.
Mütterlicherseits war sie eine Halbschwester der Johanna von Valois, die den Herzog von der Bretagne heiratete, und weil sie durch ihren Vater auch die Halbschwester der Margarethe von Orléans, der Schwiegertochter des Herzogs von der Bretagne war, ist es nicht weiter verwunderlich, daß sie mit dessen Abgesandten ungeschminkt sprach und später entgegen den Wünschen der armagnakischen Führer darauf bestand, daß man den Bruder des Herzogs, Richemont, in das armagnakische Lager zurückkommen ließ.

Mütterlicherseits war sie überdies die Halbschwester der Katharina von Valois, der Gemahlin Heinrichs V. Da sie auf diese Weise Schwägerin Heinrichs V. und Tante seines Sohnes war, wäre es von Heinrich VI. (oder seinen Beratern) unklug gewesen, sich, sofern ihre wahre Identität bekannt geworden wäre, der Kritik auszusetzen, die ihre Hinrichtung nach sich gezogen hätte. Und schließlich lebte ihre Mutter, Königin Isabeau, im Jahre 1431 noch und war zu diesem Zeitpunkt noch immer pro-englisch. Daraus erklärt sich, weshalb Bedford mit Cauchon zusammenarbeiten mußte, als es galt, Johanna dem Scheiterhaufen entkommen zu lassen. Außerdem könnte es sehr wohl sein, daß die geheimnisvolle Madame Darc, die man 1407 in den königlichen Palast einließ, damit sie dem kranken Karl VI. Blumen überreichte, tatsächlich Isabelle Romée oder besser eine adlige d'Arc aus Vienne gewesen ist, deren Besuch eigentlich Johannas Mutter galt. Grund: die Überführung des Babys (Johanna) von Paris nach Domrémy in die Wege zu leiten.« (André Guérin, Seite 299, 230, 231)

Bereits im Jahre 1819 hatte ein gewisser Paul Caze die Behauptung aufgestellt, Johanna sei die uneheliche Tochter Isabeaus und Ludwigs von Orléans gewesen und von diesen also in Blutschande gezeugt worden. Um diese Tatsache zu vertuschen, hätte man das Kind gleich nach seiner Geburt nach Domrémy gebracht, wo es durch die Eheleute d'Arc im Auftrage der Königin erzogen und auf seine spätere Rolle vorbereitet wurde. Über einhundert Jahre später erschienen im »Mercure de France« zwei Artikel von Jean Jacoby, der seine Schlußfolgerung auf ein eingehendes Studium desselben Themas stützte. Unter anderem behauptete Jacoby: »Die öffentliche Meinung wußte zu jener Zeit sehr wohl, wie sie zwischen der Legende von der Schäferin und der prinzlichen Wirklichkeit unterscheiden mußte ...« Wenn das stimmt, ist es eigenartig, daß *keine* zeitgenössische Chronik auf diese interessante Tatsache hinweist.
In den letzten 150 Jahren erschienen in Frankreich diverse Schriften, die sich mit dem gleichen Thema befassen, und

ebenso viele Gegendarstellungen. In Ansätzen geht die neuerdings von André Guérin vertretene Meinung über Jeanne d'Arc, bzw. Mme. des Armoises, bis in das 15. Jahrhundert zurück. Die Geschichtswissenschaft konnte sie bis heute nicht eindeutig in allen Punkten widerlegen. Dem Werk von Guérin und White ist, ebenso wie dem wenig später erschienen von Pierre de Sermoise »Les Missions secrètes de Jehanne la Pucelle« anhand der Quellen und der Literatur entgegenzuhalten:

1. Die Verfasser wollen die Titel »Pucelle d'Orléans« oder »Pucelle de France«, die Johanna zugeschrieben werden, als regelrechte Familiennamen verstanden wissen, die ihre Herkunft von Frankreich bzw. von Orléans bezeichnen. Abgesehen davon, daß dann der Sprachgebrauch der Zeit »Mademoiselle« und nicht »Pucelle« gewesen wäre, ist niemals eine französische Königstochter mit »Pucelle de France« tituliert worden. Johanna hat sich auch nie »Pucelle d'Orléans« genannt. Diese Bezeichnung taucht erstmalig im 16. Jahrhundert auf. Johanna selbst hat sich nie anders als »Jeanne« oder »Jeanne la Pucelle« genannt.

2. Der liederliche Lebenswandel der Königin Isabeau und ihr vertraulicher Umgang mit dem Schwager Ludwig von Orléans, auf dem die ganze These beruht, lassen sich zwar behaupten, aber nicht beweisen. Für ein besonders enges Verhältnis der Königin zum Herzog von Orléans im Jahre 1407 gibt es keinen einzigen quellenmäßigen Beleg. Es steht vielmehr mit ziemlicher Sicherheit fest, daß die Königin in diesem Jahr mit ihrem rechtmäßigen Gatten zusammengewesen ist, der im Jahre 1407 nachweisbar eine gesunde Phase hatte. Zu diesem Zeitpunkt stand Isabeau de Bavière außerdem bereits seit 10 Jahren in einem engen politischen Bündnis mit Burgund gegen Herzog Ludwig von Orléans (mit Johann Ohnefurcht von Burgund gründete sie im Jahre 1417 die Gegenregierung von Troyes), der seit Jahren sowohl die Kirchenpolitik als auch die Deutschlandpolitik Isabeaus hintertrieb (Orléans unterstützte den Papst von Avignon, während Burgund und auch Isabeau den römischen Papst anerkannten).

3. Man fragt sich, warum eigentlich angegeben wurde, das neugeborene Kind der Königin sei ein Knabe namens Philipp gewesen, wenn es sich in Wahrheit um ein Mädchen handelte. Warum hat Isabeau diesem Kind den Namen Johanna gegeben, obwohl sie bereits eine achtjährige Tochter dieses Namens hatte? Warum hat sie schließlich dieses ganze Manöver der Unterschiebung inszeniert, nachdem die Schwangerschaft selbst kein Geheimnis geblieben war und der König überall als der Vater galt?
4. Die Autoren vertreten die Ansicht, Johanna sei am 10. November 1407 in Paris geboren. Auch diese Meinung wurde bereits vor 150 Jahren von Pierre Caze formuliert. Dagegen sprechen im Prozeß der Rehabilitation, bis auf eine Ausnahme, sämtliche Gespielinnen Johannas, die das Geburtsjahr um 1412 angeben. Die Ausnahme ist Hauviette, eine Freundin Johannas aus Domrémy, die aussagte: »Johanna war drei Jahre älter als ich.« Hauviette war 1411 geboren. Guérin ist der Ansicht, daß alle Zeugen aus Domrémy angehalten gewesen seien, im Prozeß der Rehabilitation falsche Angaben über Johannas Geburtsjahr zu machen. Lediglich Hauviette habe sich »verplappert«. Das ist jedoch durch nichts bewiesen. Fest steht dagegen, daß die Schreiber des Rehabilitationsprozesses mit allen Jahresangaben sehr sorglos umgingen. Sie sind weitgehend falsch, und es ist daher eher anzunehmen, daß auch die Angabe Hauviettes über das Geburtsjahr fehlerhaft ist. Außerdem ist nicht zu begreifen, warum ausgerechnet der Aussage der Bäuerin Hauviette Sionne soviel Wert beigemessen wird.
5. Zu einem wirklich erstaunlichen Schluß kommen die Autoren über das Wappen Johannas, das azurblau war, mit zwei Lilien zu beiden Seiten eines senkrechten Schwertes, auf dessen Spitze eine goldene Krone stand. Aus diesem Schwert, das das Schwert Frankreichs symbolisieren sollte, das die Krone der Valois rettet, machen die Autoren schlicht einen Bastardbalken. »Das Schwert stellt einen Bastardbalken dar, der auf Illegitimität oder auf eine Nebenlinie hinweist.«
Es dürfte den Autoren entgangen sein, daß es in der ganzen

Heraldik keinen senkrechten Bastardbalken gab, sondern daß dieser immer diagonal von links nach rechts verlief.
Die Lilien trug nicht nur Johanna, und sie waren auch nicht nur dem König oder seiner Familie vorbehalten. Sie waren so etwas wie ein Orden und konnten verdienstvollen Leuten als besondere Ehre verliehen werden. So erhielt z. B. Gilles de Rais das Recht, die Lilien in sein Wappen aufzunehmen. Auch Dunois erhielt 1439 mit dem Titel die Lilie als Dank für seine Dienste. So ähnlich verhielt es sich auch mit Johanna. Nachdem mit ihrer Hilfe Orléans befreit wurde, bekam sie vom König als Dank das Wappen mit der Lilie und gegen Ende des Jahres 1429 mit der Aufnahme in den Adelsstand sogar den Namen »du Lys«, also »von der Lilie«.
6. Wenn sich in den Ausgaben-Rechnungen der Stadt Rouen zum Jahre 1431 keine Eintragungen über Johanna und ihre Hinrichtung finden, so ist das normal, denn die Stadt Rouen hatte mit dem Prozeß nichts zu tun, seine Finanzierung und Administration lag in den Händen der Engländer. Vor allem bleibt unerklärlich und von Guérin und Palmer-White auch unerklärt, wie sich die Zeugen der letzten Stunden Johannas derart über die Identität der Delinquentin täuschen ließen. Die Dominikaner Ysambart de la Pierre, Martin Ladvenue, der Gerichtsbüttel Jean Massieu und der Notar Guillaume Manchon leisteten Johanna bis zuletzt Beistand und waren von ihrer aufrechten Haltung erschüttert. Sie alle kannten Johanna sehr genau und hätten wohl gemerkt, wenn es eine andere gewesen wäre, die sie aus den Flammen rufen hörten. Außerdem wurde Johanna das Urteil angesichts des Volkes vorgelesen. Wir wissen aus den Quellen, daß sie dabei auf einem Gerüst stand und daß laut Ysambart de la Pierre die Zuschauer heiße Tränen weinten.
Andere Werke, die in den letzten Jahren über dieses Thema erschienen, seien hier nur der Vollständigkeit halber erwähnt. Das Buch von Pierre de Sermoise unterscheidet sich von dem Werk Guérins und Palmer-Whites nur durch die ausführlichere Auseinandersetzung mit der Dame von Armoises. Dazu muß man wissen, daß de Sermoise ein Nach-

komme des Ritters von Armoises ist, und er kann daher noch einige neue Einzelheiten liefern. Er weiß z. B. zu berichten, daß die Dame von Armoises die Jahre von 1431– 1436 in einem Schloß Philipps des Guten in Savoyen verbracht hat. Im Gegensatz zur sonst vertretenen Meinung sei sie kinderlos geblieben und trotz ihrer Verheiratung mit Robert des Armoises als Jungfrau gestorben, da sie aufgrund ihrer körperlichen Beschaffenheit nicht in der Lage gewesen sei, die Ehe sexuell zu vollziehen. Hier nimmt Pierre de Sermoise u. a. auf die Aussage von Jean d'Aulon Bezug, der im Rehabilitationsprozeß aussagte, vom Hörensagen müsse er annehmen, Johanna sei nie den »Krankheiten« der Frauen unterlegen gewesen (». . . dit, qu'il a oy dire à plusieurs femmes, qui la dicte Pucelle ont vue par plusieurs fois, nue et sçu de ses secrette des femmes, et que jamais nul n'en put rien congnoistre ou apercevoir par ses habillements ne autrement . . .« – ». . . sagt, daß er von mehreren Frauen gehört habe, welche die Jungfrau mehrmals nackt gesehen haben, daß sie die geheime Krankheit der Frauen nicht gehabt habe und daß man nichts davon erkennen oder bemerken konnte, weder an ihren Kleidern noch sonst . . .«) (Quicherat, Aperçus nouveaux sur l'histoire de Jeanne d'Arc)
Wie Gérard Pesme in seinem Buch »Jeanne d'Arc n'a pas été brûlée« lüftet auch Sermoise ein weiteres »Geheimnis«: In dem kleinen Dorf Pulligny-sur-Madon hat Sermoise eine Grabplatte mit der Inschrift: PRIEZ POUR LAMED . . . LLE entdeckt. Er glaubt, daß diese Inschrift heißt: Betet für die Seele der Jungfrau. Pesme vertritt die gleiche Ansicht. Er will außerdem Beweise dafür haben, daß der Vatikan ein Exemplar des verschollenen Protokolls von Poitiers besitzt und daß hier die fürstliche Abkunft Johannas bestätigt wird. Mit einigen Helfern erwirkte Pesme die Erlaubnis der französischen Regierung, auf dem Friedhof von Pulligny-sur-Madon zu graben. Er glaubte das Schwert und die Standarte Jeanne d'Arcs zu finden, die dieser seiner Ansicht nach mit in das Grab gegeben wurden. Die Arbeit wurde von höchster kirchlicher Stelle gestoppt, was für Pesme wiederum ein Beweis ist, daß ein politisches Arrangement zwischen

Frankreich und dem Vatikan besteht. Das Grab der Dame von Armoises hat sein Geheimnis bis in unsere Tage bewahrt, d. h. falls es sich wirklich auf dem Friedhof Pulligny befindet, was nicht sicher ist.
Dem Bild der wahren Johanna konnten die vielen Spekulationen über ihre Person nichts anhaben. Ihre Persönlichkeit wirkt seit Jahrhunderten auf die Menschen. Jede Zeit schuf sich ein neues Bild von ihr. Wir besitzen keine einzige zeitgenössische Abbildung. Sie selbst hat auf die Frage, ob je ein Bild von ihr gemacht wurde, erklärt, daß in Arras ein Schotte sie gemalt habe. Niemand hat das Bild jemals gesehen. »Sie war von einer weiblichen Subtilität«, sagte ihr Richter Jean Beaupère. Johannas Gefährten erzählten, daß sie viel lachte, aber auch sehr häufig weinte. Auch war sie ungewöhnlich klug und schlagfertig und erstaunte mehr als einmal durch ihr gutes Gedächtnis.
Perceval de Boulainvilliers schrieb über Johanna am 21. Juni 1429 an den Herzog von Mailand:
»Diese Jungfrau hat ein schickliches Betragen und gibt vor, wie ein Mann zu handeln, sie spricht wenig und zeigt bei allem, was sie sagt und sagen muß, äußerste Vorsicht. Sie hat die helle Stimme einer Frau, ißt wenig und trinkt noch weniger Wein, ihr gefallen Pferde und schöne Waffen, und sie ist gern in Gesellschaft von Soldaten und Edelleuten; aber sie nähert sich nicht gern Menschenansammlungen und spricht dort auch nicht gern, sie weint häufig und zeigt andererseits wieder ein lachendes Gesicht. Sie kann unerhört viel arbeiten und ist beim Tragen der Waffe so kräftig, daß sie dieselbe sechs Tage und sechs Nächte anbehalten kann . . .«
Dieser Bericht eines Zeitgenossen, der sonst von Übertreibungen nur so wimmelt, kommt der Wahrheit bestimmt sehr nahe, auch wird er durch viele Zeugenaussagen bestätigt und unterstreicht Johannas außergewöhnlich anziehende Persönlichkeit, die die Menschen seit über 500 Jahren beschäftigt und nichts von ihrem Zauber eingebüßt hat.
»Man sah sie als kriegerische Jungfrau, als Hellseherin, Magierin, Engel des Herrn, als Ungeheuer; ein jeder im Volke sah sie auf seine Art, träumte sie nach seinem Bild. Die

Frommen liehen ihr unwiderstehliche Sanftmut und göttliche Barmherzigkeit, die Einfältigen machten sie einfältig, wie sie selber waren; wilde und grobschlächtige Männer stellten sie sich als schreckliche Kämpferin vor. Wird man jemals einige Züge ihres wirklichen Antlitzes erblicken?« (Anatole France)

25 *Karl VII. und sein Hof. Aus J. Chardier »Chronique de Charles VII«. Rouen, Bibl. Municipale.*

26a *Die Gefangennahme der Jungfrau vor Compiègne. Aus den »Vigiles de Charles VII«.*

26b *Die Jungfrau auf dem Scheiterhaufen. Aus den »Vigiles de Charles VII«, 16. Jh.*

27a *Angers an der Maine, die Hauptstadt des Anjou und der Königin Yolanda.*

27b *Johannas Weg in die Gefangenschaft: Im Wald von Compiègne.*

28 *Die Kathedrale von Rouen.*

Die Rehabilitation

Immer mehr neigte sich nach dem Tode Johannas das Kriegsglück auf die Seite der Franzosen. Das Nationalgefühl, oder richtiger, das Gefühl für das Haus Valois erstarkte immer mehr. Noch einmal konnte Bedford triumphieren, als er am 16. Dezember 1431 Heinrich VI. in der Kathedrale von Notre Dame in Paris zum König von England und Frankreich krönen ließ, aber schon bei dieser Zeremonie fehlte sein Schwager Philipp von Burgund, denn, wie sein Geschichtsschreiber Oliver de Marche betonte, »das französische Herz kochte ihm in Herz und Magen«. Philipp war also noch ganz der alte. Nach den französischen Erfolgen fiel es ihm wieder ein, daß er Franzose und Valois war. Sein bisher so englandfreundlicher Kanzler Rolin sah die Zeit für einen Kurswechsel gekommen. Als Karl VII. mit Kaiser Sigismund und den deutschen Reichsfürsten einen Vertrag abschloß, mußte Burgund handeln, wenn es nicht zwischen dem Deutschen Reich und dem immer mächtigeren Frankreich eingekeilt werden wollte. Zunächst mußten einmal der Pakt von 1417 und der Vertrag von Troyes annulliert werden. In Nevers und Arras fanden unter Vorsitz von Rolin Geheimverhandlungen statt, die dieses Ziel verfolgten. 1432 starb Philipps Schwester Anna von Burgund, und mit ihr zerriß das letzte Band, das Philipp noch mit Bedford verband. Immer wieder hatte es Anna von Burgund verstanden, Philipp und seinen Schwager Bedford gegen Frankreich zu vereinen. Daß Philipp nun laut Chastellain sein französisches Herz zeigen wollte, mag ein wenig mitgesprochen haben; aber vor allem waren politische Ziele maßgebend, und das Glück lag jetzt ganz bei Karl VII. 1435 konnte Philipps Kanzler Rolin den Vertrag von Arras abschließen, mit dem es ihm gelang, Burgund zum eigentlichen Sieger des Hundertjährigen Krieges zu machen. Dieser Vertrag vom 21. September 1435 führte zur endgültigen Versöhnung zwischen Philipp und Karl VII. Karl verzichtete auf den Vertrag mit dem deutschen Kaiser, den er gegen Burgund abgeschlossen hatte,

und gewährte Philipp große Gebietsabtretungen. Außerdem
verurteilte er das Verbrechen von 1419, an dem er selbst
maßgeblich beteiligt war, und erbot sich zur Sühneleistung
für die Ermordung Johanns Ohnefurcht. Die burgundischen
Länder wurden der Lehenspflicht gegenüber Frankreich ent-
hoben. Die Schaukelpolitik Rolins hatte den gewünschten
Erfolg, indem Burgund am Ende die Rolle der verzeihenden
und triumphierenden Partei spielte. Zur Erinnerung an den
großen diplomatischen Erfolg malte Philipps Hofmaler, Jan
van Eyck, seine berühmte »Madonna des Kanzlers Rolin«,
ein Gemälde, das heute im Louvre hängt und auf dem die
durch Rolin für Burgund erzielten Vorteile des Vertrags von
Arras symbolisch dargestellt sind.

Die neue Einigkeit mit Karl dokumentierte Philipp, indem
er seinen Sohn mit der Tochter Karls verlobte. Er erbat sich
als Pair des Reiches das Recht, dem Dauphin Ludwig später
bei der Krönung in Reims die Krone auf das Haupt zu set-
zen. Da ihm Bedford nun nicht mehr nützen konnte, erklär-
te ihm Burgund den Krieg. Diesen Schlag verwand John of
Lancaster nicht mehr. 1435, nicht lange nach Abschluß des
Vertrages von Arras, starb er.

Nach immerhin achtjähriger Verspätung überreichte Philipp
dem König 1437 die Schlüssel von Paris: Die Hauptstadt ge-
hörte, nach fast zwanzig Jahren, nun wieder den Valois.
Johannas vier Hauptversprechungen waren erfüllt. Paris war
frei, und Herzog Charles d'Orléans konnte aufgrund einer
Intervention von Philipp sein Gefängnis in London verlas-
sen. Er kehrte in sein Stammschloß Blois zurück, wo er wei-
terhin Balladen verfaßte und dem erbitterten Valois-Hasser
François Villon vorübergehend Schutz bot. Zwischen
Charles d'Orléans und seinem königlichen Vetter stand es
nämlich leider nicht zum besten, denn der Herzog von Or-
léans hatte nicht Karl, sondern Philipp von Burgund, dem er
sich seelisch verwandter fühlte, die Treue geschworen. Mit
Philipp hatte er schon seit 1435 poesievolle Balladen ausge-
tauscht, und der wäre ja nicht mehr der alte gewesen, wenn
er nicht nach wie vor auf seinen Vorteil bedacht gewesen
wäre.

Innenpolitisch stand für Karl VII. alles zum besten. In der Folgezeit verstand er es wie kein anderer König, immer neue, sehr fähige Männer heranzuziehen, was ihm den Beinamen »Le Bien Servi«, der gut Bediente, eintrug. Die Finanzen des Staates gesundeten dank dem Genie von Jacques Cœur, der den Levantehandel ins Leben rief und so etwas wie ein Vorgänger der Fugger und Medici war. Er war der Vertreter der neuen Generation: klug, ehrgeizig und der erste Bürgerliche, der aktiv in die französische Politik eingriff.
1449 brach in Rouen eine Revolte aus. Die englische Garnison unter Führung des greisen Talbot mußte kapitulieren. Kurz danach konnte Karl VII. wieder in Rouen einziehen. Nun endlich versuchte er, die Wiederaufnahme des Prozesses Jeanne d'Arc zu erwirken, da er von der Verurteilung Johannas mitbetroffen war. Im Februar 1450 wandte sich der König an den Dekan der Kathedrale von Noyon, Guillaume Bouillé, und bat ihn, sich einmal mit den Umständen zu befassen, unter denen der Prozeß Jeanne d'Arc seinerzeit abgewickelt wurde, und ihm Bericht zu erstatten, ob der Prozeßverlauf zu beanstanden sei oder nicht:
»Da es schon eine gute Weile her ist, daß Johanna, die Jungfrau, gefangengenommen, ergriffen und in diese Stadt Rouen gebracht wurde von Unseren alten Feinden und Gegnern, den Engländern, welche durch gewisse, damit betraute und von ihnen bestellte Personen jenen Prozeß gegen sie anstrengen ließen, in welchem sie mancherlei Fehler gemacht und Regelwidrigkeiten begangen haben, derart, daß infolge des besagten Prozesses und des tiefen Hasses Unserer Feinde Johanna schändlich und widerrechtlich und überaus grausam sterben mußte – und da Wir die Wahrheit über den besagten Prozeß wissen wollen und über die Art, wie er angelegt war und fortgeführt wurde, geben Wir Euch zu wissen, verordnen und befehlen Wir ausdrücklich, daß Ihr Euch darüber erkundiget und eingehend und sorgfältig über das, was gesagt wurde, informiert und das von Euch in Erfahrung Gebrachte Uns und den Mitgliedern des Kronrats wohlverschlossen und versiegelt zustellt und übersendet und daß sie Ihr gleichzeitig alle diejenigen, von denen Euch

bekannt ist, daß sie irgendwelche den Prozeß oder andere die Sache angehende Schreiben besitzen, auf jede Euch erdenkliche und angebrachte Weise zwingt, sie Euch zu übergeben, um sie Uns zu überbringen und zuzustellen, damit Wir, sobald Wir klar sehen werden, was zu unternehmen ist, Diesbezügliches veranlassen . . .
Gegeben zu Rouen am 15. Tag des Februar im Jahr der Gnade 1450 und im 28. Jahr Unserer Regierung.
Namens des Königs in Verbindung mit dem Kronrat
Unterfertigt: Daniel.«

Guillaume Bouillé handelte sofort, und schon drei Wochen nach Erhalt des königlichen Schreibens begannen die Untersuchungen. Bereits im März 1450 konnten einige wichtige Zeugen vernommen werden, die Johanna bis zuletzt gekannt hatten und von denen sie einige auf dem Weg zur Richtstätte begleitet hatten. Bereits bei diesen Voruntersuchungen wird die spätere Tendenz des Prozesses, der eine ausschließlich politische Maßnahme war, erkennbar. Es ging bei weitem nicht nur um die Ehrenrettung Karls, sondern England sollte als Hauptschuldiger gebrandmarkt werden. Da aber, wie schon ausgeführt, der Papst auf Hilfe Englands gegen die Türken hoffte, deren Vorrücken Rom mit Besorgnis verfolgte, konnte er es nicht zulassen, daß England schuldig gesprochen wurde. Eine Aufhebung des Urteils der Inquisition seitens des Papstes hätte England schwer verstimmt. Andererseits war Frankreich jetzt die stärkste Macht Europas und damit der gefürchtetste Verteidiger des Christentums. Aus diesem Grunde hätte Frankreich Rom gern mit Karl VII. auch nach der Pragmatischen Sanktion von Bourges ausgesöhnt. Es vergingen aber noch fünf Jahre bis zur Eröffnung des Rehabilitationsprozesses. In der Zwischenzeit wurden viele Erkundigungen über Johanna eingezogen. So wurden in Domrémy, Reims, Orléans, Paris und Rouen diverse Zeugen verhört. Allerdings sind ihre Aussagen, obwohl geschichtlich interessant, alle von der gleichen Tendenz und beweisen deutlich, daß diese Untersuchungen hauptsächlich geführt wurden, um Johannas Frömmigkeit hervorzuheben

und um das Gerichtsverfahren von Rouen, das ja wegen Ketzerei geführt wurde, als ungerecht hinzustellen. Da das den politischen Zielen entsprach, handelten besonders die Priester von Rouen, die als Zeugen auftraten, schon aus diesem Grunde so wie gewünscht, um sich der persönlichen Verantwortung an der Verurteilung zu entziehen.
Erst mit der Ankunft des Legaten des Heiligen Stuhls, Kardinal Estouteville, wurden die Vorbereitungen für den Rehabilitationsprozeß beschleunigt. Da der Kardinal aus der Normandie stammte, war er der geeignete Mann, der über Recht und Unrecht an der Prozeßführung im Falle Jeanne d'Arc entscheiden konnte. Schon bald leitete der Kardinal eine neue Untersuchung ein, für die er den Glaubensinquisitor von Frankreich, Jean Bréhal, gewinnen konnte. Nun befand sich der Papst in einer schwierigen Situation. Einerseits wollte er sich die Unterstützung Karls VII. sichern und zum anderen konnte und durfte er das katholische England nicht erzürnen, das sich erst während des Konzils von Basel für den Papst erklärte und eine besondere Stütze Roms war. 1453 wurde Konstantinopel durch die Türken erobert. Ein neues Zeitalter brach an. England und Frankreich begannen sich zu arrangieren und planten einen gemeinsamen Feldzug gegen die Ungläubigen.
In England brach 1455 der Krieg der Rosen aus. Heinrich VI. hatte die Krankheit seines Großvaters geerbt und verfiel dem Wahnsinn. Seine Frau, Margarethe von Anjou, eine Enkelin der Königin Yolanda, hetzte den Konflikt zwischen Lancaster und York, bis das Inselreich in einen blutigen Krieg versank. Der Papst sah bald, daß er sich nur noch auf Frankreich stützen konnte, wenn er auf Schutz gegen die türkische Bedrohung hoffen wollte. So dauerte es auch nicht lange, bis Calixtus III. seine Zustimmung zur Wiederaufnahme des Prozesses Jeanne d'Arc gab. Da der König von Frankreich aus politischen Gründen nicht als Kläger auftreten konnte, verfiel man auf die Idee, dem Prozeß eine private Note zu geben. Die Mutter Jeanne d'Arcs, Isabelle Romée, die seit Jahren zurückgezogen in Orléans lebte, und ihre beiden Söhne Jean und Pierre verlangten die Re-

vision. So trat der König hinter der Familie Johannas zurück, und der Prozeß war nun offiziell nicht mehr politischer Natur.
Zunächst legte man fest, daß die heilige Alma Mater von Paris, die Universität, von der Schuld, an einem Fehlurteil beteiligt gewesen zu sein, freigesprochen wurde, indem alles auf die gefälschte Bearbeitung der zwölf Artikel geschoben wurde. Dann wurden der Bischof und der Promotor Estivet als Hauptschuldige hingestellt, da sie bequemerweise bei Prozeßbeginn bereits tot waren. Der Inquisitor LeMaistre lebte zwar noch; aber er wurde kurzerhand totgesagt. Herren wie Thomas de Courcelles und Loiseleur wollte man dagegen nicht in Verlegenheit bringen, da sie inzwischen eine bedeutende Rolle in der Kirchenpolitik spielten und Frankreich beim Konzil zu Basel vertraten.
Isabelle Romée richtete eine Bittschrift an den Papst, die natürlich gnädig aufgenommen wurde, und am 7. November 1455 begann in der Kathedrale von Notre Dame Paris der große Prozeß, in dem es um die Ehre Johannas und die ihres Königs ging. Unter Seufzen und Stöhnen brachte die alte Mutter Jeanne d'Arcs ihr Anliegen vor:
»Ich hatte eine Tochter. Sie war getauft und gefirmt, so wie es sich gehört. Ich hatte sie in der Furcht Gottes erzogen und zur Achtung vor der Kirche, wie es ihr Alter und unsere Verhältnisse erlaubten. Obwohl ihr die Arbeiten des Feldes und gelegentlich das Hüten der Tiere oblagen, hat sie darum die Kirche nicht weniger besucht; sie ging eifrig zu den Sakramenten, fast jeden Monat. Sie betete und fastete mit Inbrunst und hatte mit dem Elend der Menschen jener Tage von Herzen Mitleid. Sie hat nie irgend etwas gegen den Glauben gedacht oder getan.
Und dennoch haben sie die Feinde des Königreichs vor das Gericht gezerrt. Sie haben sie zum Feuertod verurteilt, und die Schande ist auf uns gekommen, bis es der göttlichen Gnade gefallen hat, nach den Wolken den Himmel wieder blau zu machen, nach den Kriegen den Frieden, nach der Finsternis das Licht zu bringen, die Stadt Rouen, dann die ganze Normandie ihrem gesetzmäßigen Herrn zurückzuge-

ben und endlich zu vollenden, was zu Johannas Zeit in Orléans und Reims begonnen war.«
(Gesuch der Isabelle d'Arc, gekürzter deutscher Text von Ruth Schirmer-Imhoff)
Weinend überreichte Isabelle Romée das päpstliche Antwortschreiben. Die Priester brachten die alte Dame in die Sakristei, um sie zu beruhigen. Danach reiste sie nach Orléans zurück und trat während des Prozesses nicht mehr in Erscheinung.
Am 12. Dezember wurden Ankläger und Beschuldiger Johannas nach Rouen berufen. Niemand erschien. Die Neffen Cauchons beriefen sich auf die vom König erlassene Amnestie und wiesen jede Gemeinsamkeit mit den Taten ihres Verwandten weit von sich:
»In meinem Namen sowie in dem der Miterben und Sachverwalter des verstorbenen Magisters Pierre Cauchon, Bischof von Beauvais, erkläre ich, daß ich nicht meine, an der Sache interessiert zu sein, und daß es nicht in meiner Absicht liegt, die Gültigkeit des Verurteilungsprozesses, noch die Urteile, denen er stattgegeben hat, zu verteidigen. Entsprechend den Beschlüssen, die ich vernommen habe – denn zu ihrer Zeit war ich vier oder fünf Jahre alt, meine Brüder waren noch klein, und andere sollten noch geboren werden –, wurde Johanna der kirchlichen Gerichtsbarkeit übergeben, und zwar auf Betreiben der Feinde unseres Königs ... Wäre Johanna von deren Partei gewesen, man hätte sie niemals dem Gericht ausgeliefert.
Jedenfalls erkläre ich ausdrücklich, daß weder mir noch den Miterben und Sachverwaltern des verstorbenen Bischofs von Beauvais der Prozeß zum Schaden gereichen kann, dank der großzügigen Amnestie, die durch unseren König seit der Befreiung der Normandie verbrieft ist, derzufolge wir alle Anspruch auf Schutz haben. Ich verlange, Ihr Herren, daß Ihr uns nicht mehr vorladen laßt, da es unsere Absicht ist, fürder nicht mehr zu erscheinen.«
So konnte die Untersuchung in Sachen Jeanne d'Arc ohne Einspruch vorgenommen werden. Gegen die Farce dieses Prozesses war die Verurteilung fast noch ein gerechtes Ge-

richtsverfahren. Wenn Johanna auch ohne Verteidigung vor ihren Richtern stand, so standen sich doch zwei miteinander kämpfende Parteien gegenüber. Im Rehabilitationsprozeß war die politische Absicht von Anfang an klar.
Vom 28. Januar bis 11. Februar 1456 befragte man Zeugen aus Johannas Heimat, ihre Paten, Nachbarn, Freunde und ihre Gefährten Jean de Metz und Bertrand de Poulengy. Fast alle Zeugen bezeugen Johannas gute Charaktereigenschaften und ihre Frömmigkeit und bestätigen alles, was Johanna selbst über ihre Kindheit gesagt hatte.
Es folgten die Befragungen der Zeugen, die Johannas größte Triumphe in Orléans, Patay und Reims miterlebt hatten. Der Vertreter Karls VII., der Bastard von Orléans, der inzwischen zum Grafen von Dunois und Longueville avanciert war, und ihr »Beau Duc«, der Herzog von Alençon, der gerade dabei war, sich heimlich mit den Engländern gegen Karl zu verbünden, sagten über Johanna aus. (Der Herzog sollte diesen Verrat an seinem König später mit dem Tode bezahlen.) Es berichteten ihr Page Louis de Contes, ihr Beichtvater Pasquerel und der treue Jean d'Aulon. Er hatte den Feuertod Johannas nicht verwinden können und sich in ein Dominikanerkloster zu Lyon zurückgezogen.
Obwohl auch diese Zeugen nur aus der Erinnerung ihre Erlebnisse mit Johanna wiedergaben und ihr Gedächtnis den Zielen der Rehabilitation anpaßten, liegt das Leben Johannas durch die Aussagen ihrer Zeitgenossen wie ein mittelalterliches Stundenbuch vor uns. Wir sehen sie als frommes Kind in Domrémy, in Vaucouleurs, als sie mit ihren Gefährten aufbrach, auf dem Schlachtfeld die Soldaten anfeuernd, und in der Kirche beim Gebet. Wir sehen sie bei der Krönung in Reims aufrecht am Altar stehen und einsam, von aller Welt verlassen und von Zweifeln gequält in Rouen.
Ein ziemlich jämmerliches Bild gaben die Richter von Rouen im Rehabilitationsprozeß ab. Natürlich wagte keiner der gelehrten Theologen und Juristen seine Mitwirkung am Verdammungsurteil zuzugeben. Man wollte natürlich jetzt, wo die Engländer entmachtet waren und ein anderer politischer Wind als vor 25 Jahren wehte, nicht in Ungnade fallen. So

beklagten alle lauthals die damaligen Irrtümer und gaben zu, daß der Prozeß eine Verhöhnung der Gerechtigkeit gewesen war. Im übrigen litten sie alle an Gedächtnisschwund. So mußte man Jean Massieu fast daran erinnern, wer Jeanne d'Arc überhaupt war. Der tote Bischof Cauchon wurde bequemerweise als der grausamste und haßerfüllteste Mann hingestellt, der die Herren alle zur Teilnahme am Prozeß gezwungen hatte, und natürlich hatte man das Urteil nur wider Willen unterschrieben. Mit dem gleichen Eifer, mit dem sie einst dem Prozeß beisaßen, zerstörten alle diese Herren nun seine Gültigkeit und waren aus Feigheit nur allzubereit, Cauchon anzuschwärzen. Die Brüder Ysambart de la Pierre und Martin Ladvenue weinten Krokodilstränen, als sie von der armen Johanna sprachen, die sie genau wie alle anderen Beisitzer des Prozesses zur Ketzerin erklärt hatten. Guillaume Manchon konnte sich gar nicht erklären, wie jemand in Johanna eine Feindin der Kirche sehen konnte. 25 Jahre vorher dachte er darüber anders, denn auch er hatte das Verdammungsurteil unterschrieben. Alle waren eifrigst bemüht, dem Gericht zu beweisen, daß sie innerlich immer auf Seiten Johannas waren, dies aber aus politischen Gründen nicht so zeigen konnten, da ihnen sonst die Rache Cauchons sicher gewesen wäre. Bruder Ladvenue kam nach 25 Jahren die Erleuchtung, daß Johannas Offenbarungen von Gott kamen, und der Bischof von Noyon konnte sich beim besten Willen gar nicht daran erinnern, ob er überhaupt am Prozeß beteiligt war. Erst nach langem Drängen und nachdem man ihm seine Unterschrift unter dem Urteil zeigte, kam ihm das Gedächtnis wieder, und er glaubte nun doch, dabeigewesen zu sein.
Totalen Gedächtnisschwund erlitt dagegen die Leuchte von Basel, Thomas de Courcelles. Er hatte sich immerhin für eine Folterung Johannas als Arznei für ihre Seele ausgesprochen, und nun wußte er gar nichts mehr. Nur an eine Einzelheit konnte er sich schwach erinnern, nämlich daß er »Johanna nie uneingeschränkt für eine Ketzerin gehalten hatte«. Es gab zwar auch ein paar Mitglieder des Tribunals von Rouen, die nicht in diesen Chor einfielen. So sagte zum Beispiel der Notar Nicolas Taquel, daß die Verhandlung fair

gewesen sei und daß alle Protokolle wahrheitsgemäß geführt wurden. Und Pierre Miget bekannte gar mutig: »Ich finde, sie versteifte sich zu sehr auf ihre angeblichen Erscheinungen!« Alle anderen aber fanden, daß die Engländer schuld am Tode Johannas waren, und plötzlich erinnerte man sich genau, daß jeder, der dagegen war, bedroht wurde. Ja, und das, so sagte man, war die Wahrheit! Nun, um die ging es Karl VII. gar nicht. Die Untersuchung wurde ganz in seinem Sinne geführt, und Zeugen, von denen man befürchten mußte, daß sie unbequem sein könnten, wurden gar nicht erst verhört. Außerdem wurde die Lebenszeit Johannas zwischen der Krönung in Reims und der Gefangennahme in Compiègne im Interesse der königlichen Kanzlei nicht berücksichtigt. In dieser Periode hatte man ja hauptsächlich diplomatische Anstrengungen gemacht, Burgund zu einem guten Vertrag zu gewinnen. Johanna trat in dieser Zeit kaum noch in Erscheinung.

Zusammenfassend kommen wir zu dem Urteil, daß alle Aussagen im Rehabilitationsprozeß von der Legende beeinflußt sind, die durch die königliche Umgebung bewußt gesteuert wurde. Sie sind aus diesem Grunde ungenau und entbehren größtenteils der Wahrheit. Außerdem waren im Jahre 1456 schon 25 Jahre seit Johannas Tod vergangen, und schon deshalb sind alle Berichte von dem Bild geprägt, das man sich in der Erinnerung von Johanna machte.

Am Schlusse des Rehabilitationsprozesses faßte Jean Bréhal, der Inquisitor in Sachen des Glaubens, die Ergebnisse in der sogenannten, 200 Seiten umfassenden Rekollektion zusammen. Es entstand eine umfassende Schrift, die in neun Kapiteln den Gegenstand des ersten Prozesses und in zwölf Kapiteln seine Form behandelt. Die richterliche Unzulänglichkeit des Bischofs von Beauvais und seine Weigerung, Johannas Sache vor den Papst zu bringen, wird ausführlich behandelt. Außerdem wurden die Schwierigkeiten der Verhöre und die Verlogenheit der Anklage, der Widerruf und die sogenannte Rückfälligkeit durchleuchtet und im übrigen das Schlußurteil des ersten Prozesses zergliedert.

Im Juni 1456 widmeten sich die päpstlichen Legaten dieser

Rekollektion. Am 1. Juli wurde den Gegnern der Rehabilitation Gelegenheit gegeben, ihre Meinung öffentlich kundzutun, doch erwartungsgemäß erschien niemand.
Und so fand am 7. Juli 1456 im erzbischöflichen Palais zu Rouen, an der gleichen Stelle, wo sich das Schicksal Johannas entschied, in Anwesenheit der Magister Pierre Maugier und Guillaume Prévosteau, einem der Brüder Johannas und einer beträchtlichen Anzahl von Klerikern und Juristen die feierliche Aufhebung des Urteils von 1431 statt:
»Wir erklären, verkünden, verordnen, verfügen, daß besagter Prozeß und seine Urteile, befleckt von Arglist, falscher Beschuldigung, Unrecht, Lüge, ein öffentlich kundgetaner Rechtsirrtum ebenso wie besagter Widerruf und alle Vollziehungen und Folgen rechtlos und ungültig, null und nichtig waren, sind und sein werden.
Was aber Johanna, deren Verteidiger und Verwandte betrifft, so haben sie bei Gelegenheit des Vorgenannten keinerlei Schimpf noch Makel auf sich geladen und sollen frei und ledig davon sein.
Wir verfügen, daß die feierliche Bekanntgabe des Urteils unverzüglich an zwei Stätten dieser Stadt vorgenommen wird: die eine sogleich auf dem Platz von Saint Ouen, nach vorausgegangener Prozession und feierlicher Predigt. Die andere morgen auf dem Altmarkt, an der nämlichen Stelle, an der Johanna grausam und schrecklich im Feuer erstickte; und dort soll eine feierliche Predigt gehalten und der Jungfrau zum ewigem Gedächtnis ein ehrenvolles Kreuz errichtet werden und Johannas und der anderen Verstorbenen Heil erfleht werden . . . Den anwesenden Richtern vorgelegt, verlesen und zur Kenntnis gebracht.
So geschehen im erzbischöflichen Palast
im Jahre des Herrn 1456, am 7. Tag des Monats Juli.«
Im Prozeß hatte Johanna einmal gesagt: »Meine Stimmen sagen mir, daß ich durch einen großen Sieg befreit werde.«
Sie behielt recht. 500 Jahre später läuteten alle Glocken Roms, denn Johanna hatte ihren größten Sieg errungen, sie läuteten zur Feier der HEILIGEN JOHANNA. Man schrieb den 16. Mai 1920.

Quellen

Die Grundlage der heutigen johannischen Forschung ist das Werk des französischen Historikers Jules Quicherat, der in der Zeit von 1841 bis 1849 alle Werke, die Johanna betrafen, gesammelt hat. Später vervollständigte er diese Sammlung noch durch die Veröffentlichung neuer Texte, die aber nicht alle von Bedeutung sind.

QUICHERAT, JULES: Procès de condamnation et de réhabilitation de Jeanne d'Arc, 5 Bände, Paris 1841–1849
Band I:
Verurteilungsprozeß von Rouen.
Band II und III:
Rehabilitationsprozeß.
Im Anhang Meinungen und Denkschriften, die schon zu Lebzeiten Johannas veröffentlicht wurden.
Band IV:
Französische, burgundische und ausländische Chronisten.
Band V:
Dichter des 15. Jahrhunderts. Schriften aus den Rechnungsbüchern. Amtliche Akten. Texte über Madame des Armoises. Anmerkungen über Manuskripte. Register.

QUICHERAT: Aperçus nouveaux sur l'histoire de Jeanne d'Arc, Paris 1850.
Einführung in das Hauptwerk Quicherats. Sechsundzwanzig Apercus über Einzelheiten der johannischen Texte auf insgesamt 165 Seiten gebracht.

DENISLE, L.: Nouveau témoignage sur la mission de Jeanne d'Arc (Bibliothek de l'Ecole de Chartres XLVI S 649–668).
Enthält die Anmerkung zu Johanna aus dem »Breviarium historiale.

CHAMPION, P.: Procès de condamnation de Jeanne d'Arc, 2 Bände, 1930.
Der erste Band enthält den lateinischen Text, der zweite eine französische Übertragung des lateinischen Textes.

VALLET DE VIRIVILLE, A.: Procès de condamnation de Jeanne d'Arc, I. Band, 1867.
Eine französische Übertragung mit Anmerkung. Viriville ist einer der bedeutendsten Geschichtswissenschaftler des vorigen Jahrhunderts. Sehr gute Nachweise der benutzten Quellen.

FABRE, JOSEPH: Procès de rèhabilitation de Jeanne d'Arc, 2 Bände.
Eine französische Übersetzung der Zeugenaussagen. Das einzige Werk, das alle Aussagen enthält.

SCHIRMER-IMHOFF, RUTH: Jeanne d'Arc, Dokumente ihrer Verurteilung und Rechtfertigung 1431–1456, Köln 1956.
Deutsche Ausgabe mit den gekürzten Texten beider Prozesse.

PERNOUD, RÉGINE: Vie et mort de Jeanne d'Arc. Les témoignages du procès de réhabilitation 1450–1456, Paris 1953.
Jeanne d' Arc par elle–même et par ses témoins. Paris 1962. Deutsch: 1965.
Zusammenstellung der Aussagen Johannas und ihrer Zeitgenossen. Die Verfasserin, eine bekannte Jeanne d'Arc-Expertin, entwickelt daraus ein Bild Johannas und ihrer Zeit.

PERCEVAL DE CAGNY (ca. 1436)
Fünf Jahre nach Johannas Tod gab Perceval de Cagny, der Erzieher und Gefolgsmann d'Alençons, diese Chronik einem bis heute unbekannten Geistlichen in Auftrag. Enthält wie alle mittelalterlichen Chroniken zahlreiche Irrtümer und Übertreibungen. Da Cagny nur beim Loire-Feldzug und auf dem Zuge nach Reims selbst beteiligt war, sind die Berichte über die Belagerung von Orléans fast alle erdichtet. Der Auftraggeber versucht die Rolle d'Alençons besonders hervorzuheben. Kulturhistorisch interessant.
(Quicherat, Band IV. Der Historiker hält Cagny für den am besten informierten Chronisten. Dieser Meinung kann man sich heute nicht mehr anschließen, da die Übertreibungen und Ausschmückungen zu offensichtlich sind.)
CHRONIQUE DE LA PUCELLE, Geste des Nobles und Chronique normande.
Anonyme Kompilation aus der Zeit nach 1467. Enthält zu etwa zwei Fünfteln Angaben aus einer anonymen Chronik aus dem Jahre 1429. Da ganze Teile aus dem »Journal du siège« hinzugezogen wurden, ist der Gesamteindruck eher verwirrend.
JOURNAL DU SIÈGE D'ORLÉANS ET DU VOYAGE DE REIMS (ca. 100 Seiten).
Ein unbekannter Einwohner aus Orléans schrieb vom Oktober 1428 – Mai 1429 ein Tagebuch über die Ereignisse. Das Journal wurde nach 1467 ergänzt durch Niederschriften Jean Chartiers, Gilles le Bouviers und den Bericht über den Rehabilitationsprozeß.
MONSTRELET, ENGUERRAND DE: CHRONIQUES.
Der Picarde Enguerrand de Monstrelet schrieb seine Chroniques in den Jahren 1440–1453. Er trat die Nachfolge von Froissart am Hofe Philipps von Burgund an. Seine Gesinnung war streng burgundisch. Über Jeanne d'Arc spricht er mehrmals in sehr feindseligem Ton. An die einzige Begegnung zwischen Johanna und Philipp von Burgund glaubt er sich nicht erinnern zu können.
MOROSINI UND WINDECKE.
Die einzigen zeitgenössischen Chroniken, die Johanna erwähnen, jedoch sind sie ohne historischen Wert.
Morosini war Venezianer und Mitglied einer Dogenfamilie. Im 3. Band seiner Chroniques behandelt er die johannische Epoche.
Windecke stand im Dienste Kaiser Sigismunds (1411–1437), für den er eine biographische Denkschrift verfaßte. Über Johanna berichtet er vom Hörensagen und schmückt seine Berichte mit vielen erdichteten Legenden aus.

BIOGRAPHISCHE ARBEITEN

BLOY, LÉON: Jeanne d'Arc et l'Allemagne, Paris 1915.
Fesselndes Buch. Die geschichtliche Auslegung aus christlicher Sicht ist lesenswert.

CORDIER, JACQUES: Jeanne d'Arc, sa personnalité, son rôle, Paris 1947.
Deutsch: Jeanne d'Arc – ihre Persönlichkeit – ihre Rolle, Wiesbaden 1965. Dt. Taschenbuchausgabe: München 1979
Die zur Zeit beste Biographie über Jeanne d'Arc, die vieles, was wir über sie wissen, in das Land der Legende verweist. Das Buch erwuchs aus der jahrzehntelangen Erforschung des gesamten Quellenmaterials. Der Verfasser unterzieht die vorhandenen Quellen einer methodischen Kritik, zieht moderne Erkenntnisse der Medizin und der Religionspsychologie zu Rate und erarbeitet so ein aus der Überlieferung gelöstes, neues Bild der Gestalt und der geschichtlichen Rolle von Jeanne d'Arc. Im Anhang Quellen und Bibliographie.

CALMETTE, JOSEPH: Vie de Jeanne d'Arc, Paris 1947.
Der bekannte Historiker schrieb dieses Buch kurz nach dem Krieg. Er stützt sich hauptsächlich auf die Auslegung Quicherats.

EYSELL, GEORG: Johanna d'Arc – genannt die Jungfrau von Orléans, Regensburg 1864.
Eine gute Arbeit in deutscher Sprache, aber natürlich heute ein wenig veraltet.

FRANCE, ANATOLE: Vie de Jeanne d'Arc, Paris, 1904, 2 Bände.
Glänzend geschriebenes Buch, das bei seinem Erscheinen heftige Polemik hervorrief. Es ist äußerst wertvoll und enthält viele interessante Einzelheiten. Jedoch, obwohl Anatol France nur Historiker sein und eine Jeanne d'Arc fern »vom blühenden Strauch der Legende« schaffen will, versucht er eine neue Legende zu schaffen, ohne hierfür quellenmäßige Beweise vorzulegen. Ein fesselndes Buch, das aber mit Vorsicht gelesen werden sollte.

HANOTAUX, GABRIEL: Jeanne d'Arc, Paris 1929.
Offensichtlich wurde dieses Buch geschrieben, um die Wirkung des Werkes von Anatole France abzuschwächen. Trotzdem glänzend aufgebaut, wenn auch ohne Kenntnis der modernen Textkritik.

HUIZINGA, JOHAN: Wege der Kulturgeschichte, München 1930. Seiten 171–207.
Der berühmte Wissenschaftler widmet Jeanne d'Arc nur ein paar Seiten, die aber unbedingt gelesen werden sollten.

LANG, ANDREW: The maid of France, London 1908.
Der Autor, ein bekannter englischer Mythologe, versucht eine Gegendarstellung des Buches von Anatole France, dessen atheistische Grundeinstellung er mißbilligt.

LUCE, SIMÉON: Jeanne d'Arc à Domrémy, Paris 1886.
Dieses Buch umfaßt 310 Seiten Text und 318 Seiten Quellenmaterial. Der Autor war Archivar und Kompilator. Der Wert des Buches besteht in der Veröffentlichung des Quellenmaterials, das allerdings sehr sorgfältig ausgewählt werden muß.

MICHELET, JULES: Jeanne d'Arc (in »Histoire de France«, Bd. V., LX, 1. Auflage 1841).

Sehr veraltet, sollte aber gelesen werden, da das Buch aus einer Zeit stammt, als man damit begann, sich der Geschichte zu erinnern und entsprechende Forschungen zu treiben. Michelet ist der Wegbereiter der modernen Geschichtsforschung. In diesem Buch gibt er den Legenden um Jeanne d'Arc allerdings einen zu großen historischen Wert.

PRUTZ, HANS: Die Briefe der Jeanne d'Arc, 1914;
Die falsche Jungfrau von Orléans, 1915;
Neue Studien zur Geschichte der Jungfrau von Orléans, 1917;
Die Denkwürdigkeiten des Perceval de Cagny, 1917;
Der Loirefeldzug, 1919;
Sitzungsberichte der königlichen Bayerischen Akademie der Wissenschaft.

SACKVILLE-WEST, VICTORIA: Saint Joan of Arc, Toronto 1936.
Deutsch: Die Jungfrau von Orleans, Leipzig 1937.
Umfangreiches Buch, das journalistisch gewandt, aber ohne Verständnis für das Mittelalter und die Zeit Jeanne d'Arcs ist. Sehr gut sind die Anhänge, in denen sich die Verfasserin mit Einzelthemen auseinandersetzt.

STEINBACH, HARTMUT: Jeanne d'Arc – Wirklichkeit und Legende. Reihe: Persönlichkeiten und Geschichte, Band 70. Göttingen 1973.
Kleines Buch über das Schicksal und die Bedeutung der Jeanne d'Arc, das versucht, das wirkliche Geschehen aus den Legenden herauszukristallisieren. Sehr hübsche Wiedergaben einiger spätmittelalterlicher Drucke.

STOLPE, SVEN: Das Mädchen von Orléans – Das Schicksal Jeanne d'Arcs. Aus dem Schwedischen. Frankfurt a. M. 1954.
Der Autor konvertierte zum katholischen Glauben. Sein Buch vertritt demzufolge in hohem Maße den apologetischen Standpunkt.

TWAIN, MARC: Persönliche Erinnerungen an Jeanne d'Arc. München 1970.
Einer der drei großen historischen Romane Marc Twains, der im Versuch, ernsthafte Geschichtsschreibung mit burlesken Elementen zu verbinden, literaturhistorisch sehr interessant ist. Twain legt ein gründliches Quellenstudium zugrunde, hält sich aber fast ausschließlich an die Auslegungen Quicherats. Ein amüsantes Buch, das niemals langweilt, aber vom historischen Gehalt her etwas veraltet ist.

WALLON, H.: Jeanne d'Arc, Paris 1879, 2 Bände.
Der Autor war einer der dreiunddreißig von Msgr. Dunpaloup zwischen 1874 bis 1876 berufenen Gutachter, die in Rom die Seligsprechung Johannas vorbereiten sollten. Er bemühte sich, Quicherats Meinungen und Tatsachen zu widerlegen und zu beweisen, daß Johanna die Sendung dessen erfüllt hatte, »der sie aussandte, um Frankreich zu retten«.
Lange galt das Buch als einzige ernst zu nehmende Biographie, weil sie eine Sammlung von Quellentexten enthielt.

ZÜRCHER, JOS.: Jeanne Darc. Vom psychologischen und psychopathologischen Standpunkt aus. Leipzig 1895.
Es handelt sich um die Dissertation eines deutsch-schweizerischen Medizinstudenten. Zürcher behandelt das Problem der Stimmen vom psychopathologischen Standpunkt aus.

ZUR GESCHICHTE

MAUROIS, ANDRÉ: Die Geschichte Frankreichs, Zürich 1951.
André Maurois, Mitglied der Academie Française, will Verständnis für die Entwicklung Frankreichs wecken. Die johannische Epoche behandelt er in Band I: Die Anfänge und das Mittelalter.

HUIZINGA, JAN: Herbst des Mittelalters, Stuttgart 1969.
Studien über Lebens- und Geistesformen des 14. und 15. Jahrhunderts in Frankreich und den Niederlanden. Geist, Leben und Kunst des 15. Jahrhunderts packend geschildert. Ein wichtiges Buch, das darüber hinaus eine Quelle zum besseren Verständnis des ausgehenden Mittelalters ist.

DIE ANTI-LEGENDE

CAZE, PIERRE: La vérité sur Jeanne d'Arc ou éclaircissements sur son origine. Paris–London 1819.
Pierre Caze, Unterpräfekt von Bergerac, verkündete erstmalig der erstaunten Welt, Johanna sei nicht verbrannt worden und außerdem die Bastardtochter Isabeaus gewesen.

JACOBY, JEAN: Le secret de Jeanne d'Arc, Paris 1931.
In diesen Artikeln griff der Historiker Jean Jacoby die These Pierre Cazes wieder auf und erweiterte sie noch um die Behauptung, Johanna sei von Anfang an auf ihre Mission vorbereitet gewesen.

JACOBY, JEAN: La Noblesse et les Armes de Jeanne d'Arc, Paris 1944.
Ein weiterer Artikel aus dem »Mercure de France«, in dem Jacoby seine These weiter untermauert.

THOMASSIN, CH.: Die echte und falsche Jungfrau von Orléans, Leipzig 1893.
Ein Versuch, das Buch Pierre Cazes mit wissenschaftlich untermauerten Fakten zu widerlegen. Thomassin wendet sich dabei besonders gegen die Behauptung Cazes, die Jungfrau von Orléans und Madame des Armoises seien identisch gewesen.

GRIMOD, JEAN: Jeanne d'Arc a-t-elle été brulée? Paris 1952.
Das Buch erregte bei seinem Erscheinen großes Aufsehen. Grimot brachte die Behauptung auf, Jeanne d'Arc sei niemals verbrannt worden, sondern in letzter Minute durch eine andere Frau ausgetauscht.

GARCON, MAURICE: Jeanne d'Arc est mort sur le bûcher de Rouen, Historia No. 78, Paris Mai 1953.
Maurice Garcon, Mitglied der Academie Française, widerlegt in dieser Schrift wissenschaftlich exakt mit genauen Quellenangaben das Buch von Grimod.

PESME, GÉRARD: Jeanne d'Arc n' a pas été brulée, Angoulême 1963.
Auch Pesme vertritt die Meinung, Jeanne d'Arc sei nicht verbrannt worden, sondern habe noch bis 1450 als Frau des Ritters des Armoises weitergelebt. Er stellt außerdem die Behauptung auf, der Vatikan besäße ein Geheimdokument, in dem alles über die Personalien der Jungfrau enthalten sei. Außerdem solle dort eine Kopie des verschollenen Protokolls von Poitiers vorhanden sein.

PIERRE DE SERMOISE: Les missions secrètes de Jehanne de Pucelle, Buchreihe: Les hombres de l'histoire.

Pierre de Sermoise ist ein Nachkomme des Robert des Armoises. Er vertritt ebenfalls die Bastard- und die Überlebenstheorie.

GUÉRIN, ANDRÉ; JACK PALMER-WHITE: Operation shepherdess. Die deutsche Ausgabe erschien unter den Titel »Johanna sagt Euch ewig Lebewohl«. Stuttgart 1961.

Gerade dieses Buch erregte bei seinem Erscheinen sehr großes Aufsehen, obwohl die Autoren aus den Quellen und Tatsachenberichten nur die anführen, die in ihre Theorie passen. Sie vertreten ebenso wie Pierre de Sermoise die Bastard- und Überlebenstheorie. Der Inhalt des Buches ist an anderer Stelle ausführlich behandelt worden.

Zeittafel

1338 Ausbruch des Hundertjährigen Krieges.
1343 Englischer Sieg bei Crécy.
1356 Englischer Sieg bei Maupertuis in der Nähe von Poitiers. König Johann von Frankreich gerät zusammen mit seinem Sohn Philipp in englische Gefangenschaft. Eigentlicher Sieger ist Prinz Eduard von England, der sog. schwarze Prinz.
1356 Philipp der Kühne wird Herzog von Burgund
1360 Der Vertrag von Brétigny. Der englische König erhält große Gebiete Nord- und Westfrankreichs zum Lehen, verzichtet aber auf die Krone Frankreichs.
1364 Karl V., der Weise, wird in Reims gesalbt und gekrönt.
1380 Karl VI., der Wahnsinnige, kommt zur Regierung.
1403 Geburt Karls VII. (22. Februar 1403).
1407 Ermordung Herzog Ludwigs von Orléans (23. November).
1412 Geburt der Jeanne d'Arc (vermutliches Geburtsjahr).
1413 Heinrich V. wird König von England.
1415 Heinrich V. siegt bei Azincourt (25. 10. 1415).
1418 Johann von Burgund gewinnt Paris durch Verrat.
1419 Johann von Burgund auf der Brücke von Montereau ermordet.
1420 Vertrag von Troyes gibt Heinrich V. das Recht auf die französische Krone (20. Mai 1420).
1422 Tod Heinrichs V. und Karls VI.
Der sogenannte Dauphin wird Karl VII. (20. Mai 1420).
Heinrich VI. besteigt 9 Monate alt den Thron Englands.
Bedford ist Gouverneur von Frankreich.
1424 Englischer Sieg bei Verneuil. Johanna hört zum erstenmal die Stimmen.
1428 Einschließung von Orléans durch die Engländer.
Erster Besuch Johannas bei Baudricourt, dem Stadthauptmann von Vaucouleurs (23. Dezember 1428).
1429 1. Februar: 2. Besuch Johannas bei Baudricourt.
12. Februar: Schlacht von Rouvray oder Schlacht der Heringe.
12. Februar: Besuch Johannas bei Herzog Karl III in Nancy.
19. Februar: Wahrscheinlich Aufbruch nach Chinon.
1. März: Ankunft in Chinon.
1. März (abends nach Dunois): Öffentlicher Empfang durch Karl VII.
6. März: Wahrscheinlich fand der öffentliche Empfang erst an diesem Tage statt.
21. März: Abreise nach Poitiers.
22. März: Johanna diktiert ihren ersten Brief an die Engländer.
12. April: Abreise von Poitiers nach Chinon.
22. April: Reise von Tours nach Blois in Begleitung von Regnault de Chartres, dem Erzbischof von Reims.
29. April: Einzug in Orléans (abends)
5. Mai: St. Loup – 2 km östlich von Orléans.
St. Jean – le Blanc.

7. Mai: Journée des Tourelles. Johanna wird am Hals verwundet St. Augustin.

8. Mai: Die Belagerung wird aufgehoben.

9. Mai: Die Engländer ziehen ab.

10. Mai: Johanna verläßt Orléans und kehrt zunächst nach Blois zurück.

Karl VII. teilt den guten Städten in einem Rundbrief mit, daß Orléans befreit ist, und erwähnt erstmalig die Taten der Jungfrau.

DER LOIREFELDZUG

11./12. Juni: Einnahme von Jargeau. Johanna wird am Kopf verwundet.

13./14. Juni: Wieder in Orléans. Johanna erhält einen Waffenrock mit den Nesselblättern der Orléans zum Geschenk.

16./17. Juni: Einnahme von Beaugency.

18. Juni: Schlacht von Patay. Sieg der Franzosen. Die Engländer müssen sich aus allen Festungen an der Loire zurückziehen. Talbot wird gefangengenommen. Falstof flieht nach Paris. Bedford bringt sich in Sicherheit in Vincennes.

KRÖNUNGSZUG

29. Juni: Aufbruch von Gien.

1.–3. Juli: Vor Auxerre.

5.–11. Juli: Vor Troyes.

5.–12. Juli: Einzug in Troyes.

16.–21. Juli: In Reims.

17. Juli: Karl VII. wird zum König gesalbt und gekrönt.

21. Juli: Karl VII. und Johanna verlassen Reims.

11. August: In Crépy-en-Valois. Um Johanna zu ehren, gewährt Karl VII. den Dörfern Domrémy und Greux Steuerfreiheit für alle Zeiten. (Dieses Gesetz ist nach der Revolution, also dreihundertsechzig Jahre später aufgehoben worden.)

8. September: Mißglückter Angriff auf Paris. Johanna wird am Fuß verwundet.

9.–13. September: In St. Denis.

Oktober: Meung-sur-Yèvre.

Ende Oktober: Saint Pierre-Moûtier.

24. November: La Charité-sur-Loire (Johannas erste größere Niederlage).

25. Dezember: Weihnachten in Jargeau. Johannas Familie wird geadelt und erhält den Namen du Lys.

1430 19. Januar: Johanna zieht wieder in Orléans ein.

29. Januar: Johanna erwirbt ein Haus in Orléans.

3. Januar: Johanna in Schloß Sully-sur-Loire. Brief an die Hussiten.

April: Schlacht von Lagny.

23. Mai: Compiègne; Johanna wird gefangengenommen.

Mai–Juli: Johanna als Gefangene in Beaulieu.
Juli–Nov.: Beaurevoir.
25. Dezember: Gefangen im Turm des Schlosses von Philipp-Auguste.

ROUEN

1431 21. Februar: Erstes öffentliches Verhör.
26. März: Beginn der Urteilsfindung.
18. April: Beginn der »wohlwollenden« Ermahnung
24. Mai: Johanna schwört ab.
28. Mai: Wiederaufnahme des Prozesses wegen rückfälliger Ketzerei.
30. Mai: Johanna wird auf dem Scheiterhaufen verbrannt.
1436 Madame des Armoises taucht auf.
1459 Tod von Agnès Sorel.
1450 Beginn des Zeugenverhörs zu Johannas Rehabilitierung unter der Leitung von Guillaume Boillé.
1452 Wiederaufnahme des Prozesses unter Kardinal d'Estouteville, Bischof von Digne, und Jean Bréhal, Inquisitor von Frankreich.
1455–56 Weiterführung des Wiederaufnahmeverfahrens auf Befehl des Papstes Calixtus III.
1456 Juli: Auf Befehl Calixtus' III. wird das Urteil widerrufen.
1903 Februar: Johanna wird zur Heiligsprechung vorgeschlagen.
1904 Januar: Papst Pius X. gibt ihr den Titel »Verehrungswürdige«.
1909 11. April: Erlaß der Seligsprechung.
1920 16. Mai: Heiligsprechung durch Papst Benedikt XV.

Personenregister

Ortsregister

Bildquellennachweis

Amtliches Französisches Verkehrsbüro, Frankfurt:
2 (Foto Yves Guillemaut, Paris), 23, 27b, 28

Archiv für Kunst und Geschichte, Berlin: 26a, 26b; S. 88 u. 166

Centre Jeanne d'Arc, Orléans:
4 (Foto Louis Falquet), 9a (Foto Louis Falquet), 9b (Foto Louis Falquet), 10 (Foto Ina Bandy), 12a (Foto Louis Falquet), 12b (Foto Louis Falquet), 14/15 (Foto Louis Falquet), 18 (Foto Louis Falquet)

Photo Ellebe, Rouen: 5

Photo Giraudon, Paris: 1, 3, 13, 16, 19, 25

Photo Sylvain Knecht, Tours: 6, 7a, 7b, 8, 11, 17a, 17b, 20, 21, 22a, 22b, 24, 27a

le Crotoy
St. Valéry-s-S.
Drugy
Eu
Somme
Dieppe
Beaulieu-en-Vermand
ROUEN
Margny
Senlis
Montèpilloy
Dammartin-en-G.
Thieux
Seine
St. Denis
Lagny
PARIS
Eure
N
W
O
S
Melun
Fontainebleau
Janville
Patay
Montargis
Orléans
Reuilly
Meung
Châteauneuf-s-L.
Jargeau
St. Benoît
Beaugency
Sully
Blois
Gien
Loire
Loire
Tours
Romorantin
Bourgueil
St. Florent
St. Aignan
Selles-s-Cher
Chinon
St. Cath.-de-Fierbs.
Mehun-s-Y.
Loches
Loudun
Vienne
Bourges
Indre
Cher
Chatellerault
Seuilly
Sancoins
Vendeuvre
Neuville
Avanton
Creuse
Migné
Poitiers